汲取先贤智慧

铺就成功阶梯

万卷楼国学经典 珍藏版

六韬三略

[周] 太公望 等 著 夏华 等 编译

北方联合出版传媒（集团）股份有限公司

万卷出版公司

2022年·沈阳

图书在版编目（CIP）数据

六韬三略 /（周）太公望等著；夏华等编译. —沈阳：万卷出版公司，2020.11(2022.2 重印)

（万卷楼国学经典：珍藏版）

ISBN 978-7-5470-5446-8

Ⅰ.①六… Ⅱ.①太… ②夏… Ⅲ.①兵法 – 中国 – 古代 Ⅳ.① E892.2

中国版本图书馆 CIP 数据核字（2020）第 179648 号

出 品 人：王维良
出版发行：北方联合出版传媒（集团）股份有限公司
　　　　　万卷出版公司
　　　　　（地址：沈阳市和平区十一纬路 25 号　邮编：110003）
印 刷 者：辽宁新华印务有限公司
经 销 者：全国新华书店
幅面尺寸：170mm × 240mm
字　　数：432 千字
印　　张：22
出版时间：2020 年 11 月第 1 版
印刷时间：2022 年 2 月第 2 次印刷
责任编辑：朱婷婷
封面设计：徐春迎
版式设计：范　娇
责任校对：高　辉
ISBN 978-7-5470-5446-8
定　　价：48.00 元

联系电话：024-23284090
邮购热线：024-23284050

出版说明

　　"读万卷书，行万里路"这是中国古人"修身"的两条基本途径。晋代著名史学家陈寿给自己的书斋命名为"万卷楼"，此后，历代以"万卷楼"命名的书斋，由宋至清有数十家：宋代有方略、石待旦等；元代有陈杰、汪惟正等；明代有项笃寿、杨仪、范钦等；清代有孙承泽、黄彭年等。可见，"读万卷书"的理想在中国传统知识分子中是何等的根深蒂固。

　　读"万卷书"不仅是古人的理想，当我们懂得了读书的意义，都会自然而然地产生强烈的"博览群书"的愿望。然而，人类历史悠久，书籍浩如汪洋大海，时代发展到今天，科技与经济的发展更使得人类的精神领域空前丰富，获取信息与知识的途径不断增加。"万卷书"早已不再是一个象征性的概念，如何从这"万卷"之中，找到最值得细细品读的作品，已经成为人们必须解决的问题。

　　爱因斯坦曾说过："在阅读的书中找出可以把自己引到深处的东西，把其他一切统统抛掉。"这正是在阐述读书时选择的重要性。而他所说的把我们"引到深处的东西"无疑就是我们所需要深度阅读的作品，也就是我们常说的经典作品。

　　卡尔维诺对经典作出的定义之一是：经典就是我们正在重读的。的确，在对经典作品反反复复的品味中，人们思想得到了升华，从浅薄走向思考，最后走到通达。我们都曾有这样的感触，面对海量的书籍和信息，一方面，人们在向着功利性浅阅读大张其道，另一方面，我们的精神深处又在不断地呼唤能够滋养自己内心的深度阅读。因此，经典的价值不仅没有因为浅阅读时代的到来而有所损失，反而更显示出其珍贵来。

　　在惜字如金的中国传统典籍当中，从来不乏这种需要反复品味的经典。从先秦诸子到历代的经史子集，这些经典为一代代的中国人提供了取之不尽的精神滋养，为中华文化的传承和发展建立了基础。我们把这种包蕴中国文化的学问称为国学。国学的范围非常广泛，它包含了文学、历史、哲学、艺术、语言、音韵等在内的一系列内容。

　　包罗万象的国学经典为我们提供了广泛的教育。阅读国学经典，也就是在与我们的"先圣先贤"对话和交流，一步步地揳进我们的历史和传统。这个过程可以让我们领会先贤的旨趣，把握他们的神髓，形成恢宏的历史意识，可以让我们通晓文义、熟习经史、通彻学问，让我们成为博学之士。另一方面，国学经典所代表的传统学问，更是具有极为厚重的伦理色彩。阅读国学经典的过程，不仅是增进知识的过程，而且是一个熏陶气质、改善性情、提高涵养的过程，这个过程在潜移默化中培养着行谊谨厚、品行端方、敦品厉行的谦谦君子。

　　当然，随着时代的发展，国学早已不再是人们追求事功的唯一法典，我们也不赞成对国学的功能无限夸大。但毫无疑问，阅读国学经典，必能促进我们对真、善、美的崇敬之心，唤起我们对伟大、深邃、美好事物的敏感和惊奇，同时也让我们了解到先贤们在探寻知识过程中思考的重大课题和运用的基本原则。这些作品体现着我们民族精神的精髓，如《周易》所阐述的"自强不息"的君子人格，《论语》所强调的"和而不同"的包容精神，《诗经》所培养的温柔敦厚的情感，《道德经》所闪耀的思辨智慧，等等，它们共同构筑了中华民族传统的精神范式。品读先贤留下的经典，恰如与他们进行一次次心灵的直接触碰，进而去审视我们自己的内心，见贤思齐，激浊扬清。

正是基于对国学经典的这种认识，我们精选了这套《万卷楼国学经典》系列丛书，以期引导步履匆匆的现代人走近国学经典、了解国学经典。在选编过程中，我们希望能够体现这样一些特点。

首先，我们希望这套丛书能够最具代表性。在选目中，我们注重于最经典、最根源的作品，在有限的时间内，把那些最具影响力，最应该知道的作品提交给读者。四书五经、先秦诸子、唐诗宋词等这些具有符号意义的作品无疑是最应该为我们所熟知的，因此，我们首先推出的30种作品都是这些经典中的经典。

其次，我们希望能够做出好读的经典。在面对国学作品时，佶屈的文言和生僻的字词常让普通读者望而却步。所以，我们试图用简洁易懂的形式呈现经典，使普通读者可随时随地以自己的时间、自己的速度来进入阅读。因此，我们为原著精心添加了大量的注音、注释和译文，使读者能够真正地"无障碍阅读"。需要说明的是，我们对部分作品做了一些删减，将那些专业研究者更关注的内容略去，让普通读者能够更快地了解经典概况。作为一名普通读者，也许你会常常感慨，以前没有花更多的时间去读更多的经典，如今没有机会或能力来细读，但实际上，读经典什么时间开始都不算晚，"万卷楼"就是一个极好的途径。重读或是初读这些经典，一样可以塑造我们未来的生活。

第三，我们希望呈现一套富有美感的读物。对于经典而言，内容的意义永远排在第一位，但同时，我们也希望有精彩的形式与内容相匹配，因而，我们在编辑过程中选取了大量的古代优秀版画作为本书的插图，对图片的说明也做了精心设计，此外，图书的编排、版式等细节设计都凝聚了我们大量的思索。我们希望这套经典不只是精神的食粮，拥有文本意义上的价值，更能带来无限美感，成为诗意的渊薮。

"经典作品是这样一些书，我们越是道听途说，以为我们懂了，当我们实际读它们，我们就越是觉得它们独特、意想不到和新颖。"卡尔维诺经典的评论让人击节叹赏，我们也希望这套丛书能够彰显经典的价值，使读者在细细品读中真正融化经典，真正做到"开茅塞、除鄙见、得新知、增学问、广识见"。同时，经典又是可以被享受的。当我们走进经典之时，不能只作为被动的接受者，也可用个人自我的方式进入经典，做精神的逍遥之游，对经典作品进行贴近个体生命的诠释和阅读，在现实社会之中营造自由的人生意境和精神家园，获取一种诗意盎然的人生。

怎样阅读本书

题解：篇首提纲契领对全篇内容做精到总结和点评。

原文：根据权威版本，精心核校，确保准确性，对生僻字反复注音，使读者无障碍阅读。

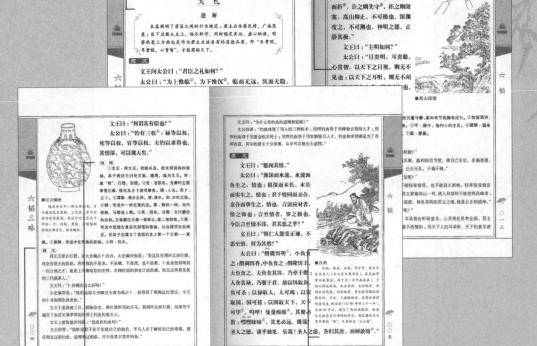

注释：准确、简明，极具启发性。

插图：精选历代精品古版画，美妙传神，增强美感。

译文：流畅、贴切，以现代白话完整展现原著全貌。

图注：以图释义，扩展阅读，丰富全书知识含量。

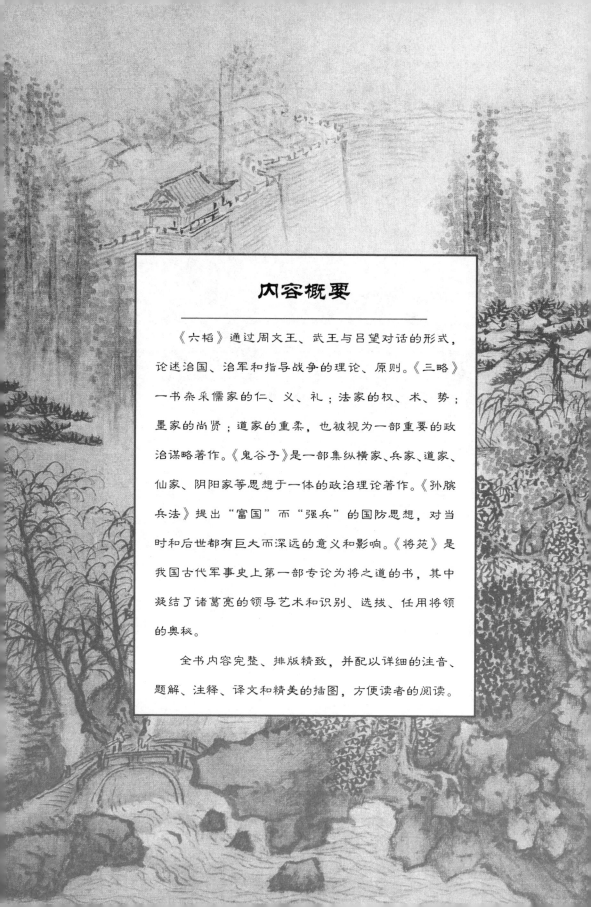

内容概要

  《六韬》通过周文王、武王与吕望对话的形式，论述治国、治军和指导战争的理论、原则。《三略》一书杂采儒家的仁、义、礼；法家的权、术、势；墨家的尚贤；道家的重柔，也被视为一部重要的政治谋略著作。《鬼谷子》是一部集纵横家、兵家、道家、仙家、阴阳家等思想于一体的政治理论著作。《孙膑兵法》提出"富国"而"强兵"的国防思想，对当时和后世都有巨大而深远的意义和影响。《将苑》是我国古代军事史上第一部专论为将之道的书，其中凝结了诸葛亮的领导艺术和识别、选拔、任用将领的奥秘。

  全书内容完整、排版精致，并配以详细的注音、题解、注释、译文和精美的插图，方便读者的阅读。

目录

六 韬

三　略

鬼谷子

孙膑兵法

将　苑

六韬

《六韬》是一部集先秦黄老道家军事思想之大成的著作，相传为周初太公望（即吕尚、姜子牙）所著。《六韬》的基本理论和范畴，多来自道家，主张柔弱胜刚强、韬晦不露和安静玄默等。通过周文王、武王与吕望对话的形式，论述治国、治军和指导战争的理论、原则，对后代的军事思想有很大的影响，被誉为兵家权谋类的始祖。全书有六卷，即文韬、武韬、龙韬、虎韬、豹韬、犬韬，共六十篇。《六韬》的内容十分广泛，涉及战争观、军队建设、战略战术等有关军事的许多方面，其中又以战略和战术的论述最为精彩。

文 韬

文 师

题 解

　　本篇是《六韬》的首篇，阐释了"天下非一人之天下，乃天下之天下也"这一重要观点。文王初见太公，两人商讨夺取天下的谋略。两人以钓鱼展开讨论，姜太公指出了商朝虽然表面强大，但已是日薄西山，周可以乘机夺取天下。姜太公认为"同天下之利者则得天下，擅天下之利者则失天下"，即要夺取天下，必须从仁、德、义、道几个方面着手，就可以"天下归之"，夺取天下。综览全篇，既提出了夺取天下的战略目标，又提出了夺取天下的措施和方法。本篇即为灭商的战略决策和政治纲领。

原 文

　　文王将田①，史编布卜②，曰："田于渭阳③，将大得焉。非龙非螭（chī），非虎非罴④；兆得公侯⑤，天遗汝师（wèi）；以之佐昌，施及三王。"

　　文王曰："兆致是乎？"

　　史编曰："编之太祖史畴为禹占⑥，得皋陶（gāo yáo），兆比于此⑦。"

　　文王乃斋三日，乘田车，驾田马，田于渭阳，卒见太公坐茅以渔。

　　文王劳而问之曰："子乐渔耶？"

　　太公曰："臣闻君子乐得其志，小人乐得其事。今吾渔甚有似也，殆非乐之也。"

文王曰：“何谓其有似也？”

太公曰：“钓有三权：禄等以权，死等以权，官等以权。夫钓以求得也，其情深，可以观大矣。”

●汉云螭壶

注释

①**文王**：周文王，姓姬名昌，商末周部族的领袖，其子周武王讨伐灭商，建周，谥为文王。**田**：通"畋"，打猎，田猎。②**史**：官职名，先秦时主要掌管记事、祭祀及占卜诸项事务。**编**：人名。**布卜**：占卜。③**渭阳**：渭水北岸。渭，渭水。阳，水的北面。④**螭**：传说中一种无角的龙。**罴**：熊的一种，也叫棕熊、马熊或人熊。⑤**兆**：预兆。**公侯**：古代爵位的名称。五等爵位中第一等称公，第二等称侯。⑥**禹**：传说中我国古夏后氏部落的领袖，以治理洪水而闻名。后其子启建立了我国历史上第一个王朝——夏朝。⑦**比**：类似。

译文

　　周文王打算去打猎，让太史编占卜吉凶。太史编对他说："您这次在渭河北岸打猎，将会有很大的收获。所得到的不是龙，不是螭，不是虎，也不是罴，而是您将得到一位公侯之才，他是上天赐给您的老师，会辅佐您的事业日益昌盛，而且还将惠及您的三代继承人。"

　　文王问："卜兆确实这么好吗？"

　　太史编答说："我的远祖太史畴过去曾为禹占卜，而得到了皋陶这位贤臣，今天的卜兆和那次很类似。"

　　文王于是斋戒三日，排除杂念，乘打猎所用的车马，到渭河北岸打猎，结果终于遇见了坐在长满茅草的河岸上钓鱼的姜太公。

　　文王上前致意并问他："您喜欢钓鱼吗？"

　　太公回答："我听说君子乐于实现自己的抱负，平凡人乐于做好自己的事情。现在我在这里钓鱼，道理和这相似，并不是真正喜欢钓鱼。"

文王问："为什么和钓鱼的道理相似呢？"

太公回答："钓鱼体现了用人的三种权术：用饵钓鱼等于用俸禄去招纳人才；用饵钓鱼等于用重金收买死士；用饵钓鱼等于用官职吸引人才。钓鱼和求贤都是为了有所收获，其中的意义十分深奥，从中可以悟出大道理。"

原　文

文王曰："愿闻其情。"

太公曰："源深而水流，水流而鱼生之，情也；根深而木长，木长而实生之，情也；君子情同而亲合，亲合而事生之，情也。言语应对者，情之饰也；言至情者，事之极也。今臣言至情不讳，君其恶（wù）之乎？"

文王曰："惟仁人能受正谏，不恶至情。何为其然？"

太公曰："缗（mín）微饵明①，小鱼食之；缗调饵香，中鱼食之；缗隆饵丰，大鱼食之。夫鱼食其饵，乃牵于缗；人食其禄，乃服于君。故以饵取鱼，鱼可杀；以禄取人，人可竭；以家取国，国可拔；以国取天下，天下可毕②。呜呼！曼曼绵绵③，其聚必散；嘿嘿昧昧（mò mò）④，其光必远。微哉！圣人之德，诱乎独见。乐哉！圣人之虑，各归其次，而树敛焉⑤。"

●吕尚

注释

①缗：钓丝。②毕：都，全部，此处意为取得。③曼曼绵绵：指幅员广阔无际、漫长绵

延的样子。曼曼,同"漫漫"。④嘿嘿昧昧:指寂然无声,沉而不明的样子。嘿嘿,同"默默"。昧昧,纯厚隐晦,不显露于外。⑤树敛:建立凝聚力。敛,凝聚,确立。

文王说:"我愿听听这其中深奥的道理。"

太公说:"水的源流深,水流就不息,鱼类就能生存,这是合乎情理的;树的根扎得深,就枝繁叶茂,才能结出果实,这是合乎情理的;君子情意相投,就能相互合作,事业就能成功,这也是合乎情理的。用来交流的语言,是真情的文饰;如果能说出真情,也就可以探求到事理的极致。现在臣所说的,是毫不隐讳的肺腑之言,您听了不会反感吧?"

文王问:"只有具备仁德的人才能接受直率的规谏,而不会厌恶肺腑之言。我怎能反感呢?"

太公说:"细小的钓丝、鱼饵明显,小鱼就会上钩;适中的钓丝、鱼饵味香,中等大小的鱼就会上钩;粗长的钓丝、大的鱼饵,大鱼就会上钩。鱼要贪吃香饵,就会被钓丝牵住;人要得到君主俸禄,就会服从君主任使。所以用饵取鱼,鱼可以捕而食之。用爵禄聘用人,人会竭尽其力。以家取国,国必定会被攻克。以国取天下,天下就会服从君王的统治。呜呼!外表上看似茂盛发达或绵延广大,常常虚有其表,虽聚集在一起,最终还是会烟消云散;看似默默不表露于言语,暗暗不显露于外形,光华却能普照四方。微妙啊!圣人的仁德,以独到的见解诱导人。喜悦啊!圣人的思想,是使天下人各得其所,人心才能够凝聚一起啊。"

文王曰:"树敛若何而天下归之?"

太公曰:"天下非一人之天下,乃天下之天下也。同天下之利者则得天下,擅天下之利者则失天下。天有时,地有财,能与人共之者,仁也;仁之所在,天下归之。免人之死,解人之难,救人之患,济人之急者,德也;德之所在,天下归之。与人同忧同乐,同好同恶者,义也;义之所在,天下赴之。凡人恶死而乐生,好德而归利，能生利者，道也；道之所在，天下归之。"

文王再拜曰："允哉^①，敢不受天之诏命乎^②！"乃载与俱归^④，立为师^⑤。

注 释

①**允**：得当。②**诏命**：诏在秦始皇颁定作为皇帝命令的专用词之前。泛指上对下的命令文告。

译 文

文王说："怎样才能建立凝聚力而使天下归附？"

太公回答："天下并不是一个人的天下，而是天下人共有的天下。与天下人共享利益，就能取得天下；独占天下人的利益，就将失去天下。天有时运更替，地有财物变化，能和天下人共享天时和财物，就是仁；仁所在之处，天下人就会归顺。免除人们的死亡，解救人们的困难，消除人们的祸患，就是德；德所在之处，天下人就会归顺。与天下人同甘苦共患难，同心同德，就是义；义所在之处，天下人就会归顺。人都憎恶死亡而乐于生存，能追求仁德寻找利益，为天下人谋利，就是道；道所在之处，天下人就会归顺。"

文王再次拜谢说："说得太对了！我怎敢不接受上天的旨意呢！"于是，文王把太公请上车，一起回到都城，立太公为国师。

盈 虚

题 解

盈虚，盛衰。本篇阐释了国家的治乱兴衰，不是由天命决定的，而全在于国君的贤明与否这一道理。国君贤明，则国泰民安；国君昏庸，则国危民乱。接着以贤君帝尧为例，进一步指出，作为国君应推行德政，必须做到生活俭朴、轻徭薄赋、奖励农桑、赏功罚罪、存养孤苦、任用贤臣等。

●任贤图治

原　文

文王问太公曰："天下熙熙①，一盈一虚②，一治一乱，所以然者何也？其君贤不肖不等乎？其天时变化自然乎③？"

太公曰："君不肖，则国危而民乱；君贤圣，则国安而民治。祸福在君，不在天时。"

注　释

①熙熙：纷杂。②一盈一虚：此以盈虚喻盛衰。③天时：自然运行的时序。

译　文

文王问："天下纷杂熙攘，有时昌盛，有时衰败，有时安定，有时动乱，是什么缘故造成这种局面呢？是由于国君贤明与否造成的，还是由于天命变化自然顺应的呢？"

太公回答："君主不贤明，就会造成国家危险，百姓叛乱；君主贤明，则国家安宁，百姓顺从。国家的祸福，在于君主贤明与否，与天时变化无关。"

原　文

文王曰："古之贤君可得闻乎？"

太公曰："昔者帝尧之王天下①，上世所谓贤君也。"

文王曰："其治如何？"

太公曰："帝尧王天下之时，金银珠玉不饰，锦绣文绮不衣②，奇怪珍异不视，玩好之器不宝③，淫佚之乐不听，宫垣屋室不垩④，甍桷椽楹不斫⑤，茅茨遍庭不剪，鹿裘御寒，布衣掩形，粝粱之饭⑥，藜藿之羹⑦，不以役作之故，害民耕绩之时，削心约志，从事乎无为⑧。吏忠正奉法者尊其位，廉洁爱人者厚其禄。民有孝慈者爱敬之，尽力农桑者慰勉之。旌别淑慝⑨，表其门闾⑩；平心正节，以法度禁邪伪。所憎者，有功必赏；所爱者，有罪必罚。存善天下鳏寡孤独⑪，赈赡祸亡之家⑫。其自奉也甚薄，其赋役也甚寡，故万民富乐而无饥寒之色。百姓戴其君如日月，亲其君如父母。"

文王曰："大哉，贤君之德也！"

【注释】

①帝尧：传说中上古部落联盟的领袖。王：称王，统治天下。②锦绣文绮：做工精细华丽的丝织品。③玩好之器：供欣赏玩乐的奢侈品。④垩：粉刷墙壁用的白土。此处意为粉刷。⑤甍：屋脊。桷椽：排在屋梁上的用于承重的木条。圆形的为桷，方形的为椽。楹：厅堂前的大柱子。斫：砍，削。⑥粝粱：粗劣的粮食。⑦藜藿：野生的菜蔬。⑧无为：道家思想的重要命题。指顺应自然，效法天地，以清净求安定。⑨旌别：识别。淑：善良，美好。慝：邪恶，底本作"德"，疑误。据《武经七书汇解》校改。⑩闾：里巷的大门。⑪鳏：老而无妻。寡：老而无夫。孤：幼而无父。独：老而无子。⑫赈：救济。赡：供养。

【译文】

文王问："古时圣君的事迹可以讲给我听听吗？"

太公回答："从前帝尧治理天下，上古的人都称他贤明。"

文王问："他是怎样治理国家的呢？"

太公回答："帝尧治理天下时，不用金银珠宝做饰物，不穿华丽绮罗的衣服，不观赏珍贵稀奇的宝物，不珍藏贵重的器物，不听淫靡的音乐，不粉饰宫廷的墙壁，不雕饰宫殿的建筑，不修整庭院的草地。用鹿皮御寒，用布衣遮体，吃粗糙的米饭，喝藜藿做成的菜汤。不因征发劳役和兵役而耽误农民耕织，抑制自己的欲望和贪念，顺应自然规律去治理国家。官吏中，有忠诚正直奉公守法的，升高其爵位；有廉洁爱民的，增加其俸禄。民众中，有孝顺父母慈爱幼小的，给予尊重爱护；有全力以赴耕作农桑的，予以勉励慰问。识别善良和邪恶，表彰有美德的门第。他用公正无私的态度处理事务，用法制禁止邪恶奸伪。对于厌恶的人，若有了功劳也一定给予奖赏；对于喜欢的人，若犯了罪也一定给予处罚。赡养百姓中的鳏寡孤独的人；救济遭受天灾人祸的人家。帝尧自己的俸禄很微薄，生活十分俭朴，向百姓征收的赋税劳役也很少。因此，天下的老百姓富足快乐而没有忍饥挨饿的情况。百姓爱戴他像敬仰天上的日月，亲近他像亲近父母。"

文王说："伟大啊！帝尧真是一位贤明的君主啊！"

国 务

题 解

国务，治理国家的方针。本篇阐明了治国的方针政策就是爱民，对百姓要"利而勿害，成而勿败，生而勿杀，与而勿夺，乐而勿苦，喜而勿怒"。要避免伤害百姓、杀戮百姓、侵夺百姓、奴役百姓、激怒百姓等行为，真正做到爱民如子。

原 文

文王问太公曰："愿闻为国之大务①，欲使主尊人安，为之奈何？"

太公曰："爱民而已。"

文王曰："爱民奈何？"

太公曰："利而勿害，成而不败，生而勿杀，与而勿夺，乐而勿苦，喜而勿怒。"

文王曰："敢请释其故。"

太公曰："民不失务，则利之；农不失时，则成之；省刑罚，则生之；薄赋敛②，则与之；俭宫室台榭③，则乐之；吏清不苛扰，则喜之。民失其务，则害之；农失其时，则败之；无罪而罚，则杀之；重赋敛，则夺之；多营宫室台榭以疲民力，则苦之；吏浊苛扰，则怒之。故善为国者，驭民如父母之爱子④，如兄之爱弟。见其饥寒则为之忧⑤，见其劳苦则为之悲，赏罚如加于身，赋敛如取己物：此爱民之道也。"

译文

文王问："我想知道治国的方略，要想使君主受臣民爱戴，百姓安居乐业，应该怎么办呢？"

太公回答："关键就是爱民罢了。"

文王问："怎样去爱民呢？"

太公回答："为百姓谋利，而不要损害；安抚百姓的家业，而不要加以毁败；让百姓生存，而不要杀害；给予百姓利益，而不要夺取；让百姓安居乐业，而不要让他们受苦；让百姓高高兴兴，而不要让他们怨怒。"

文王说："请您解释一下其中的道理。"

太公回答："百姓不失去本务，就是得利；不误农民耕种收获的天时，就有收成；减免百姓刑罚，就相当于保障他们的生命；减轻百姓赋税，就相当于给予他们财物；俭朴建宫室台榭，节省民力，百姓就安乐了；官吏清廉，不征收苛捐杂税骚扰百姓，他们就高兴。相反，百姓失去本务，就相当于利益受损害；百姓耽误耕种农时，就没有收成；百姓没有罪而遭到惩罚，就相当于杀害了他们；加重百姓的赋税，就相当于夺取他们的财物；建造多的宫室台榭，而使民力疲惫，就相当于增加他们的困苦；官吏腐败苛刻，骚扰百姓，就会激起他们的怨怒。所以善于治理国家的君主，对待百姓像父母怜爱子女，像兄长爱护弟弟妹妹一样。看见他们饥寒就为他们忧虑，看见他们劳苦就为他们伤心。赏罚百姓像自己身体受到赏罚一样，向他们征收赋税像夺取自己的财物一样。这些都是爱民的重要道理。"

大　礼

题　解

本篇阐明了君臣之间的行为规范：君主应体察民情，广施恩惠；臣下应服从主上，恪尽职守。同时稳定其位、虚心纳谏、明察秋毫三方面也是作为君主应该具有的道德品质，即"目贵明，耳贵聪，心贵智"，才能君临天下。

原　文

文王问太公曰："君臣之礼如何？"

太公曰："为上惟临①，为下惟沉②。临而无远，沉而无隐。为上惟周③，为下惟定。周则天也，定则地也，或天或地，大礼乃成。"

注　释

①临：指居高临下。②沉：指低伏于下。③周：周到，遍及。

译　文

文王问太公说："君臣之间的礼节，应该是什么样的？"

太公回答："身为君主的，应当洞察民情；身为臣民的，应当谦恭服从。洞察民情，但不要与百姓疏远；谦恭服从，但不要有所隐瞒。作为君主，要普施恩惠；作为臣民，要安定守规。普施恩惠，是效法上天播洒霖雨给万物；安定守规，是效法大地培育万物。君主效法上天，臣民效法大地，君臣间的礼制就形成了。"

原　文

文王曰："主位如何？"

太公曰："安徐而静，柔节先定①，善与而不争。虚心平志，待物以正。"

文王曰："主听如何？"

六韬三略

〇一二

太公曰："勿妄而许，勿逆而拒②。许之则失守③，拒之则闭塞。高山仰止，不可极也。深渊度之，不可测也。神明之德，正静其极。"

文王曰："主明如何？"

太公曰："目贵明，耳贵聪，心贵智。以天下之目视，则无不见也；以天下之耳听，则无不闻也；以天下之心虑，则无不知也。辐辏并进④，则明不蔽矣⑤。"

●高山深渊

注释

①**安徐而静，柔节先定**：安详稳重而沉着冷静，柔和有节而胸有成竹。②**勿妄而许，勿逆而拒**：不轻易接受，也不无情拒绝。③**守**：操守，指内心的主见。④**辐辏**：辐条内端集中于轴心。比喻人才聚集一处。⑤**蔽**：蒙蔽。

译文

文王问："身居君主之位，应当怎样做？"

太公回答："作为君主，要稳重而沉着，温和而有节度，使自己安定。多施恩惠，不与臣民争利。待人接物要谦虚谨慎，公正无私，不偏不倚。"

文王问："君主如何听取别人的意见呢？"

太公回答："君主听取意见时，不能轻率接受，也不能迎头拒绝。轻率接受就容易失去主见，迎头拒绝容易造成闭塞。君主要像高山一样，使人仰望却不能望到其峰顶；要像深渊一样，使人俯视却无法测量其深度。神圣英明的君主之德，就是公正和清净。"

文王问："君主如何才能洞察天下呢？"

太公回答："眼睛贵在明察实物，耳朵贵在听取意见，心灵贵在思考全面。君主用天下人的眼睛看，天下的事就没有看不清楚的；用天下人的耳朵听，天下的意见就没有听不见的；用天下人的心灵去思考，天下的事就没有不知道的。君主如果像车轮上的辐辏一样，集中四面八方的意见和思想，那么就能洞察一切而不受蒙蔽了。"

明 传

题 解

本篇从国家兴衰的角度提出了"义胜欲则昌，欲胜义则亡；敬胜怠则吉，怠胜敬则灭"这一治国之道。阐明了国家衰亡的原因是在于形势大好却懈怠停滞，时机到了却犹豫不决，知道错误却不去改正；论述了国家兴盛的原因是在于当政要做到柔和而平静，谦恭而谨慎，强弱兼济，能屈能伸。

原 文

文王寝疾①，召太公望，太子发在侧②。曰："呜呼！天将弃予，周之社稷将以属汝③。今予欲师至道之言，以明传之子孙。"

太公曰："王何所问？"

文王曰："先圣之道，其所止，其所起，可得闻乎？"

太公曰："见善而怠^{dài}，时至而疑，知非而处：此三者，道之所止也。柔而静，恭而敬，强而弱，忍而刚：此四者，道之所起也。故义胜欲则昌④，欲胜义则亡；敬胜怠则吉⑤，怠胜敬则灭。"

注 释

①寝疾：卧病在床。②太子发：文王次子，姬发，即周武王。③属：通"嘱"，委托，托付。④义：适宜的行为和道德。胜：超过，压倒。⑤敬：尊重、严肃、慎重。

译 文

文王卧病不起，召见太公望，太子发也在旁边。文王说："唉！上天将要遗弃我了。周朝的江山社稷就托付给你了。现在我想效法古代先贤的治国之道，把它传授给我的

子孙。"

太公问："大王，你想问什么？"

文王回答："古代先贤的治国之道，兴起和衰败，可以讲给我听听吗？"

太公回答："见到国势大好就松懈怠慢，时机到了又犹豫不决，明知不对却执迷不悟，这三种情况，是造成衰亡的原因。能够谦和平静地修身，恭敬谨慎地去待人接物，刚柔并济地处世，容忍而能公正不阿地处事，这四种情况，是取得兴旺的原因。所以正义胜过私欲，国家必然昌盛；私欲胜过正义，国家就会衰亡。恭敬胜过懈怠，国家就会昌盛；懈怠胜过恭敬，国家就会灭亡。"

六 守

题 解

本篇首先论述了国君失去天下的原因在于用人不当。接着论述了选拔人才的六条标准：仁、义、忠、信、勇、谋。并进一步说明应用富之、贵之、付之、使之、危之、事之六种手段来考察，就能够知道其是否符合这六条标准。然后指出国君必须控制和掌握关系到国家经济命脉的三大支柱：农、工、商。最后指出坚守这六条标准和三大支柱才能永葆昌盛。

原 文

文王问太公曰："君国主民者，其所以失之者何也？"

太公曰："不慎所与也。人君有六守、三宝①。"

文王曰："六守何也？"

太公曰："一曰仁，二曰义，三曰忠，四曰信，五曰勇，六曰谋：是谓六守。"

文王曰："慎择六守者何？"

太公曰："富之，而观其无犯；贵之，而观其无骄；付之，而

●管仲

观其无转；使之，而观其无隐；危之，而观其无恐；事之，而观其无穷。富之而不犯者，仁也；贵之而不骄者，义也；付之而不转者，忠也；使之而不隐者，信也；危之而不恐者，勇也；事之而不穷者，谋也。人君无以三宝借人，借人则君失其威。"

文王曰："敢问三宝。"

太公曰："大农，大工，大商②，谓之三宝。农一其乡则谷足，工一其乡则器足，商一其乡则货足。三宝各安其处，民乃不虑。无乱其乡，无乱其族。臣无富于君，都无大于国③。六守长④，则君昌；三宝完，则国安。"

注释

①六守：指对六种品质始终坚守。三宝：指三件维系国家命脉的珍宝。②大农，大工，大商：在农、工、商前冠以"大"，可见不是指个体的农民、手工业者、商贾，而是指农业、手工业、商业。③都：大城市。国：国都。④长：崇尚，这里指受到崇尚。

译文

文王问太公说："统治国家主宰人民的君主，失掉国家和人民的原因是什么？"

太公说："是托付人不慎重。君主拥有六守、三宝。"

文王问："六守是什么？"

太公说："一是仁，二是义，三是忠，四是信，五是勇，六是谋。这就叫六守。"

文王说："怎样谨慎地选择六守呢？"

太公说："使他富裕，看他是否不超越本分；给他高位，看他是否不骄傲自大；交付他任务，看他是否不变调走样；使用他，看他是否不欺骗隐瞒；让他面临危险，看他是否不惊恐失措；叫他应对事变，看他是否不束手无策。使他富裕，他却不超越本分，是仁；给他高位，他却不骄傲自大，是义；交给他任务，他不变调走样，是忠；使用他，他不欺骗隐瞒，是信；让他面临危险，他不惊恐失措，是勇；叫他应对事变，他不束手无策，是谋。君主不要把三宝借给他人，借给他人君主就会失去权威。"

文王问道："请问什么称为'三宝'？"

太公又解释说："三宝就是发展农业、手工业、商业。让农民聚居在一个乡里，互助耕耘，就没有荒芜的土地，粮食自然充足。让工匠聚居在一个乡里，工具交流使用，器具自然充足。让商人聚居在一个乡里，互相救济，资金流通，货物自然充盈。这三种职业的人安居乐业，民众便不会有忧虑。生活富裕了，也就不会再有其他念头。为了保持这种局面，百姓不能随便移动居住地点，不能让农、工、商三业从业人员混淆。臣下不能比国君富，都邑不能比国都范围大。长期坚持六守用人标准，君主的事业就能昌盛。三宝完善发展，国家便可以安定了。"

守　土

题　解

本篇阐述了保守政权的策略在于合纵、富国，"借人国柄，则失其权"，"借人利器，则为人所害"。包括对内"无疏其亲，无怠其众"；对外"抚其左右，御其四旁"；政治上"无借人国柄"，防微杜渐；经济上"必从事于富"。以仁义敬众、合亲，从而达到"天下和服"的目的。

原　文

文王问太公曰："守土奈何？"

太公曰："无疏其亲，无怠其众；抚其左右，御其四旁。无借人国柄①，借人国柄则失其权。无掘壑而附丘②，无舍本而治末。日中必彗，操刀必割，执斧必伐。日中不彗③，是谓失时；操刀不割，失利之期；执斧不伐，贼人将来。涓涓不塞，将为江河；荧荧不救，炎炎奈何④；两叶不去⑤，将用斧柯⑥。是故人君必从事于富，不富无以为仁，不施无以合亲。疏其亲则害，失其众则败。无借人利器⑦，借人利器则为人所害，而不终其正也。"

王曰："何谓仁义？"

太公曰："敬其众，合其亲。敬其众则和，合其亲则喜，是谓仁义之纪⑧。无使人夺汝威。因其明，顺其常。顺者任之以德，逆者绝之以力⑨。敬之无疑，天下和服。"

注 释

①柄：权利。②**无掘壑而附丘**：不要靠挖掘深谷之土的方法来增加山的高度，这里指勿损下而益上。③**暜**：暴晒。④**荧荧**：微弱的火光。**炎炎**：烈火。⑤**两叶**：萌芽时的嫩叶。⑥**斧柯**：斧子。⑦**利器**：锋利的兵器，这里指国家权力。⑧**纪**：纲纪，原则。⑨**绝之以力**：用武力消灭。

译 文

文王问太公说："怎样才能守卫国土呢？"

太公回答："不要疏远宗亲，不要怠慢民众，要安抚左右臣子，要统御四方邻国。不要把治理国家的权力委托给别人，如果委托给别人，国君就失去了权威。不要损下益上，不要舍本逐末。太阳正当正午，要抓紧时机暴晒；拿起利刃，要抓紧时间收割；执有斧钺，要抓紧时机征伐。到了正午太阳正当空时而不暴晒，则失去了天时。手中握有利刃而不收割，则失去了良机。手中持有斧子而不攻伐，就会遭到坏人的袭击。涓涓细流不加堵塞，就会汇成江河；微弱的火星不及时扑灭，就会烧成冲天大火；萌芽时的嫩叶不去摘除，将来会长成参天大树，就需要用斧头去砍伐。所以君主一定要让国家富裕，国家不富裕就无法实施仁政。没有仁惠，也就无法团结宗亲。疏远宗亲就会招来祸害，失去民众国家就会衰败。不要将治国的权力交给别人，授人权力，反而受其害而不能善终。"

文王问："什么是仁义呢？"

太公回答："恭敬地对待百姓，团结宗亲。恭敬对待百姓就天下和睦，团结宗亲就会心情愉悦，这就是仁义的准则。不要让人篡夺了你的权力，要依循自己的明德，顺乎常理地处理事务。顺从你的人，施以恩惠并重用他；反对你的人，就用武力去消

灭他。毫不迟疑地执行上述原则，天下自然就会和顺而臣服于您了。"

守 国

题 解

本篇阐述了应效法天地之时、万物生长的规律来治理民众。在天下动荡时，要韬光养晦，厚积薄发，应采取"发之以其阴，会之以其阳"的策略，这样就会"天下和之"，夺取天下。

原　文

文王问太公曰："守国奈何？"

太公曰："斋，将语君天地之经①，四时所生，仁圣之道，民机之情②。"

王即斋七日，北面再拜而问之。

太公曰："天生四时，地生万物。天下有民，仁圣牧之③。故春道生，万物荣；夏道长，万物成；秋道敛④，万物盈；冬道藏⑤，万物寻⑥。盈则藏，藏则复起，莫知所终，莫知所始。圣人配之⑦，以为天地经纪⑧。故天下治，仁圣藏；天下乱，仁圣昌，至道其然也。圣人之在天地间也，其宝固大矣⑨。因其常而视之⑩，则民安。夫民动而为机，机动而得失争矣。故发之以其阴，会之以其阳⑪，为之先唱⑫，天下和之。极反其常⑬，莫进而争，莫退而让。守国如此，与天地同光。"

注　释

①经：一般规律。②机：心理活动。③牧：治理，管理。④敛：收敛，聚集。⑤藏：储藏。⑥寻：《武经七书直解》作"静"，隐藏不动的意思。⑦配：相配，引

●丹书受戒

申为参照仿效。⑧**经纪**：常规、准则。⑨**宝**：指圣人的地位和作用。⑩**视**：效法。⑪**发之以其阴，会之以其阳**：在暗地发展力量，抓住时机，在明处进行讨伐。发，孕育，发展。阴，暗中，秘密。会，际会、时机。阳，明处。⑫**唱**：通"倡"，倡导。⑬**反**：通"返"，回归。

译　文

文王问太公说："怎样守护国家呢？"

太公回答："请君王先去斋戒，然后我将告诉您天地运行的规律，四季变化的缘由，仁义圣贤之道，以及百姓的心理活动。"

文王按照太公的要求，斋戒了七天，向北面拜了两次，之后去向太公询问守国之道。

太公说："上天产生四季，大地产生万物。普天下的百姓，都被圣人君主统治着。所以，依据四季的规律，春天主要是滋生，万物能够欣欣向荣；夏天主要是生长，万物才能够茂盛；秋天主要是收获，万物才能够充实；冬天主要是贮藏，万物才能够恢复安静。万物充实就要贮藏，贮藏到了春天，又开始新的循环。周而复始，不知道起点还是终点，无尽循环。圣人也是参照天地运行的规律为原则来治理百姓。所以天下太平时，仁圣的政绩就显露不出来；天下动乱时，仁圣则应时而起，建功立业，这就是天地运行的自然规律。圣人在天地之间，稳固地位十分重要。效法天地的法则治理天下，百姓就会平静而安定。如果百姓的心中怀有怨恨，就会成为天下动乱的征兆。如果加以触动，那么天下权力就有得失之争了。所以，仁人圣君秘密地发展自己的力量，待到时机成熟就公开进行讨伐。首先发起抗争的倡导，这样就能得到天下人的响应。天下形势平息到正常状态时，你不要过分进而争功，也不要过分退而让位。这样守国，就可与天地共存、与日月同光了。"

上 贤

题 解

　　本篇论述君主的用人标准，选用德才兼备的人，弃用无德无才的人，即"下不肖""去诈伪""禁暴乱、止奢侈"，归结为警惕"六贼""七害"。从民、士、臣、吏、相应有的素质转到论君王之道，博得了文王"善哉"的赞叹。

原文

　　文王问太公曰："王人者何上何下？何取何去？何禁何止？"

　　太公曰："王人者，上贤，下不肖；取诚信，去诈伪；禁暴乱，止奢侈。故王人者有六贼七害。"

　　文王曰："愿闻其道。"

　　太公曰："夫六贼者，一曰，臣有大作宫室池榭，游观倡乐者①，伤王之德；二曰，民有不事农桑，任气游侠②，犯历法禁③，不从吏教者，伤王之化；三曰，臣有结朋党④，蔽贤智，障主明者，伤王之权；四曰，士有抗志高节，以为气势，外交诸侯，不重其主者，伤王之威；五曰，臣有轻爵位，贱有司⑤，羞为上犯难者，伤功臣之劳；六曰，强宗侵夺，凌侮贫弱者，伤庶人之业。

注释

　　①**倡**：古代的倡，指歌舞艺人。②**任气**：谓意气用事。**游侠**：这里指不遵法度的侠义行为。③**犯历**：违犯。历，超过。④**朋党**：为私利而勾结同类的人。⑤**有司**：官吏。

译文

　　文王问太公说："君王在用人方面，应尊重何种人，应抑制何种人？应任用何种人，应除去何种人？应严禁何种事，应制止何种事？"

　　太公回答："作为君主，应尊重德才兼备的人，压制无才无德的人，任用诚恳守信的人，去除奸诈虚伪的人，严禁暴乱的行为，制止骄奢和萎靡。所以作为君主应警惕'六种坏事'和'七种坏人'。"

文王说："我想听听其中的道理。"

太公回答："所说的六种坏事：一是臣下有大肆营建宫室亭池台榭，沉迷于游玩观赏倡优百戏的，这会损害君王的德行；二是百姓有不务农种桑，游手好闲，以武乱法，多次违法，不服从官吏管教的，这会损害君王的教化；三是臣下有为了私利结党拉派，阻碍贤智人才的任用，障蔽君王了解实情，这会损害君王的权力。四是士民有自负清高，横行嚣张，在外与诸侯私下来往，不尊重君主的，这会损害君王的威严；五是臣下有轻视爵位，看不起其他官吏的职务，不愿意为君王排忧解难的，这会损害臣下的功劳；六是强宗大族侵夺，欺负弱小，这会损害百姓的生计之业。

原 文

"七害者，一曰，无智略权谋，而以重赏尊爵之故，强勇轻战，侥幸于外，王者慎勿使为将；二曰，有名无实，出入异言，掩善扬恶，进退为巧，王者慎勿与谋；三曰，朴其身躬，恶其衣服，语无为以求名，言无欲以求利，此伪人也，王者慎勿近；四曰，奇其冠带，伟其衣服，博闻辩辞，虚论高议，以为容美，穷居静处，而诽时俗，此奸人也，王者慎勿宠；五曰，谗佞(nìng)苟得，以求官爵，果敢轻死，以贪禄秩，不图大事，得利而动，以高谈虚论，说(yuè)于人主，王者慎勿使；六曰，为雕文刻镂(gǔ)，技巧华饰，而伤农时，王者必禁之；七曰，伪方奇技①，巫蛊左道②，不祥之言，幻惑良民，王者必止之。

注 释

①**伪方奇技**：方技古指医药养生之类的技术。②**巫蛊**：谓巫师使用邪术加害于人。

译 文

"所谓七种坏人：一是无智略权谋，却为了获得很高爵位的缘故，恃勇逞强，轻视战略战术，想靠侥幸取胜而立功的人，君王千万不要任用这种人为将领；二是徒有

虚名而无实际才能，表里不一，掩人之善，扬人之恶，颠倒是非，投机取巧的人，君王一定要谨慎，不与这种人商议计谋；三是外表朴素，衣着粗略，嘴上说无意于功名，实际上沽名钓誉，嘴上说没有欲求，实际上好大喜功的虚伪之人，君王要小心，不要与这种人亲近；四是奇装异服，见多识广，能言善辩，口若悬河，显示自己博学多才，躲在幽静之处诽谤时俗，这是奸诈之人，君王不要宠信这种人；五是阿谀奉承，不择手段，苟且求得官职，鲁莽急躁，轻视生命，贪图立功，见利忘义，不顾全大局，用浮夸的言辞取悦君主的人，君王不要轻易委以重任；六是从事雕文刻镂，一味追求技艺精湛，过度装饰，导致损害农耕的人，君王必须对此加以禁止；七是用骗人的方术、诡异的邪术，以及用歪门邪道、不吉利的符咒，去迷惑善良的民众的人，君王一定要加以制止。

原文

"故民不尽力，非吾民也；士不诚信，非吾士也；臣不忠谏，非吾臣也；吏不平洁爱人，非吾吏也；相不能富国强兵，调和阴阳①，以安万乘之主，正群臣，定名实，明赏罚，乐万民，非吾相也。夫王者之道如龙首，高居而远望，深视而审听，示其形，隐其情。若天之高，不可极也；若渊之深，不可测也。故可怒而不怒②，奸臣乃作；可杀而不杀，大贼乃发；兵势不行，敌国乃强。"

文王曰："善哉！"

注释

①**调和阴阳**：谓调和各种矛盾。

②**怒**：谴责。

译文

"所以如果百姓不能尽力从事耕作的，就不是我的百姓；士人不能诚恳

●风尘三侠

六韬

〇二三

守信为国家效劳的，就不是我的士人；臣子不能中肯地直谏，就不是我的臣子；官吏不能公正廉洁、爱护百姓的，就不是我的官吏；宰相不能富国强兵、调和各种矛盾、稳固国君地位、整饬纲纪，群臣名分核定名实，赏罚严明，使民安乐的，就不是我的宰相。作为君主，要像龙头一样，高居九天之上，看得很远，看得真切，听得周详；显露出庄严威仪的外表，让人感到畏惧；隐藏喜怒哀乐的感情，让人无法猜测。使人可仰而不可即，可望而不可测。所以，君主如果在该发火的时候也不发火，那么奸邪佞臣就会兴风作浪；该杀的时候也不杀，祸害国家的人就会制造动乱；该讨伐的国家不去讨伐，那么敌国就会日益强盛起来。”

文王说：“你说得太对了。”

举 贤

题 解

　　本篇阐述了“举贤而不获其功”终究会造成时世混乱，国家危亡。其原因在于“举贤而不能用”，即虽有举贤之名，却不用贤才，而用“世俗之所誉”的人，从而造成难以得到真正的人才。同时提出解决这个问题的办法就是“以官名举人，按名督实，选才考能，令实当其名，名当其实”，才能做到“举贤而获其功”的效果。

原文

　　文王问太公曰：“君务举贤而不获其功①，世乱愈甚以致危亡者，何也？”

　　太公曰：“举贤而不用，是有举贤之名，而无用贤之实也。”

　　文王曰：“其失安在？”

　　太公曰：“其失在君好用世俗之所誉②，而不得真贤也。”

　　文王曰：“何如？”

　　太公曰：“君以世俗之所誉者为贤③，以世俗之所毁者为不肖，则多党者进④，少党者退。若是，则群邪比周而蔽贤⑤，忠臣死于无罪，奸臣以虚誉取爵位。是以世乱愈甚，则国不免于危亡。"

文王曰："举贤奈何？"

太公曰："将相分职，而各以官名举人⑥。按名督实，选才考能，令实当其名，名当其实，则得举贤之道也。"

●旌贤去奸

注释

①务：致力于。②世俗：平凡的人。③誉：称赞。④党：党羽。⑤比周：结党营私。⑥举：举用、任用。

译文

文王问太公："君主致力于招揽天下人才，但往往得不到实质成效。局势越来越混乱，甚至到了危亡的地步，这是为什么呢？"

太公回答："推举上来的人才得不到重用，这是只有举贤的虚名，却没有用贤的实质。"

文王问："导致错误的原因在哪里呢？"

太公回答："错误在于君主喜欢任用平凡人所称赞的人，所以就得不到真正的人才。"

文王问："为什么这样说呢？"

太公说："君主把平凡人所称赞的人当作人才，把平凡人所诋毁的人认为不才，那么结党私营的人就会被选用，不事拉帮结伙的人就被排挤。这样，那些奸邪小人就互相勾结在一起，阻碍贤臣受到重用，忠臣被诬陷置于死地；奸臣贼子以虚名骗取爵位。造成国家更加混乱，难免陷于危亡的境地。"

文王问："那怎样举荐贤人呢？"

太公说："将领和宰相各守其职、分别举荐，根据所需要的官职推举人选，按照不同官职考察实际才能。选拔上来的人才，其能力要与官职相符，名实相当，这样，才算掌握了举用人才的原则和方法。"

赏 罚

题 解

　　本篇阐明了"赏所以存劝，罚所以示惩"的目的是要达到"赏一以劝百，罚一以惩众"的效果。而要达到这一目的，必须是坚持赏贵信、罚贵必，也就是"赏信罚必"的原则。

原 文

　　文王问太公曰："赏所以存劝①，罚所以示惩。吾欲赏一以劝百，罚一以惩众，为之奈何？"

　　太公曰："凡用赏者贵信，用罚者贵必。赏信罚必于耳目之所闻见，则所不闻见者，莫不阴化矣②。夫诚畅于天地，通于神明，而况于人乎！"

注 释

　　①劝：鼓励、劝勉。②阴化：暗中变化，潜移默化。

译 文

　　文王问太公说："奖赏是用来鼓励的，惩罚是用来警戒的。我想要奖赏一个以鼓励多数，惩罚一个以警戒众人，应该怎么办？"

　　太公说："凡用赏贵在守信，用罚贵在必行。在耳朵能听到的、眼睛能看到的范围内做到奖赏守信、惩罚必行，那么听不到的、看不见的地方也无不潜移默化了。真诚可以畅行于天地，通达于神明，何况对人呢！"

兵 道

题 解

本篇阐述了用兵的四项基本原则和方法。一是要"凡兵之道，莫过于一"，即用兵要集中兵力，统一指挥，行动一致。二是"存"和"亡"、"乐"和"殃"在一定条件下对立统一、互相转化。即要灵活用兵，避开祸殃。三是善于用兵、以静制动，欺骗敌人，声东击西才能取得胜利。四是"兵胜之术，密察敌人之机而速乘其利，复疾击其不意"，即兵贵神速，出其不意。

原文

武王问太公曰①："兵道何如？"

太公曰："凡兵之道，莫过乎一②。一者，能独往独来③。黄帝曰：'一者，阶于道，几于神④。'用之在于机，显之在于势，成之在于君。故圣王号兵为凶器⑤，不得已而用之。今商王知存而不知亡⑥，知乐而不知殃。夫存者非存，在于虑亡；乐者非乐，在于虑殃。今王已虑其源，岂忧其流乎！"

武王曰："两军相遇，彼不可来，此不可往，各设固备，未敢先发。我欲袭之，不得其利，为之奈何？"

太公曰："外乱而内整，示饥而实饱，内精而外钝。一合一离，一聚一散。阴其谋，密其机，高其垒，伏其锐士，寂若无声，敌不知我所备。欲其西，袭其东。"

●黄帝

武王曰：“敌知我情，通我谋，为之奈何？”

太公曰：“兵胜之术，密察敌人之机，而速乘其利，复疾击其不意。”

注 释

①**武王**：周文王之子，姓姬名发，继位之后讨伐商纣，建立周朝。②**一**：事权专一，指挥统一。③**独往独来**：空前统一，不受牵制。④**阶**：阶梯，指逐步通向。**道**：规律，道理。**几**：接近。**神**：神妙莫测。⑤**兵**：兵器。⑥**商王**：指商纣王。名受，亦称帝辛，商代最后的君主。

译 文

武王问太公：“用兵的原则是什么呢？”

太公说：“用兵的原则莫过于要集中统一、上下一致。集中统一才能不受牵制，统一行动才能所向无敌。黄帝说：‘集中统一，是掌握用兵规律的基础，几乎到了用兵如神的境界。’用兵在于掌握时机，在于形成军势，在于君主的运筹。所以君主把兵器看成是不吉利的凶器，万不得已才会使用它。如今商纣王只知道国家存在，不知道将要有灭亡的危机；只知道贪图享乐，不知道灾祸即将降临。存在的不能长久存在，所以还要考虑到如何救亡。寻欢作乐的人不能永远快乐，要考虑到如何避开祸殃。现在君主已经考虑到定国的根源，又何必担忧细枝末节的问题呢！”

武王说：“如果敌我两军相遇，互相对峙，敌人不向我进攻，我也不向敌人进攻，各自都有坚固的防守，没有一方敢先发动进攻。现在我想袭击敌人，怎样才能寻找到合适的战机？”

太公回答说：“要给敌人我军表面纷乱的假象，而实际上内部整齐严谨；表面上忍饥挨饿，而实际上饮食充足；表面上看武器装备粗钝、士兵疲惫，而实际上武器精良、士兵振奋。让队伍忽合忽离，士卒忽聚忽散。隐藏作战计划，保密行动时间。高筑堡垒，埋伏精锐将士，士卒寂静无声，让敌人不知道我方的作战准备情况。若计划攻打敌人西边，则要假装攻击东边。”

武王说：“敌人如已掌握我方的情况，了解我方战略，那该怎么办呢？”

太公说：“战胜敌人的关键在于要秘密地侦察敌人发动进攻的时机，出其不意，抓住时机，迅速发起猛攻。”

武　韬

发　启

题　解

　　本篇阐述了夺取天下的几点策略。一是对内要"修德以下贤，惠民以观天道"。二是要正确认清战略形势，通过对天道、人道以及"心""意""情"等各个方面的观察，把握战略时机。三是尽量要"全胜不斗，大兵无创"，即不战而屈人之兵。四是收揽民心，与民同利。五是善于隐蔽自己的战略策划，"大智不智，大谋不谋"；"道在不可见，事在不可闻，胜在不可知"；"圣人将动，必有愚色"等。六是在商亡国之兆已现的情况下，要"大明发而万物皆照，大义发而万物皆利，大兵发而万物皆服"，即顺应时势，就可夺取天下。

原文

　　文王在酆召太公①，曰："呜呼！商王虐极，罪杀不辜。公尚助予忧民②，如何？"

　　太公曰："王其修德，以下贤，惠民，以观天道③。天道无殃，不可先倡；人道无灾④，不可先谋。必见天殃，又见人灾，乃可以谋。必见其阳，又见其阴，乃知其心；必见其外，又见其内，乃知其意；必见其疏，又见其亲，乃知其情。行其道⑤，道可致也；从其门⑥，门可入也；立其礼⑦，礼可成也；争其强，强可胜也。全胜不斗，大兵无创，与鬼神通。微哉！微哉！与人同病相救，同情相成，同恶相助，同好相趋。故无甲兵而胜，无冲机而攻⑧，无沟堑而守⑨。

译 文

文王在丰邑召见太公，对他说："唉！商纣王残暴至极，任意杀害许多无辜的百姓，请您协助我为百姓排忧解难，该怎么做？"

太公回答："君王首先要修明养德，礼贤下士，施恩百姓，观察天地运行的规律。如果上天没有商朝灭亡的征兆，不能先倡导伐商。如果人世间的事还没混乱，不能先谋划革命。如果上天既有商朝灭亡的征兆，又发生了国家动乱的现象，才能筹谋兴师出征。一定既看到他的公开言行，又了解他的隐秘行动，才可谋划。一定要既看到表象方面，又要看到内在的方面，才知道真正意图。一定既要看到疏远什么人，又要看到亲近什么人，才知道真正的感情。实行吊民伐罪之道，治国的理想就可以实现。遵照一定的方法和原则，就可通往胜利之门。订立秩序和礼仪，礼制则可以确立。按照一定的方法与敌国争强，再强大的敌人都可以取胜。不经过战斗而取得全胜，全军临敌而不受损伤，这种不战而胜的用兵智慧，简直能与鬼神相通啊。微妙啊！微妙啊！同疾苦的互相救济，同情感的互相帮助，同厌恶的共同除去，同喜好的互相追求，所以即使没有全副武装的士兵，也能战胜敌人；没有精良的武器装备，也能攻击敌人；没有护城河，也能坚守城池。"

原 文

"大智不智，大谋不谋，大勇不勇，大利不利。利天下者，天下启之①；害天下者，天下闭之②。天下者，非一人之天下，乃天下之天下也。取天下者，若逐野兽，而天下皆有分肉之心；若同舟而济，济则皆同其利，败则皆同其害，然则皆有启之，无有闭之也。无取于民者，取民者也；无取于国者，取国者也；无取于天下者，取天下者也。无取民者，民利之；无取国者，国利之；无取天下者，天下利之。故道在不可见，事在不可闻，胜在不可知。微哉！微哉！鸷鸟将击^③，卑飞敛翼^④；猛兽将搏，弭耳俯伏^⑤；圣人将动，必有愚色^⑥。

●妲己害政

注释

①启：打开，开放。这里指敞开，欢迎的意思。②闭：关闭，封闭。这里指拒绝、反对的意思。③鸷鸟：鹰、雕之类凶猛的飞禽。④卑飞：低飞。⑤弭耳：把竖着的耳朵平贴起来，以示温驯，服从。⑥愚色：愚钝、笨拙。

译文

"真正有大智的人，会无形之中运用智慧，外表却看不出他有智慧。真正有大谋的人，会于行动之前运用筹谋，外表却看不出他的谋略。真正有大勇的人，会在初始阶段消耗敌人的气焰，外表却看不出他的勇敢。真正谋大利的人，外表看不见他获得利益，因为他把利益分给了天下人，天下人欢迎他。危害天下的人，天下人拒绝他。天下，不是一个人的天下，而是天下人共有的天下。获得天下的人，就好像猎逐野兽，天下人都希望能分到肉吃；又好像坐在同一条船上横渡江河，能渡过去大家都能达到目的，渡不过去大家都遭受灾难。这样做，与天下人同呼吸共命运，天下人自然都欢迎他，不会反对他。不向人民索取利益的人，可以取得人民的拥护；不向别国索取利益的人，可以取得别国的拥护；不向天下索取利益的人，可以得到天下人的拥护。不从百姓那儿夺利的君主，实际上却得到了利益；不掠夺国家利益的君主，他国也会顺从；不拿取天下人利益的君主，普天下的人都拥护他。所以，这种谋略的神妙之处，在于隐秘而不让众人发现，秘密而不让众人听闻，取得胜利而不让众人知晓。真是很微妙啊！凶猛的鸟儿将要攻击猎物之前，必先低飞而收拢双翼；凶猛的野兽将要与对手搏击之前，必先伏下身子，伏耳贴地。圣人将要行动之前，必先显示出愚笨的样子。

原文

"今彼殷商，众口相惑，纷纷渺渺^①，好色无极^②，此亡国之征也。吾观其野，草菅胜谷^③；吾观其众，邪曲胜直；吾观其吏，暴虐残贼，败法乱刑，上下不觉，此亡国之时也。大明发而万物皆照^④，大义发而万物皆利^⑤，大兵发而万物皆服。大哉圣人之德，独闻独见，乐哉！"

注释

①**纷纷**：纷杂混乱的样子。**渺渺**：无穷无际，没有止境。②**无极**：没有止境。③**草菅**：野草。④**大明**：阳光。⑤**大义**：正义之举。

译文

"现在的商朝，谣言四起，瞒上欺下，社会动乱不已，而纣王荒淫无度，这是亡国的征兆。我察看他们的田野，野草多于庄稼；我体察他们的百姓，奸邪之人多于忠直之人；我观察他们的官吏，凶狠残暴，残害百姓，破坏法治，乱施酷刑，君臣上下没有意识到这些危害，这是亡国的时候到了。太阳一出，光辉普照大地万物，正义之举，天下都沐浴恩泽。大军出征，天下都顺从归附。伟大啊！圣人的仁德，独到的见解，这才是最大的乐趣啊！"

文 启

题 解

本篇阐述了国家长治久安的方法是"无为而治"。无为而治的基本观点：一是"政之所施，莫知其化；时之所行，莫知其移"。要顺乎自然，合乎民心，就可以长治久安。二是对民众进行教化，正人先正己，"圣人务静之，贤人务正之"。强调君主做到清净贤明，才能使人心归顺。第三应减少刑罚。这样，"民化而从政"，"无为而成事"，就会出现"各乐其所，人爱其上"的和谐局面。

文王问太公曰："圣人何守？"

太公曰："何忧何啬①，万物皆得；何啬何忧，万物皆道②。政之所施，莫知其化；时之所在，莫知其移。圣人守此而万物化，何穷之有，终而复始。优之游之③，展转求之；求而得之，不可不藏；既以藏之，不可不行；既以行之，勿复明之。夫天地不自明，故能长生④；圣人不自明，故能名彰⑤。

注释

①啬：阻塞，制止。②道：强劲、坚固，此处指繁荣滋长。③优之游之：悠闲自得的样子。④长生：万物生长。⑤彰：明显。

译文

文王问太公道："圣人治理天下，应坚持何种原则呢？"

太公回答："不要忧虑，也不要制止，万物顺其自然生长；不要节制，也不要忧虑，万物自然生长繁荣。施行政令，要让百姓在不知不觉中受到教化。就像四季更替，人们感觉不到季节变化。圣人能做到这一原则，万物自然生息，周而复始，不会穷尽。这种优游自得、无为而治的状态，君主必须反复探求。求到了道理，就必须牢牢地记在心中。既然牢记在心中，就要运用到治理国家中；既然已经施行，就不要将其奥秘明告世人。天地从不刻意显露规律，而万物却能自然生长，圣人不炫耀自己的英明，而自能成就显赫功名。

原文

"古之圣人，聚人而为家，聚家而为国，聚国而为天下，分封贤人以为万国，命之曰大纪。陈其政教，顺其民俗，群曲化直①，变于形容②。万国不通③，各乐其所，人爱其上，命之曰大定。呜呼！圣人务静之，贤人务正之，愚人不能正，故与人争。上劳则刑繁，刑繁则民忧，民忧则流亡，上下不安其生，累世不休，命之曰大失④。

天下之人如流水，障之则止⑤，启之则行⑥，静之则清。呜呼，神哉！圣人见其所始，则知其所终。"

【注 释】

①曲：不公正、邪僻。②形容：形体容貌。③通：即"同"。④大失：最大的失误。⑤障：阻碍。⑥启：打开，开放。

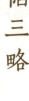

【译 文】

"古时候的圣人，把人聚集到一起组成家，把家聚集到一起组成国，把国聚集到一起组成天下。分封贤德的人为各国诸侯，这是治理国家的纲纪。依循各个诸侯国的原来的政治教化，顺应当地人原有的风俗，改正百姓的邪僻，体现在形体容貌上。国家之间的风俗不一致，但使乐得其所，百姓都爱戴君主，这就是天下太平。唉！古时的圣人以清净无为治理国家；古时的贤人以公正治理国家；愚蠢的人不能保持公正之心，只好与人争夺。君主推行政令过多，制定的刑罚繁多，刑罚繁多百姓就会担忧，百姓担忧流离失所。君主、臣民不能安生，几代得不到休养生息，这是失去大势的局面。天下的百姓如同流水一样，阻碍它就停止流动，打开它便川流不息，搅动它便浑浊不堪，静置它就清澈明净。呜呼！真是妙不可言。圣人见到事物的开始，就能预测到它的结果。"

【原 文】

文王曰："静之奈何？"

太公曰："天有常形①，民有常生②，与天下共其生，而天下静矣。太上因之③，其次化之，夫民化而从政。是以天无为而成事，民无与而自富，此圣人之德也。"

文王曰："公言乃协予怀④，夙夜念之不忘，以用为常⑤。"

【注 释】

①常形：四时变化的常规。②常生：固定的生活规律。③太上：最上，最高的境界。④协：符合、和谐。⑤常：常法，基本原则。

六韬三略

文王又问："怎样使天下太平呢？"

太公回答："上天自有运行的规律，春生夏长，秋成冬藏，百姓也有不变的生活规律，春耕夏耘，秋收冬息。人君能和百姓共同遵守规律，天下自然很祥和。最高的境界是依照自然规律来治理国家。其次，是用仁德教化百姓。百姓受到教化，从而服从政令，所以上天清净无为，却能万物生长；没有给百姓增加负担，百姓就可以富足。这是圣人的仁德啊！"

●耕

文王说："你的话正合我意，我要朝思夕念、时刻不忘，把它作为治国的原则。"

文 伐

题 解

文伐，指不用军事手段而用政治、外交等手段打击敌人。文伐的关键在于采用权谋诡诈手段，扩大敌人内部矛盾，分化、削弱和瓦解敌人，为最终用军事手段消灭敌人创造条件，奠定基础。本篇阐述了十二种"文伐"手段：纵容敌军、拉拢近臣、贿赂臣民、腐其心志、掩蔽忠臣、收内间外、重礼进献、分化联盟、使其狂妄、取信对方、麻痹对方、引诱敌方。最后："十二节备，乃成武事。所谓上察天，下察地，征已见，乃伐之。"

文王问太公曰："文伐之法奈何①？"

太公曰："凡文伐有十二节②：

"一曰因其所喜，以顺其志，彼将生骄，必有奸事③；苟能因之，必能去之。

　　"二曰亲其所爱，以分其威，一人两心，其中必衰^④；廷无忠臣，社稷必危。

　　"三曰阴赂左右，得情甚深；身内情外^⑤，国将生害。

　　"四曰辅其淫乐，以广^{kuàng}其志^⑥，厚赂珠玉，娱以美人；卑辞委听^⑦，顺命而合^⑧；彼将不争，奸节乃定^⑨。

　　"五曰严其忠臣^⑩，而薄其赂；稽留其使，勿听其事，亟^{jí}为置代^⑪；遗以诚事，亲而信之。其君将复合之。苟能严之，国乃可谋。

注 释

　　①**文伐**：指用非军事手段打击敌人。②**节**：项。③**奸**：底本作"好"，疑误。今据《武经七书汇解》校改。④**中**：通"忠"，忠信。⑤**身内情外**：身处此方而实际向着对方。⑥**广**：通"旷"，荒废。⑦**委听**：委身听从。⑧**顺命而合**：指顺从敌人的心意。⑨**奸节乃定**：指邪恶行为一定会发展下去。⑩**严**：掩蔽。⑪**亟**：急，赶快。**置代**：派人代替。

译 文

　　文王问太公："怎样用非军事手段打击敌人呢？"

　　太公回答："非军事手段有十二项：

　　"一是根据敌国君主的喜好，顺从他的心意。那么敌国将会滋生骄横之气，必定行事为非作歹、大肆妄为。如果能这样继续下去，我们一定可以除掉他们。

　　"二是亲近敌国君主的宠臣，削弱敌国君主的威信。一个人如果有了二心，那么他的忠诚必然会减少。敌国朝廷中如果没有忠臣，那么这个国家必定会灭亡。

　　"三是私下贿赂敌国君主左右近臣，与他们建立深厚情谊。使他们身在朝内但心向他国，这样敌国必将遭受祸患。

　　"四是用淫靡的音乐腐蚀敌国的君主，荒废他的意志，用珍贵的珠宝贿赂他，献上美人供他享乐，用卑微的言辞奉承他，委身听从他的命令，迎合他的心意。这样，敌人会丧失斗志，邪恶的行为将发展下去，我方便有机可乘。

"五是掩饰敌国忠臣的功绩，送微薄的礼物贿赂他们，拖延时间，使敌国派来的使臣留下。如果敌国马上改派别的使者时，要透露给他实情，让他亲近、相信我方。他的国君也将重新任用他。如果敌国君主掩蔽他的忠臣，这个国家就可以谋取了。

原 文

"六曰收其内，间其外；才臣外相^①，敌国内侵，国鲜不亡。

"七曰欲锢其心，必厚赂之；收其左右忠爱，阴示以利，令之轻业，而蓄积空虚。

"八曰赂以重宝，因与之谋，谋而利之。利之必信，是谓重亲^②。重亲之积，必为我用。有国而外，其地大败。

"九曰尊之以名，无难其身；示以大势，从之必信。致其大尊，先为之荣；微饰圣人，国乃大偷^③。

注 释

①**相**：辅助，帮助。②**重亲**：加深友好。③**国乃大偷**：国事懈怠以致废弛。偷，苟且自安。

译 文

"六是收买敌国内部大臣，离间敌国在外征战的将领，使其有才干的大臣里通外国，内部自相混乱，这样的国家很少有不灭亡的。

"七是要想收买敌国君主，一定要用丰厚的礼品贿赂。收买他左右信任的大臣，暗中给他们好处，让他们对国家大业掉以轻心，使国库空虚。

"八是赠送敌国国君贵重宝物，这样，他会与我们同谋。使他感受这个谋划对他有利益，那么他就会更加信任你，这就是加深友好关系。关系越来越近，形势一定会越来越利于我方。自己的国家却被他国所利用，这个国家必定灭亡。

"九是以崇高的名号尊敬敌国君主，不要给他制造什么困难，让他顺应天下的大趋势，顺从他的意思博取信任。让他居于至尊无上的地位，夸耀他的功绩，形容他好比圣人，这样，他必定会懈怠且狂妄自大而荒废政事了。

"十曰下之必信，以得其情，承意应事，如与同生。既以得之，乃微收之。时及将至，若天丧之。

"十一曰塞之以道①，人臣无不重贵与富，恶死与咎②；阴示大尊③，而微输重宝④，收其豪杰。内积甚厚，而外为乏。阴纳智士使图其计，纳勇士使高其气；富贵甚足，而常有繁滋⑤。徒党已具⑥，是谓塞之。有国而塞，安能有国。

"十二曰养其乱臣以迷之，进美女淫声以惑之，遗良犬马以劳之，时与大势以诱之。上察而与天下图之。

"十二节备，乃成武事⑦。所谓上察天，下察地，征已见，乃伐之。

注 释

①塞：阻隔，阻碍。②咎：灾祸，祸患。③**阴示大尊**：暗示其可以得到高官厚爵。④**微输重宝**：悄悄地运去重要的宝物。⑤**繁滋**：滋长。⑥**徒党**：同一类的人，同一派别的人。⑦**武事**：军事。

译 文

"十是以低微的身份去侍奉敌国君主，以获得他的情谊。奉承他的旨意办事，关系如同亲生兄弟。等完全得到了信任，便慢慢收揽他的权势。等到时机到来就消灭它，就像天要灭掉它一样自然。

"十一是用各种方法阻塞敌国耳目，凡是臣民没有不重视富贵的，没有不害怕危险和祸害的。暗示其可以得到高官厚爵，悄悄地运去重要的宝物，收买敌国的豪杰之士。我方内部积累充实，但表面装作很贫乏。暗中收纳智谋之士，制定战胜敌国的计谋，秘密吸纳勇士，提高我方的士气。尽量满足这些人的欲望，并使其不断滋生。这样，他们成为我方的帮派，从而遮蔽敌国君臣的耳目。耳目被遮蔽，国家还能存在吗？

"十二是供养敌国的乱臣贼子，迷惑敌国君主的心智；进献美人和演奏靡靡之音，惑乱敌国君主的神志；赠送良马好犬，使敌国君主沉迷于田猎而疲劳；不时地奉承他的权势，使他骄傲自大。观察天时变化，和天下人共同谋划攻取它。

"十二种文伐方法如果都具备了，才可以进一步采取军事行动。这就是上观天时，下观地利，等到征候已经很明显了，就可以兴兵讨伐敌国了。"

顺 启

题 解

　　本篇阐述了要想治理好天下，成为有道的君主，应该具备气度、诚信、仁义、恩惠、权力和处事各方面的素质和能力。然后通过利与害、生与杀、彻与穷、安与危的比较，说明"天下者，非一人之天下，惟有道者处之"。

原 文

　　文王问太公曰："何如而可为天下？"

　　太公曰："大盖天下①，然后能容天下；信盖天下，然后能约天下②；仁盖天下，然后能怀天下③；恩盖天下，然后能保天下；权盖天下，然后能不失天下；事而不疑，则天运不能移，时变不能迁。此六者备，然后可以为天下政。故利天下者，天下启之；害天下者，天下闭之。生天下者，天下德之；杀天下者，天下贼之④。彻天下者⑤，天下通之；穷天下者，天下仇之。安天下者，天下恃之；危天下者，天下灾之。天下者，非一人之天下，惟有道者处之。"

注 释

　　①大盖天下：心胸宽广能覆盖天下。大，度量。盖，覆盖、包容。②约：约束、控制。③怀：赢得，归服。④贼：毁坏、杀害。⑤彻：通达、贯通。

译 文

　　文王问太公道："怎样才能治理好天下呢？"

　　太公回答说："心胸能覆盖天下，然后能包容天下；信誉能覆盖天下，然后能控制天下；仁德能覆盖天下，然后能赢得天下；恩泽能覆盖天下，然后能保全天下；权力能覆盖天下，然后能不失掉天下；遇事能当机立断，则天运不能移动，时世变了也不能动摇。这六个方面都具备了，就能统治天下。所以，为天下人谋利的，天下人都欢迎他；让天下人遭殃的，天下人都反对他；让天下人生存的，天下人将称颂他的仁德。让天下人不安生的，天下人将杀掉他；让天下人通达的，天下人也使他事业通达；让天下人穷困的，天下人将都把他当仇敌；让天下人安定的，天下人都会依赖他；让天下人面临危险的，天下人视他为灾星，躲避他。天下不是一个人的天下，只有道德高尚的人才能治理好。"

三 疑

题 解

本篇讨论了攻强以强、离亲以亲、散众以众的策略：第一，要因势利导，通过助长强敌的气焰，领会"太强必折，太张必缺"的规律，寻找时机。第二，要谨慎地使用谋略，去离间敌国君臣。第三，要使用财物，收买敌国臣民。让敌国国君狂妄、君臣猜忌、民心丧失，就可以使形势对己方有利。并指出这些策略的使用一定要保密。

原 文

武王问太公曰："予欲立功，有三疑，恐力不能攻强、离亲、散众①，为之奈何？"

太公曰："因之②，慎谋，用财。夫攻强必养之使强，益之使张③。太强必折④，太张必缺⑤；攻强以强，离亲以亲，散众以众。

注 释

①散：使分化、瓦解。②因之：意为因势利导。因，顺应，利用。③益：更加。张：嚣张。

译 文

武王问太公说："我想要建立功勋，有三点疑虑，恐怕自己的力量不能攻击强敌，恐怕不能离间敌君的亲信、恐怕不能涣散敌方的民众,对此该怎么办?"

太公说:"因势利导,谨慎地运用计谋,使用一些钱财。攻击强敌一定要养成他的强横,促成他的扩张。过分强横一定会遭受挫折,过分扩张一定会出现缺口;利用他的强横来攻击强敌,利用他的亲信来离间心腹,利用他的民众来涣散民心。

原 文

"凡谋之道,周密为宝。设之以事[①],玩之以利,争心必起。欲离其亲,因其所爱,与其宠人,与之所欲,示之所利,因以疏之,无使得志;彼贪利甚喜,遗疑乃止。凡攻之道,必先塞其明,而后攻其强,毁其大,除民之害;淫之以色,啗(dàn)之以利,养之以味,娱之以乐。既离其亲,必使远民,勿使知谋,扶而纳之,莫觉其意,然后可成。惠施于民,必无忧财;民如牛马,数饲(wèi)食之,从而爱之。心以启智,智以启财,财以启众,众以启贤;贤之有启,以王天下。"

注 释

①设:安排、设置。

译 文

"凡是运用计谋,周密最为重要。安排一些事情,用物质来玩弄他们,他们相争之心,一定会被引发。想要离间敌君的亲信,就要顺应着敌君所爱的和所宠信的人,给他们想要的东西。许他们更多的好处,借此来疏远他们与敌君的关系,使他们不能得志。他们贪图利益很是高兴,留下相互怀疑的种子才算完事。凡是攻击强敌,一定要先堵塞敌君的耳目,而后攻击他最强的部队,毁坏他最大的机构,除掉人民的祸害;要用女色来使他荒淫,用物质来使他尝到甜头,用美味来供养他,用音乐使他沉溺于享乐。离间了他的亲信以后,一定要使他远离人民,不要让他知道计谋,神不知鬼不觉地让他落入我的圈套。把恩惠施给民众,一定不要吝惜财物;民众好像牛马,经常喂养他们,他们就会爱喂养的人。心可以启动智慧,智慧可以启动财富,财富可以启动民众,民众可以启动贤才,贤才得到启动,就可以统治天下。"

龙　韬

王　翼

题　解

　　本篇论述了军队统帅部的构成。股肱羽翼应有七十二人组成，包括腹心、谋士、天文、地利、兵法、通粮、奋威、伏旗鼓、股肱、通才、权士、耳目、爪牙、羽翼、游士、术士、方士、法算等各方面人才，负责作战、宣传、间谍、天文、地理、通信、工程、谋略、医务、军需等方面的工作。即"命在通达，不守一术，因能授职，各取所长"。

原　文

　　武王问太公曰："王者帅师，必有股肱羽翼，以成威神，为之奈何？"

　　太公曰："凡举兵帅师，以将为命①，命在通达，不守一术；因能受职②，各取所长，随时变化，以为纲纪。故将有股肱羽翼七十二人，以应天道③。备数如法，审知命理④，殊能异技，万事毕矣。"

　　武王曰："请问其目。"

　　太公曰："腹心一人，主潜谋应卒⑤，揆天消变⑥，总揽计谋⑦，保全民命。

①**命**：发号命令的人。②**受**：通"授"，授予。③**"股肱"两句**：以七十二人应七十二候。天道，天象历法，大自然运行的规律。古代以五日为一候，三候为一节气，分一年为二十四节气、七十二候。根据自然现象变化的征候，说明节气、候的变化。④**审**：周密。⑤**卒**：通"猝"，仓促，指突发事件。⑥**揆天**：测度天象，窥知天意。揆，测度。**变**：灾变。⑦**揽**：实施。

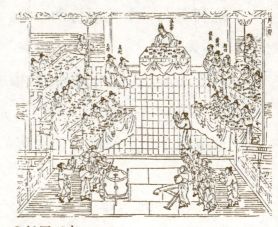

●任用三杰

译 文

武王问太公："君王率领军队，必须有得力的人辅助，才能有威武神奇的气势，该怎么做呢？"

太公回答说："凡是举兵出征，都要任命将领为军队指挥，指挥要随时变通，不能只用一种战术。所以根据他们的才能授予职务，各取他们所长，各尽其务，随时变化应用，以此作为制度。所以将领身边应该有七十二个有能力的人来辅助，以应对天时的运转和变化。按照这种方法如数准备，周密地把握天道的规律，充分发挥各自特殊的才能和天分，这样就万事俱备了。"

武王又问："请问具体细节是怎样的？"

太公说："要有心腹一人：主要潜心负责出谋献策，应付突发事变，揣度天象，消除灾变，实施谋略，保护百姓的生命安全。

原 文

"谋士五人，主图安危，虑未萌，论行能，明赏罚，授官位，决嫌疑，定可否。

"天文三人，主司星历①，候风气②，推时日，考符验③，校灾异，知人心去就之机④。

六韬

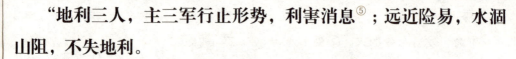

"地利三人，主三军行止形势，利害消息⑤；远近险易，水涸山阻，不失地利。

"兵法九人，主讲论异同，行事成败，简练兵器⑥，刺举非法⑦。

"通粮四人，主度饮食，备蓄积，通粮道，致五谷，令三军不困乏。

"奋威四人，主择材力，论兵革⑧，风驰电掣⑨，不知所由。

注释

①**星历**：天文律历。②**候**：观测，侦察。③**符验**：表露在外的祥瑞征兆。④**去就**：向背。**机**：关键，机要。⑤**消息**：消长，变化。⑥**简**：选择。**练**：熟练。⑦**刺举**：刺探，检举。⑧**论兵革**：选用各种武器装备。论，同"抡"，选择，挑选。兵革，武器装备。⑨**掣**：迅速如电光。

译文

"配备谋士五人，主要负责国家安危，消除隐患，评价官吏的品行才能，制定奖罚条例，授予官职，判决嫌疑真假，决定计划是否可行。

"配备天文三人，主要负责观察星象历法，侦察风向气候，推测吉凶时日，考察祥瑞征兆，考核灾异变化，以便掌握人心向背的机要。

"配备地理三人：主要负责安排军队行军、宿营的地形地貌，分析利弊，远近险阻与平坦，水道的干涸状况和山势险峻，作战时不失于地利。

"配备兵法九人：主要负责分析敌我双方的形势异同，作战成败的原因，选择使用各种兵器练习，举报军中不守纪律的人。

"配备粮草四人：主要考虑军中粮草消耗，储备积蓄物资，疏通运粮道路，确保粮食顺利到达，保障军队的食粮问题。

"配备奋威四人：主要负责选拔人才，研究选择武器和战术，做到像风一样迅速，像雷电一样猛烈，使敌军无法掌握我军动向。

原文

"伏旗鼓三人①，主伏旗鼓，明耳目，诡符节②，谬号令，暗忽往来③，出入若神。

"股肱四人，主任重持难，修沟堑，治壁垒，以备守御。

　　"通材三人，主拾遗补过，应偶宾客，论议谈语，消患解结。

　　"权士三人，主行奇谲④，设殊异⑤，非人所识，行无穷之变。

注释

　　①伏：掌管。②符节：古代传达命令或征用军队的凭证。③暗忽：突然、忽然。④奇谲：诡诈，奇谋权谲。⑤设殊异：实施能产生广泛影响的特殊事件。

译文

　　"配备旗鼓三人，主要负责用旗鼓传达号令，让士兵能够以鼓为令、观旗而行，发错的符节、传达假的号令欺骗敌人，忽然行动，神出鬼没般变幻莫测。

　　"配备干将四人，担当重任，处理危险的局面，修挖壕沟陷阱，整理修缮营房堡垒，使防御坚不可摧。

　　"配备通才三人，主要负责补录缺漏，弥补过失，应对外来的使者，议论谈判，消除隐患和疑团。

　　"配备权士三人，主要策划奇谋妙计，实施能产生广泛影响的特殊事件，让人难以捉摸识破，运用起来变化无穷。

原文

　　"耳目七人，主往来，听言视变，览四方之事、军中之情。

　　"爪牙五人，主扬威武，激励三军，使冒难攻锐，无所疑虑。

　　"羽翼四人，主扬名誉，震远方，摇动四境，以弱敌心。

　　"游士八人，主伺奸候变，开阖人情①，观敌之意，以为间谍。

　　"术士二人，主为谲诈，依托鬼神，以惑众心。

　　"方士二人②，主百药，以治金疮③，以痊万病。

　　"法算二人④，主计会三军营壁、粮食、财用出入。"

注释

　　①开阖：或开或闭，引申为控制。②方士：行医之人。③金疮：金属锋刃造成的

創伤。④**法算**：管理财务的人。

译文

"配备侦探七人，主要负责来往于敌我之间，探听消息，知晓四方之事和军队的情况。

"配备爪牙五人，主要负责鼓舞全军斗志，激发杀敌勇气，使将士迎敌而上，攻克难关，而毫无畏惧。

"配备羽翼四人，主要负责宣传我军战绩，威震远方，动摇敌人军心，从而削弱敌军士气。

"配备间谍八人，主要负责刺探态势变化，了解敌方，应对自如，掌握敌人动态，观察敌人意图，进行间谍活动。

"配备术士二人，主要用诡诈手段，假托鬼神，迷惑敌方，扰乱其心志。

"配备方士二人，主要负责制造各种药品，治疗金属利器造成伤害的将士，以及治愈一切疾病。

"配备财务二人，主要负责全军的营垒大小、粮食多少、财物收支等情况。"

论　将

题　解

本篇阐述了将帅应该具备的五种品德：勇、智、仁、信、忠。应避免十种缺点：勇而轻死、急而心速、贪而好利、仁而不忍、智而心怯、信而喜信、廉而不爱、智而心缓、刚而自用、懦而任人。将帅作为战争的组织者和指挥者，其品德的高下，直接影响着战争的进程，甚至关系到战争的结局。所以，"兵者，国之大事，存亡之道，命在于将。将者，国之辅，先王之所重也，故置将不可不察也"。

●将帅之臣

六韬三略

〇四六

原　文

　　武王问太公曰："论将之道奈何？"

　　太公曰："将有五材，十过①。"

　　武王曰："敢问其目②。"

　　太公曰："所谓五材者，勇、智、仁、信、忠也。勇则不可犯，智则不乱，仁则爱人，信则不欺，忠则无二心。所谓十过者，有勇而轻死者，有急而心速者③，有贪而好利者，有仁而不忍人者，有智而心怯者，有信而喜信人者，有廉洁而不爱人者，有智而心缓者④，有刚毅而自用者⑤，有懦而喜任人者⑥。

注　释

　　①材：将领应有的品质。过：缺点，不良的品质。②目：细节，内容。③心速：心急而考虑不周。④心缓：决定迟缓，左思右想。⑤自用：刚愎自用。⑥任：凭借。

译　文

　　武王问太公："评论将帅的原则是什么？"

　　太公回答："评价将领的原则有'五材''十过'。"

　　武王又问："请问具体内容是什么？"

　　太公说："所说的'五材'，指勇、智、仁、信、忠五种美德。勇敢则不被侵犯，智慧则不被迷惑，仁爱则爱护他人，诚信则不会被骗，忠诚则不会三心二意。所说的'十过'，指有勇气但却轻易去送死，性情急躁而急于立功，秉性贪婪而喜好贪图利益，性情仁慈而流于姑息，机智而胆小怯懦，诚信但容易轻信别人，本性廉洁但不爱百姓，有才智而反应迟缓、举棋不定，性格刚强但自大妄为，天性懦弱而依靠别人。

原　文

　　"勇而轻死者，可暴也①；急而心速者，可久也；贪而好利者，可遗(wèi)也；仁而不忍人者，可劳也②；智而心怯者，可窘也③；信而喜信人者，可诳也^{kuáng}；廉洁而不爱人者，可侮也^④；智而心缓者，可袭也；刚毅而自用者，可事也^⑤；懦而喜任人者，可欺也。故兵者，国之大事，存亡之道，命在于将。将者，国之辅^⑥，先王之所重也^⑦。故置将不可不察也。故曰，兵不两胜，亦不两败。兵出逾境，期不十日，不有亡国，必有破军杀将。"

武王曰："善哉！"

注 释

①**暴**：使之暴怒，即激怒。②**劳**：使之疲惫。③**窘**：使之困迫，即胁迫。④**侮**：轻侮。⑤**事**：侍奉。⑥**辅**：辅佐。⑦**先王**：指周文王。

译 文

"对于勇敢无畏但轻易送死的，容易被激怒；对于性情急躁急于求成的，容易被拖延时间的方法拖垮；对于贪婪喜好利益的，容易被财物贿赂引诱；对于性情仁慈而流于姑息的，容易被不断骚扰；对于聪明但胆小怯懦的，容易被难堪而陷入困境；对于有诚信但轻信别人的，容易被假话诳骗；对于廉洁但不爱人的，容易受侮辱而失去民心；对于有才智但举棋不定的，容易遭受突然袭击；对于刚毅但刚愎自用的，容易被利用；对于天性怯懦而任人摆布的，容易被欺负。所以说，出兵作战是国家的大事，关系着生死存亡，命运掌握在将帅的手中。将帅，是国家的辅佐大臣，一贯被历代君主重视，所以任命将帅一定要认真审察。因此说，两军交战，不可能双方都获胜，也不可能双方都失败。军队跨出了国境，十天之内，胜败便可见出分晓，不是敌国灭亡，就是我方兵败将亡。"

武王说："您说得太好了。"

选 将

题 解

　　本篇阐述了选拔将领的方法和应注意的问题。列举了外貌和内心不相符合的十五种情况，包括外贤内奸、外良内盗、外敬内傲、外谨内疏、外精内愚、外忠内诈、外智内懦、外断内荐、外真内假、外懦内忠、外激内诚、外勇内怯、外严内亲、外厉内温、外虚内强，指出"非有大明，不见其际"。因此，应通过"八征"，即提问、盘问、旁问、故问、钱财、女色、危难、醉酒来考察识别人的辞、变、诚、德、廉、贞、勇、态等。从而将贤人和不肖之人区分开来。

原 文

　　武王问太公曰："王者举兵，欲简练英雄，知士之高下，为之奈何？"

　　太公曰："夫士外貌不与中情相应者十五[1]：有严而不肖者[2]，有温良而为盗者，有貌恭敬而心慢者，有外廉谨而内无至诚者，有精精而无情者，有湛湛而无诚者[3]，有好谋而不决者，有如果敢而不能者，有悾悾而不信者[4]，有恍恍惚惚而反忠实者[5]，有诡激而有功效者[6]，有外勇而内怯者，有肃肃而反易人者[7]，有嗃嗃而反静悫者[8]，有势虚形劣而外出无所不至、无所不遂者。天下所贱，圣人所贵；凡人莫知，非有大明不见其际，此士之外貌不与中情相应者也。"

●登坛拜将

①**中情**：内心。②**严**：严明。③**湛湛**：为人敦厚。④**悾悾**：诚恳真挚。⑤**恍恍惚惚**：神志不清，精神恍惚。此处可理解为犹豫动摇。⑥**诡激**：言行奇异激烈。⑦**肃肃**：严肃的样子。⑧**嗃嗃**：严厉，冷酷。**悫**：诚实、谨慎。

译 文

武王问太公道："君主举兵出征，要选拔智勇兼备的人担任将领，怎样了解他才能的高低呢？"

太公回答说："士人的外表和内在不相符的情况有十五种：有外表严明实则无才的；有表面温和善良实则暗中犯坏的；有外表待人恭敬实则傲慢轻视的；有外表廉洁实则并不真诚的；有外表精明实则不踏实的；有外表敦厚实则不讲诚信的；有喜好谋划实则缺少决断能力的；有外表好像果敢实则无所作为的；有外表诚恳实则无信的；有外表犹豫不决实则内心忠实可靠的；有表面上言语过激实则有功效的；有外表勇敢实则怯懦无能的；有外表严肃实则平易近人的；有外表冷酷实则行事严谨的；有外表虚弱丑陋，但游说四方无所不至，无所不被他说服的。天下人轻视的，是被圣人所器重的。平常人之所以发现不了，是因为没有敏锐的洞察力，看不到实质。这些便是外表和内在不相符合的情况。"

原 文

武王曰："何以知之？"

太公曰："知之有八征①：一曰问之以言，以观其辞；二曰穷之以辞，以观其变；三曰与之间谍②，以观其诚；四曰明白显问，以观其德；五曰使之以财，以观其廉；六曰试之以色，以观其贞；七曰告之以难③，以观其勇；八曰醉之以酒，以观其态。八征皆备，则贤不肖别矣。"

注 释

①**征**：证明。②**谍**：底本作"谋"，疑误，据《武经七书汇解》校改。③**难**：灾难，患难。

译文

武王问："怎么能够了解真实情况呢？"

太公回答说："要想知道真实情况有八种方法可以证明：一是提出问题，来看他能回答多少；二是用言辞继续追问，来看他反应能力；三是使间谍参与考核，来看他是否诚实；四是直截了当地提问，来看他是否有所隐瞒，以观察他的德行；五是用财物试探，来看他是否廉洁；六是用女色诱惑，来看他是否有操守；七是将他置于危难境地，来看他是否勇敢；八是用酒将他灌醉，来看他酒后的仪态。八个方面都进行考验之后，就能分辨出贤与不贤了。"

立 将

题 解

本篇阐述了古代君主授权将帅的仪式和形式。将帅领兵作战，关系国家，责任重大，"社稷安危，一在将军"。做到不轻敌，不冒险，不贱人，不违众，与士卒同甘共苦，"见其虚则进，见其实则止"。同时君主应信任将帅，授以指挥权，专心征战，心无旁骛。只有这样，才能"无敌于前，无君于后""战胜于外，功立于内"。

原文

武王问太公曰："立将之道奈何？"

太公曰："凡国有难，君避正殿，召将而诏之曰：'社稷安危，一在将军，今某国不臣①，愿将军帅师应之。'将既受命，乃命太史卜，斋三日，之太庙②，钻灵龟③，卜吉日，以授斧钺④。君入庙门，西面而立，将入庙门，北面而立。君亲操钺持首，授将其柄曰：'从此上至天者，将军制之。'复操斧持柄，授将其刃曰：'从此下至渊者，将军制之。见其虚则进，见其实则止。勿以三军为众而轻敌，勿以受命为重而必死，勿以身贵而贱人，勿以独见而违众，勿以

辩说为必然。士未坐勿坐，士未食勿食，寒暑必同。如此，则士众必尽死力。'将已受命，拜而报君曰：'臣闻国不可从外治，军不可从中御⑤；二心不可以事君，疑志不可以应敌⑥。臣既受命专斧钺之威，臣不敢生还。愿君亦垂一言之命于臣。君不许臣，臣不敢将⑦。'君许之，乃辞而行。

①**不臣**：不臣服。这里指敌国叛乱。②**太庙**：帝王的祖庙。③**钻灵龟**：用龟甲占卜。龟甲经过钻凿之后用火灼烧，观察缝隙以决定吉凶。④**斧钺**：斧、钺都是古代军中行刑的兵器，军权的象征。⑤**中**：朝廷，君主。**御**：驾驭，控制。⑥**疑志**：犹豫不决。⑦**将**：率军出征。

译 文

武王问太公："任命大将的方法是什么呢？"

太公回答："国家有危难时，君主避开正殿，居于偏殿召见大将。告诉他说：'国家的安危全靠将军了。现在敌国叛乱，希望将军率军出征讨伐。'将军接受任命之后，国君就命令太史占卜。国君斋戒三日，到太庙举行仪式，太史钻凿龟甲，卜问吉日，向大将颁授象征军权的斧钺。国君入太庙，站东朝西。主将随后进入，面朝北立。国君亲手持钺，拿着钺的头部将柄部授予主将说：'从现在开始，军中上至于天的一切大事都由将军全权管理。'接着又拿着斧柄将斧刃授予主将说：'从现在开始，军中下到深渊的一切大事都由将军全权裁决。将军用兵时，看见敌人虚弱便进攻，看见敌人兵力充实就要停止。不要认为我军人多就轻视敌人，不要认为责任重大就以死相拼，不要认为自己身份尊贵就轻视别人，不要固执己见而违背众意，不要由于能言善辩就自以为是。士兵没有坐下，将军就不能先坐；士兵没有吃饭，将军就不能先吃；严寒酷暑，一

●占卜

定要和士兵们同甘共苦共患难。只有这样，士兵们才能拼死为你效力。'主将接受了诏令后，又向君主跪拜并报告说：'臣听说国家大事不能在朝廷以外治理。在外征战的军队中的事，不能在朝廷内控制。如果臣下有二心，便不能为君主效力；如果臣下犹豫不决，便不能全身心迎敌应战。既然接受君主命令执掌军中大权，那么不能获胜臣不敢活着回来，希望君主授予臣全权指挥的权力。如果君主不答应臣这个要求，臣不敢率军出征。'君主答应了他的请求，将军便辞别君主，率领军队出征。

原　文

"军中之事，不闻君命，皆由将出，临敌决战，无有二心①。若此，则无天于上，无地于下，无敌于前，无君于后。是故智者为之谋，勇者为之斗，气厉青云，疾若驰骛②，兵不接刃，而敌降服。战胜于外，功立于内，吏迁士赏，百姓欢悦，将无咎殃③。是故风雨时节，五谷丰登，社稷安宁。"

武王曰："善哉！"

注　释

①**无有二心**：指士兵完全服从主将之命。②**驰骛**：奔驰的骏马。驰，车马疾驰。骛，交驰、迅急。③**将无咎殃**：将领没有受到任何责备。

译　文

"出征军队中的一切事务，不听君王的诏谕，只听主将的命令。迎敌决战，完全听从主将的命令。这样，上不受天时限制，下不受地势牵制；前面没有敌人的抵挡，后面没有君主的掣肘。所以，有智者出谋献策，有勇士奋不顾身战斗。士气高昂，直冲青云，行军敏捷，快如骏马。两军还没有交战，敌人已经屈服。在外取得战争的胜利，回到朝廷领功授勋，官职升迁士卒受赏，百姓欢天喜地，将领没有受到任何责备。这样，风调雨顺，五谷丰登，江山稳定，天下太平。"

武王说："你说得很好。"

将 威

题 解

本篇阐述了将帅树立威信和英明的方法。做到"刑上极，赏下通"，凭借诛杀地位高的人来树立威信，凭借奖赏地位卑贱的人来树立英明。从而做到有禁必止，有令必行。强调"刑上极，赏下通，是将威之所行也"。

原 文

武王问太公曰："将何以为威？何以为明？何以为禁止而令行？"

太公曰："将以诛大为威①，以赏小为明②，以罚审为禁止而令行③。故杀一人而三军震者，杀之；赏一人而万人说者，赏之。杀贵大，赏贵小。杀及当路贵重之臣④，是刑上极也；赏及牛竖马洗厩养之徒⑤，是赏下通也。刑上极，赏下通，是将威之所行也。"

注 释

①**诛大**：诛杀地位尊贵、权势极高的人。②**赏小**：奖赏地位低下、职业卑微的人。③**审**：慎重。④**当路**：指执掌大权、身居要职。⑤**牛竖**：牧牛的童仆。**马洗**：马夫。**厩养**：养马的人。

译 文

武王问太公道："将领如何树立威信？如何树立英明？如何做到有禁必止，有令必行？"

太公回答说："主将凭借诛杀地位高的人来树立威信，凭借奖赏地位卑贱的人来树立英明，凭借奖惩慎重得当而做到有令则行，有禁则止。

●仁言动众

所以处死一个能威震全军的，就处死他；奖赏一个取悦全军的，就奖赏他。诛杀可贵之处在于敢杀大人物，奖赏可贵之处在于惠及小人物。诛杀执掌大权、身居要职的人，是刑罚能够达到的最高程度了。奖赏惠及牧牛、马夫、养马的士卒等卑微低下者，是赏赐能够惠及的最下层了。刑罚能达到上层，奖赏能惠及下层，主将的威严能够立于全军。"

励 军

题 解

本篇阐述了三种鼓舞士气的方法：一是"礼"，尊重士卒，做到冬不服裘，夏不挥扇，雨不张伞，与士卒同寒暑；二是"力"，身体力行，行军作战与士卒同甘苦共患难；三是"止欲"，克制私欲，与士卒同饥饱。做到这三点，三军之众就会"闻鼓声则喜，闻金声则怒""士争先登""士争先赴"，全力以赴，为国效命。

原 文

武王问太公曰："吾欲令三军之众，攻城争先登，野战争先赴，闻金声而怒[1]，闻鼓声而喜，为之奈何？"

太公曰："将有三。"

武王曰："敢问其目。"

太公曰："将，冬不服裘，夏不操扇，雨不张盖，名曰礼将；将不身服礼[2]，无以知士卒之寒暑。出隘塞，犯泥涂，将必先下步[3]，名曰力将；将不身服力[4]，无以知士卒之劳苦。军皆定次[5]，将乃就舍。炊者皆熟，将乃就食。军不举火，将亦不举，名曰止欲将；将不身服止欲，无以知士卒之饥饱。将与士卒共寒暑、劳苦、饥饱，故三军之众，闻鼓声则喜，闻金声则怒。高城深池，矢石繁下，士争先登。白刃始合[6]，士争先赴。士非好死而乐伤也，为其将知寒暑、饥饱之审⑦，而见劳苦之明也。"

注 释

①**金声**：金属击打的声音，用于发号命令。一般作战时鸣金表示停战或后退，击鼓表示进攻。②**不身服礼**：不亲自履行礼法。③**下步**：下马步行。④**身服力**：身体力行。⑤**定次**：驻扎宿营。⑥**合**：交锋。⑦**审**：明白。

译 文

武王问太公道："我想让三军士兵，攻城时能争先恐后攀登，野外作战时能纷纷争先迎敌，听见停战或后退的号令就满怀愤怒，听见前进的鼓声就兴奋不已，该怎么做？"

太公回答说："将领要做到三点。"

武王又说："我想听听具体内容。"

太公说："身为将帅，冬天不穿皮裘大衣，夏天不挥扇纳凉，雨天不撑伞避雨，这是礼将。将领不亲自履行礼法，就不知道士兵的冷暖。行军经过险要的关隘，遇到泥泞道路时，将领一定要下马步行，这叫作力将。将领不身体力行，就不知道士兵的艰辛。驻扎宿营时，等到全军都已安排好以后，将领才能入帐休息；等到士兵的饭菜都熟了，将领才能用餐。军队尚未生火，将领也不能生火，这叫作止欲将。将领不亲身感受节制食欲，怎能知晓士兵的饥饱？做将领的，能与士兵共同经历寒暑、劳苦、饥饱，三军才能听鼓声便欢欣鼓舞，听金声便愤怒不已。面对高高的城墙，深深的护城河和如雨的箭石，士兵仍然争先恐后攀登。即使刀锋相见，士兵也争先奋勇杀敌，以死相拼。士兵并不是喜欢送死、乐于负伤，而是他们的将领，能够了解他们的寒暑饥饱，体恤他们的艰辛，士兵深受感动愿尽死力相报效。"

六韬三略

阴 符

题 解

阴符作为古代帝王与出征的将领秘密通信的工具，在战争中有举足轻重的地位，同时也是古代兵权的象征。因其常用铜铸成伏虎形，亦称之为"虎符"。本篇首先阐明了阴符的作用是"以近通远，从中应外，以给三军之用"。接着列举了八种阴符的不同外形和代表的内容。最后强调在使用阴符过程中的重要性。

原 文

武王问太公曰："引兵深入诸侯之地，三军卒有缓急[1]，或利或害。吾将以近通远，从中应外，以给三军之用，为之奈何？"

太公曰："主与将有阴符[2]，凡八等：有大胜克敌之符，长一尺；破军擒将之符，长九寸；降城得邑之符，长八寸；却敌报远之符，长七寸；誓众坚守之符，长六寸；请粮益兵之符，长五寸；败军亡将之符，长四寸；失利亡士之符，长三寸。诸奉使行符，稽留者，若符事泄，闻者告者皆诛之。八符者，主将秘闻，所以阴通，言语不泄、中外相知之术，敌虽圣智，莫之能识。"

武主曰："善哉！"

注 释

①缓急：危急之事。②阴符：古代军中的一种秘密联系方法。符以铜板或竹木板制成，面刻花纹，一分为二，以花纹或尺寸长短为秘密联系的符号。

译 文

武王问太公道："领兵深入到诸侯国境内，三军突遇紧急情况，形势对我有利，也可能不利，我想让远近的部队都保持联络，信息相通，内外接应，供三军应急之用，该怎么办呢？"

太公回答说："君主和将领之间，共有八种兵符用于联系。有大获全胜的兵符，长一尺。有攻破敌军擒拿敌军主将的兵符，长九寸。有攻克敌人城池占领敌人都邑的兵符，长八寸。有击退敌军报知敌人远逃的兵符，长七寸。有警告士卒加强守卫的兵符，长六寸。有请求运送粮草，补充兵力的兵符，长五寸。有我军兵败将领阵亡的兵符，长四寸。有我军失利士兵阵亡的兵符，长三寸。大家都要遵命行使兵符，如有延误了时间，将兵符秘密泄露的，那么听者和随便传告机密者，一律斩杀。这八种兵符，君主和将领必须都知晓，用以秘密通报，暗中联系，不能泄露他人。敌人即使再聪明，也不能识破其中的奥秘。"

武王说："你说得太好了。"

阴 书

题 解

阴书是古代一种秘密通信工具，它是由阴符演变而来，且比阴符传递更具体的消息。本篇首先阐明了阴书的作用，即"主将欲合兵，行无穷之变，图不测之利，其事烦多，符不能明"，应使用阴书，并介绍了阴书的使用方法。

原文

武王问太公曰："引兵深入诸侯之地，主将欲合兵①，行无穷之变，图不测之利，其事繁多，符不能明，相去辽远，言语不通，为之奈何？"

太公曰："诸有阴事大虑②，当用书，不用符。主以书遗^{wèi}将，将以书问主，书皆一合而再离，三发而一知。再离者，分书为三部；三发而一知者，言三人，人操一分，相参而不相知情也。此谓阴书，敌虽圣智，莫之能识③。"

武王曰："善哉！"

注释

①**合兵**：交兵。②**阴事**：秘密的事。③**莫之能识**：没有能识破的。

译文

武王问太公："领兵深入敌国，主将想集结兵力，变化战术，打击敌人，出其不意，克敌制胜。需要沟通的事情繁多，阴符不能表达意思；相距遥远，又不能用语言沟通。你认为该怎么办？"

太公说："凡是有重大的秘密事情商议，应当用阴书，不用阴符。君主把阴书赐给将领，将领用阴书向君主请示。这种书信先后两次被分成三部分，派发给三个人送信，每人只知道其中一部分，而不知道全部内容，这叫作阴书。敌人即使再聪明，也不能识破其中的秘密。"

武王说："说得太好了。"

军　势

题　解

本篇主要论述了作战指挥的基本原则。一是因情用兵，灵活机动，不拘常法，即"势因于敌家之动，变生于两阵之间，奇正发于无穷之源"，这样，才能争取战争的主动权。二是善用计谋，不战而胜，即"善战者，不待张军"，"善胜敌者，胜于无形；上战无与战"。三是把握作战指挥中事、用、动、谋四者之间的关系，即"事莫大于必克，用莫大于玄默，动莫神于不意，谋莫善于不识"。四是善于侦察判断敌情，做到知己知彼。五是要坚决果断，把握战机，即"见利不失，遇时不疑"。六是兵贵神速，雷厉风行，即"疾雷不及掩耳，迅电不及瞑目"。

原文

武王问太公曰："攻伐之道奈何？"

太公曰："势因于敌家之动，变生于两阵之间，奇正发于无穷之源①。故至事不语，用兵不言。且事之至者，其言不足听也；兵之用者，其状不足见也。倏而往，忽而来，能独专而不制者，兵也。夫兵闻则议，见则图，知则困，辨则危。故善战者不待张军，善除患者，理于未生，善胜敌者，胜于无形。上战无与战，故争胜于白刃之前者，非良将也；设备于已失之后者，非上圣也；智与众同，非国师也②；技与众同，非国工也③。事莫大于必克，用莫大于玄默④，动莫神于不意，谋莫善于不识。

【译 文】
武王问太公道："攻伐敌国的方法是什么？"

太公说："攻伐战术是根据敌人的行动而变化，战术的运用在敌我两方对阵之时，出奇制胜和常规的用兵之法相生源源不断、无穷无尽。所以，重大的事情不要泄露，用兵的方法也不要外传。重大事情，与人诉说也不见得能说清楚；用兵的道理，变幻莫测，不足以让别人明白。忽然而往，忽然而来，能独断专行而不受牵制，这是用兵制胜的原则。我军出兵，敌军听到我军情况，就一定会商议对策；敌军了解我军部署，就一定会探图我军虚实；敌军掌握我军弱点，就一定会给我军制造困难。敌人摸清了我们的虚实，就一定会置我军于危险境地。所以善于用兵的，不等摆开阵势就发动进攻；善于排除隐患的，应当防患于未然；善于战胜敌人的，应当在无形当中取胜，不战而胜；最高明的作战，就是不与敌军兵戎相见便能取胜。所以与敌人直接交锋取胜的，算不上良将；在遭遇失败后才采取防备措施的，算不上智士；智谋与众人相同的，算不上国师；技艺与常人相当的，算不上国工。战事上没有比攻克敌军更重要，用兵上没有比秘密进行更重要，行动上没有比出其不意更重要，计谋上没有比不被识破更重要。"

原文

　　"夫先胜者，先见弱于敌而后战者也，故事半而功倍焉。圣人征于天地之动①，孰知其纪②，循阴阳之道而从其候，当天地盈缩因以为常③，物有生死，因天地之形。故曰：未见形而战，虽众必败。善战者居之不挠④，见胜则起，不胜则止。故曰：无恐惧，无犹豫，用兵之害，犹豫最大；三军之灾，莫过狐疑。善战者见利不失，遇时不疑。失利后时，反受其殃。故智者从之而不释，巧者一决而不犹

●计伏周瑜

豫，是以疾雷不及掩耳，迅电不及瞑目，赴之若惊，用之若狂，当之者破，近之者亡，孰能御之？夫将，有所不言而守者⑤，神也；有所不见而视者，明也。故知神明之道者，野无衡敌⑥，对无立国。"

　　武王曰："善哉！"

注释

　　①征：征兆。引申为观察，揣度。②孰：熟。③天地盈缩：指自然界的盛衰变化，如四季的更迭、日月的盈亏，等等。④挠：扰乱。⑤守：保守，指胸有成竹，老谋深算。⑥野无衡敌：野战便没有横暴的敌人。

译文

　　"凡是胜利的，都是先示弱于敌，然后进行战斗，这样，便可事半而功倍。圣人通过观察天地运行变化来洞察世事，常人怎知这个规律呢？他们遵循日月阴阳的运行，

从而推知季候的变化。当天地岁时的盈缩成为常规，就知道万物的生死，是因天地运行而成为规律。所以，古人说，没有看见敌人虚实形态的变化而贸然交战，即使军队众多，也一定失败。善于作战的人按兵待机不受假象干扰，能战则胜，不胜则止。所以说没有恐惧，没有犹豫。用兵的害处，犹豫最大；军队的灾难，莫过于狐疑。善于用兵的人，见有利决不放过，遇到时机决不犹疑。失去有利时机，将反受其害。所以有智慧的人抓住战机决不错过；灵巧的人毅然决断而不犹豫。他的行动像疾雷不及掩耳，迅电不及瞑目；奔跑起来，犹如受惊；用兵之猛，犹如发狂；阻挡的遭到击破；遇到的必定失败灭亡，用这样凶猛的攻势，谁又能抵御呢？作为将领，胸有成竹而不言的，是神；别人尚未看见而我先能看见的，是明。所以神明的将领，防守在战争之前，观察到事物萌芽状态，野战便没有横暴的敌人，天下没有敢与之抗衡的国家。"

武王说："你说得很好！"

奇 兵

题 解

本篇论述了战争的胜败取决于神妙莫测的有利态势。列举了通过示形用奇制造神势的二十六种方法。并指出将帅应掌握战争的策略、善用兵力、明晓治乱。将帅只有具备了仁、勇、智、明、精微、常戒、强力七种素质，才能统帅三军、一举胜利。

原文

武王问太公曰："凡用兵之道，大要何如？"

太公曰："古之善战者非能战于天上，非能战于地下，其成与败皆由神势，得之者昌，失之者亡。夫两阵之间，出甲陈兵，纵卒乱行者，所以为变也；深草蓊翳者^①，所以遁逃也；溪谷险阻者，所以止车御骑也；隘塞山林者，所以少击众也；坳泽窈冥者^②，所以匿其形也；清明无隐者，所以战勇力也；疾如流矢如发机者，所以破精微也③；诡伏设奇，远张诳诱者，所以破军擒将也；四分五裂者，所以击圆破方也。

注释

①蓊翳：草木茂盛的样子。②坳泽：低洼潮湿的沼泽地。窈冥：幽暗。③精微：精妙周密。

译文

武王问太公道："用兵的法则，重要的原则是什么？"

太公说："古时候善于作战的人，不是能上天战斗，也不是能入地战斗，他们的成功与失败，取决于让人神妙莫测的用兵气势。能得到神妙兵势，国家就会昌盛，失掉神妙兵势，国家就要灭亡。在敌我两阵之间，列甲陈兵，士兵秩序混乱的，是为了采取出其不意的行动；在长有茂密的野草地段列兵的，是为了方便撤退准备；在溪水山谷险阻地段列兵的，是为了阻挡敌人车马骑兵；在险隘关塞崇山森林之中列兵的，是为了用少数兵力打击敌人的多数兵力；在水泽低洼幽暗隐蔽地形列兵的，是为了隐蔽我军的行迹；在开阔平坦没有隐蔽地方列兵的，是为了与敌人正面较量、显示军事实力。军队行动速度快如飞箭，攻击之势猛如弩机发箭，是为了击破敌人的精密策划。使用埋伏、设下诡计、虚张声势、引敌上钩是为了击破敌军擒拿敌将。把军队分为若干纵队多方进攻，是为了多方面攻破敌人的阵势。

原文

"因其惊骇者，所以一击十也；因其劳倦暮舍者，所以十击百也。奇伎者①，所以越深水、渡江河也；强弩长兵者，所以逾水战也；长关远候②，暴疾谬遁者③，所以降城服邑也；鼓行喧嚣者，所以行奇谋也；大风甚雨者，所以搏前擒后也；伪称敌使者，所以绝粮道也。谬号令，与敌同服者，所以备走北也④；战必以义者，所以励众胜敌也；尊爵重赏者，所以劝用命也；严刑重罚者，所以进罢怠也；一喜一怒，一与一夺，一文一武，一徐一疾者，所以调和三军，制一臣下也；处高敞者，所以警守也；保险阻者⑤，所以为固也；山林茂秽者⑥，所以默往来也；深沟高垒粮多者，所以持久也。

译 文

"趁敌人惊慌失措时，用一成兵力击退敌方十成的兵力；趁敌人困倦天黑宿营时，用十成兵力击退敌方百成的兵力。用奇特的技术方法架桥缆索，为了横渡江河；用强弩和长柄刀矛兵器，为了隔水对战对阵；有在远处设置警戒侦探，行动迅疾而进退诡诈，是为了攻取敌人的城邑；击鼓前进，大肆喧哗，队列混乱，是为了迷惑敌人视听，进而实行奇妙的谋略；趁急风暴雨时发动袭击，是为了攻击敌人前锋捉拿敌人后续部队；伪装成敌人的使者，是为了断绝敌人的运粮道路；假传敌人的号令，穿戴敌人的服装，是为了战败时方便逃走；用正义的道理激励鼓舞，是为了勉励士众奋勇杀敌；分封尊贵的爵位和贵重的赏赐，是为了勉励将士不怕牺牲，忠心效命；施行严厉的刑罚，是为了惩治疏怠之人；有喜有怒，有赏有罚，有文有武，有慢有快，是为了使三军上下一致，使君臣同心协力；将军队驻扎在开阔的敌方，是为了便于警戒与防守；占据险阻地形，是为了营地坚固防守；选择驻扎在茂

●义智倾服

○六四

密的山林和杂草地带，是为了隐蔽军队的往来行动；挖掘壕沟，高筑壁垒，储足粮食，是为了打持久战。

原　文

　　"故曰，不知战攻之策，不可以语敌；不能分移①，不可以语奇；不通治乱，不可以语变。故曰：将不仁，则三军不亲；将不勇，则三军不锐；将不智，则三军大疑；将不明，则三军大倾②；将不精微，则三军失其机③；将不常戒，则三军失其备④；将不强力，则三军失其职⑤。故将者，人之司命⑥，三军与之俱治，与之俱乱。得贤将者，兵强国昌；不得贤将者，兵弱国亡。"

　　武王曰："善哉！"

注　释

　　①**分移**：灵活机动地使用兵力。分，分开。移，挪动。②**倾**：倒下，倾覆。引申为失败、崩溃。③**机**：机会。④**备**：防备。⑤**职**：职守。⑥**司**：掌管、主管。

译　文

　　"所以说，不懂得战争中攻守的策略，就谈不上懂得与敌人交战之事；不会灵活运用兵力，就谈不上懂得出奇制胜之道；不通晓整治军队纪律，就谈不上谋略诡计的变化之法。所以说，将帅不仁义宽厚，那么全军上下就不团结；将帅如果不勇敢，那么全军上下就不精锐；将帅如果没有智略，那么全军上下就心生疑虑；将帅如果不公正严明，那么全军上下就混乱不堪；将帅如果不微察明辨，那么全军上下就会失去有利战机；将帅如果不时刻警戒，那么全军上下就会疏于防备；将帅如果缺少威严，那么全军上下将懈怠松散。所以将帅是掌握军队命运的人，全军上下会因他的英明得到治理，也可以因他的昏庸而散乱。国家能得到贤将，军队强大、国家昌盛；不能得到贤将，军队衰弱、国家灭亡。"

　　武王说："很好。"

五 音

根据五音和五行相配来判断敌情乃至指挥用兵，这是古代阴阳学在兵学中不切实际的应用。但其利用各种手段来侦察敌情，透过各种蛛丝马迹判断敌情并进而做出相应决策的思想仍不乏可取之处。

原 文

武王问太公曰："律音之声①，可以知三军之消息②，胜负之决乎？"

太公曰："深哉，王之问也，夫律管十二③，其要有五音——宫、商、角、徵（jué）、羽（zhǐ）④，此其正声也，万代不易。五行之神⑤，道之常也，可以知敌。金木水火土，各以其胜攻之。古者三皇之世⑥，虚无之情，以制刚强。无有文字，皆由五行。五行之道，天地自然，六甲之分⑦，微妙之神。

注 释

①**律音**：六律、五音。②**消息**：指消长、盛衰、强弱之变化。③**律管十二**：律管是古代定音管，通常为竹管或金属管。古代人制律，用三分损益法将一个八度分为十二个半音，形成十二律。各律从低到高依次为：黄钟、大吕、太簇、夹钟、姑洗、中吕、蕤宾、林钟、夷则、南吕、无射、应钟。其中奇数的称律，偶数的称吕。所以有六律和六吕之名。④**宫、商、角、徵、羽**：即五音，是古代五声音阶中的五个音级。⑤**五行**：即金、木、水、火、土。古代人认为这是构成天地万物的五个因素，故称五行。**神**：自然规律。⑥**三皇**：指上古时期的三位圣皇。一般认为是伏羲氏、神农氏和黄帝。⑦**六甲**：古代用天干（甲、乙、丙、丁、戊、己、庚、辛、壬、癸）和地支（子、丑、寅、卯、辰、巳、午、未、申、酉、戌、亥）依次相配计算时日。其中与甲相配的地支有六个：甲子、甲戌、甲申、甲午、甲辰、甲寅，叫六甲。亦用六甲概指六十

甲子，即天干地支相配的计算方法。

译文

武王问太公道："听六律五音声，就能判断三军的盛衰，预知胜败的情况吗？"

太公说："大王提出的这个问题很深奥啊！律管有十二音阶，其中主要有五音阶：宫、商、角、徵、羽，这是最基本的乐声，万世不改。它们和五行的规律一样，是天地运行的关键，也可以用来了解敌情。金、木、水、火、土，各以其优势相互克制。上古三皇时期，用一些虚无的思想来制伏刚强。由于没有文字，全凭五行生克来行事。五行的

相生相克之道，是天地间的自然规律。用六甲区分方法，其道理深奥玄妙神奇。

坤八陰土	艮七陽土	坎六陽水	巽五陰水	震四陽木	離三陰火	兑二陰金	乾一陽金

●伏羲八卦属五行例

原文

"其法：以天清净，无阴云风雨，夜半遣轻骑往，至敌人之垒，去九百步外，偏持律管当耳，大呼惊之，有声应管，其来甚微。角声应管，当以白虎[1]；徵声应管，当以玄武[2]；商声应管，当以朱雀[3]；羽声应管，当以勾陈[4]。五管声尽不应者，宫也，当以青龙[5]。此五行之符，佐胜之征，成败之机。"

武王曰："善哉！"

太公曰："微妙之音，皆有外候。"

武王曰："何以知之？"

太公曰："敌人惊动则听之。闻枹(fú)鼓之音者，角也；见火光者，徵也；闻金铁矛戟之音者，商也；闻人啸呼之音者，羽也；寂寞无闻者，宫也。此五者，声色之符也。"

六韬

〇六七

①**白虎**：古代神话中以白虎为西方之神，后来的古代天文学家把太阳和月亮所经天区（黄道）的恒星分成二十八个星座，即二十八星宿。其中西方的七个星宿，即奎、娄、胃、昴、毕、觜、参合称白虎。②**玄武**：古代神话中以玄武为北方之神，二十八星宿中北方的七个星宿，即斗、牛、女、虚、危、室、壁合称玄武。③**朱雀**：古代神话中以朱雀为南方之神，二十八星宿中南方七个星座，即井、鬼、柳、星、张、翼、轸合称朱雀。④**勾陈**：古代天文学所定的一个星座，包括六颗恒星，勾陈即北极星。从地球上看，北极星位置不变，为群星所环绕，因此又用以代指中央。因中央属土，五行家又以勾陈为土之神。⑤**青龙**：古代神话中以青龙为东方之神。二十八星宿中的东方七个星宿，即角、亢、氐，房、心、尾、箕合称为青龙。

译　文

"用五音五行来探测军情的方法是：天空晴朗，没有阴云风雨之时，夜半派骑兵前往敌营，在距敌营九百步外，都拿着律管对着耳朵，向敌方大声呼喊。这时，就会有呼应律管的声音，但声音很微弱。如果角声回应律管，应当打向西方之神白虎的方向；如果是徵声回应律管，应当打向北方之神玄武的方向；如果是商声回应律管，应当打向南方之神朱雀的方向；如果是羽声回应律管，应当打向中央之神勾陈的方向；如果五管声都不回应的，便是宫声，应当打向东方之神青龙的方向。这五行体现出来的征兆，是辅佐取胜的象征，是我军成败的先兆。"

武王说："太妙了！"

太公说："深奥玄妙的音律，都有其外在的表现。"

武王问："怎么知道的？"

太公说："当敌人被惊动时则仔细辨听。听到鼓槌击鼓的声音，是角声；看到火光，是徵声；听到金铁矛戟的声音，是商声；听到敌人呼喊的声音，是羽声；敌营寂静无声，是宫声。这五种情况是声音与迹象一致的表现。"

兵 征

题 解

  本篇首先阐明了"胜败之征，精神先见"这一观点。接着论述了通过士气盛衰、阵势治乱、军纪严宽来判断敌军的情况。又讨论了通过"望气"来判断城邑是否可屠、克、降、拔，以及可攻、不可攻等，玄妙至极。

六韬

原 文

  武王问太公曰："吾欲未战先知敌人之强弱，预见胜负之征，为之奈何？"

  太公曰："胜负之征，精神先见①。明将察之，其败在人。谨候敌人出入进退，察其动静，言语妖祥②，士卒所告。凡三军说怿③（yuè yì），士卒畏法，敬其将命，相喜以破敌，相陈以勇猛，相贤以威武，此强征也；三军数惊④（shuò），士卒不齐，相恐以敌强，相语以不利，耳目相属，妖言不止，众口相惑⑤，不畏法令，不重其将，此弱征也⑥。

注 释

  ①见：通"现"，呈现。②妖祥：吉凶之兆。妖，怪异凶恶。祥，吉祥。③说怿：心情喜悦。④数：屡次。⑤众口相惑：互相欺骗、蒙蔽。⑥弱征：怯弱的征兆。

译 文

  武王问太公道："我想在交战之前，先知道

●水淹七军

敌人强弱之势，预见敌我胜败的征兆，应该怎么办？"

太公说："胜败的征兆，从精神面貌上就能看出来。明智的将帅能察知这些，成败在于人的识别能力。谨慎侦察敌人出入进退，观察他们的一举一动，从言谈中所反映出的吉凶之兆。凡是全军上下，心情喜悦，遵守法令，尊敬长官，服从命令，谈起破敌杀将都欣喜鼓舞，谈起勇猛拼杀都激昂，谈起威武勇敢的将士都赞美，这是军队强盛的征兆。反之，全军上下，不断惊动，士卒散乱不整，互相恐惧敌人的强盛，互相谈论不利于军心的话题，耳目相交，煽动军心，妖言怪事，互相欺骗、蒙蔽，不畏惧法令，不尊敬主将，这是军队战斗力怯弱的征兆。

原文

"三军齐整，阵势已固，深沟高垒，又有大风甚雨之利，三军无故，旌旗前指，金铎（duó）之声扬以清①，鼙鼓（pí）之声宛以鸣②，此得神明之助，大胜之征也；行阵不固，旌旗乱而相绕，逆大风甚雨之利，士卒恐惧，气绝而不属（zhǔ），戎马惊奔，兵车折轴，金铎之声下以浊，鼙鼓之声湿如沐，此大败之征也。凡攻城围邑，城之气色如死灰③，城可屠；城之气出而北，城可克；城之气出而西，城可降；城之气出而南，城不可拔；城之气出而东，城不可攻；城之气出而复入，城主逃北④；城之气出而覆我军之上，军必病⑤；凡攻城围邑，过旬不雷不雨，必亟去之⑥，城必有大辅。此所以知可攻而攻，不可攻而止。"

武王曰："善哉！"

注释

①**金铎**：一种铜制响器，形似大铃，军中用以警示。②**鼙鼓**：一种军中所用小鼓，比喻战争。③**死灰**：灰白色。④**城主**：守城的主将。**北**：打败仗而逃走。⑤**病**：弊病，困厄。⑥**亟**：急，赶快。

　　"全军上下队伍整齐，阵势坚固，凭借深沟高垒，又有暴风骤雨的便利，全军平静无事，旌旗直指前方，金铎的声音激扬清越，鼙鼓的声音婉转嘹亮，这表明是得到神明的帮助，取得胜利的征兆。反之，如果全军队伍阵势都不整齐，旌旗混乱缠绕，行动受暴风骤雨的影响，士卒惊恐失措，士气衰败，军马惊骇奔跑，兵车车轴突然断折，金铎声音混浊不清，鼙鼓声音沉闷厚重，这是军队大败的征兆。凡是攻城围邑时，如果城市上空惨白色，那么这座城可以屠杀；城市上空气象向北流动，那么这座城可以攻克；城市上空气象向西流动，那么可以迫使这座城投降；城市上空气象向南流动，那么这座城难以攻取；城市上空气象向东流动出去又返回，那么守卫这座城市的将领会弃城而逃；城市上空气象流出覆盖我军上方，我军必遭到不利；凡是攻城围邑，超过十天不打雷不下雨，一定要尽快撤退，此城中必定有得力的辅佐之人。这些就可知晓能攻则攻，不能攻就停止，不能勉强进攻的道理。"

　　武王说："你说得很好！"

农 器

题 解

　　本篇讨论了安不忘危的重要性，指出要想做到和不忘战，必须做到平战结合，寓兵于农。受制于兵源构成、装备水平和军队组织，先秦各国多采用农兵合一：日常的生产工具，战时可转化为武器装备；日常的基层组织，战时可转化为军事编制；日常的农业设施，战时可转化为军事工程。因此国家平时可以通过重视农业，来提升战备、扩充兵源。因此，富国强兵实际上就是寓兵于农，兵农合一，强调农战。

原文

　　武王问太公曰："天下安定，国家无事，战攻之具，可无修乎？守御之备，可无设乎？"

●男耕女织

太公曰："战攻守御之具，尽在于人事①。耒耜者②，其行马蒺藜也③。马牛车舆者，其营垒蔽橹也④。锄耰之具⑤，其矛戟也。蓑薜簦笠者⑥，其甲胄干楯也⑦。钁锸斧锯杵臼⑧，其攻城器也。牛马，所以转输粮用也。鸡犬，其伺候也。妇人织纴，其旌旗也。丈夫平壤，其攻城也。春镬草棘⑨，其战车骑也。夏耨田畴⑩，其战步兵也。

注 释

①**人事**：人原当作民，唐代避讳而改。民指农民，民事即农民之事。②**耒耜**：古代耕地翻土的工具。③**行马蒺藜**：军事上的防御武器。行马，是一种装有尖刀的盾牌制成的战车。蒺藜，木制的称木蒺藜，铁制的称铁蒺藜，是一种有尖刺的似蒺藜的障碍物。④**蔽橹**：用作遮蔽的大盾牌。⑤**耰**：碎土平地的农具，播种后，用耰覆土保护种子。⑥**蓑薜**：蓑衣。**簦笠**：簦是有长柄的笠，犹今之伞。⑦**干楯**：盾牌。⑧**钁**：大锄。**锸**：锹。⑨**镬**：刈草农具，两刃，有木柄。⑩**耨**：除草。**田畴**：耕熟的田地。

译 文

　　武王问太公道："天下安定，国家没有战争的时候，攻战的器具，可以不修造吗？守卫防御的设备，也可以不建设吗？"

　　太公回答说："进攻防御的器具，完全来源于日常的农事之所用。农民耕作用的耒耜，可以作为军用的拒马、蒺藜等障碍器材。农民耕作用的马车、牛车，车身可当作营垒的蔽橹。农民耕作用的锄耰，可以作为军用的矛戟。农民用的蓑衣、雨伞和笠帽，可以作为军用的甲胄和盾牌。农民掘土用的镢和锸，伐木用的斧和锯，春米用的杵和臼，都可以当攻城的器具。农民耕作用的牛和马，可以用来运输粮食。公鸡司晨，犬之警戒防守，可以用作军事的侦察与报更。妇女纺织的布帛，可制作军用的旌旗。男子平定土壤的技术，可以协助军事上的攻城。春天农民拔刈草棘的方法，可以当作对敌人车兵骑兵的作战的技术。夏天农民耘耨田地的方法，可以当作对敌人步兵作战的技巧。

原　文

"秋刈禾薪，其粮食储备也。冬实仓廪（lǐn），其坚守也。田里相伍[1]，其约束符信也[1]。里有吏，官有长，其将帅也。里有周垣（yuán），不得相过，其队分也。输粟收刍（chú）[2]，共廪库也。春秋治城郭，修沟渠，其堑垒也。故用兵之具，尽在于人事也。善为国者，取于人事，故必使遂其六畜，辟其田野，安其处所，丈夫治田有亩数，妇人织纴（rèn）有尺度，其富国强兵之道也。"

武王曰："善哉！"

注　释

①**田里**：田地与住宅，这里指同里。**相伍**：古代户籍以五家为伍，所以作战时每户出一人，户籍编制单位就自然转为军事编制单位。②**刍**：喂牲口的草。

译　文

"秋天割庄稼柴草，是粮草储备。冬天粮仓装满，是为坚守城池。同里的人五户为伍，可作为战时约束军队的依据。里有吏，官有长，如同军队有将帅。里有围墙，不能相越，就像军队有分区。运输粮食，收藏草料，是战时的粮草库。春秋二季，修筑城郭，疏浚沟渠，可以当战时的堑壕堡垒。所以用兵时需要的器具，全在于平时去准备。善于治理国家的，战时的工作全在于平时的努力。所以必须让百姓尽力繁殖六畜，不要错过时机，开辟田野，不要让土地荒芜。让百姓有地方居住，不要混杂相处。丈夫耕田数亩，使粮食充足，妇女织布数尺，便穿戴富裕。这是富国强兵的方法。"

武王说："说得好！"

六韬

〇七三

虎 韬

军 用

题 解

　　武器装备是战斗力的物质基础，不仅影响军队的士气，还对战争的进程和结局有重大的影响。本篇首先指出了"王者举兵，三军器用，攻守之具"，"各有科品，此兵之大威也"。接着，以出兵万人为例，详细罗列了陷坚陈、败强敌、败步骑、要穷寇、遮走北、军队拒守、越堑、渡河、结营等所需器材的种类、数量、编配和运用。最后总结指出甲士万人，需用强弩六千，戟盾二千，矛盾二千，同时还需配备整治维修各种器材的工匠三百人，体现了装备的重要性。

原 文

　　武王问太公曰："王者举兵，三军器用，攻守之具，科品众寡①，岂有法乎？"

　　太公曰："大哉，王之问也！夫攻守之具，各有科品，此兵之大威也。"

　　武王曰："愿闻之。"

　　太公曰："凡用兵之大数，将甲士万人，法用武冲大扶胥^{xù}三十六乘②，材士强弩矛戟为翼③，一车二十四人推之，以八尺车轮，车上立旗鼓，兵法谓之震骇，陷坚陈，败强敌。

注 释

①**科品**：种类，品类。②**武冲大扶胥**：设有大盾的大型战车。扶胥，战车的别名。**乘**：一车四马为乘。③**材士**：勇猛而武艺高强的战士。**翼**：两侧。

译 文

武王问太公说："成就王业的人起兵征讨，军队的装备，攻守的武器，各个种类多少，难道有规定吗？"

太公说："君王提的是一个大问题！攻守的武器，各有种类，这是军队最大的威力。"

武王说："希望听一听。"

太公说："凡是用兵作战，武器装备有个大概的标准。统领甲士一万人，按规定配备名为武冲大扶胥的战车三十六辆，左右两翼有手持强弩矛戟的勇武之士，每辆车用二十四人推动，车轮高八尺，车上立旗帜战鼓，兵法上称这种战车为震骇，可攻陷坚阵，击败强敌。

原 文

"武翼大橹矛戟扶胥七十二具①，材士强弩矛戟为翼，以五尺车轮，绞车连弩自副②，陷坚陈，败强敌。

"提翼小橹扶胥一百四十四具，绞车连弩自副，以鹿车轮③，陷坚陈，败强敌。

"大黄参连弩大扶胥三十六乘，材士强弩矛戟为翼，飞凫电影自副④，飞凫赤茎白羽⑤，以铜为首，电影青茎赤羽，以铁为首，昼则以绛缟，长六尺，广六寸，为光耀；夜则以白缟，长六尺，广六寸，为流星，陷坚陈，败步骑。

"大扶胥冲车三十六乘，螳螂武士共载⑥，可以纵击横，可以败敌。

注 释

①**橹**：大盾。②**绞车连弩**：利用绞车为动力以张弓，可连发数箭的弩。③**鹿车轮**：鹿车是一种小车，提翼小橹扶胥的轮子如同鹿车那么大。④**飞凫、电影**：旗帜名。⑤**茎**：旗杆。**羽**：旗杆头上的装饰物。⑥**螳螂武士**：手持双刀的武士。

"名为武翼大橹矛戟扶胥的战车七十二辆，左右两翼有手持强弩矛戟的勇武之士，车轮高五尺，附有用绞车发射的连弩，可攻陷坚阵，击败强敌。

"名为提翼小橹扶胥的战车一百四十四辆，附有绞车连弩，车轮像鹿车的那么大，可攻陷坚阵，击败强敌。

"名为大黄三连弩大扶胥的战车三十六辆，左右两翼有手持强弩矛戟的勇武之士，附有飞凫和电影两种旗帜，飞凫红杆白缨，用铜做杆头，电影青杆红缨，用铁做杆头；白天用红绢，六尺长，六寸宽，称为光耀；夜里用白绢，六尺长，六寸宽，称为流星，可攻陷坚阵，击败步兵骑兵。

●国殇将士铠甲战车

"名为大扶胥冲车的战车三十六辆，车上载有称作螳螂的武士，可用纵列冲击敌军横列，可以击败敌人。

原　文

"辎车骑寇^①，一名电车，兵法谓之电击，陷坚陈，败步骑寇夜来前。

"矛戟扶胥轻车一百六十乘，螳螂武士三人共载，兵法谓之霆击，陷坚陈，败步骑。

"方首铁棓维盼^②，重十二斤，炳长五尺以上，千二百枚，一名天棓。

"大柯斧刃长八寸，重八斤，柄长五尺以上，千二百枚，一名天钺；方首铁锤，重八斤，柄长五尺以上，千二百枚，一名天锤。败步骑群寇。

注　释

①辒车骑寇：风驰电掣般的车骑部队。辒车，辎重车，是一种装有帷盖的大车，与后所述多有不合，疑辒字是轻字之误。骑寇，指乘骑偷劫营寨的人。②棓：同"棒"。昐：通"颁"，头大貌。

译　文

　　"辒车骑寇，又叫电车，兵法上称它为电击，可攻陷坚阵，击败敌军中夜间前来劫寨的步兵骑兵。

　　"矛戟扶胥轻车一百六十辆，车上载有螳螂武士三人，兵法上称它为霆击，可攻坚陷阵，击败步兵骑兵。

　　"大方头铁棒，重十二斤，柄长五尺以上，一千二百把，又叫天棒。

　　"长柄斧，刃长八寸，重八斤，柄长五尺以上，一千二百把，又叫天钺；方头铁锤，重八斤，柄长五尺以上，一千二百把，又叫天锤；可击败众多来犯的步兵骑兵。

原　文

　　"飞钩，长八寸，钩芒长四寸，柄长六尺以上，千二百枚，以投其众。

　　"三军拒守，木螳螂剑刃扶胥①，广二丈，百二十具，一名行马，平易地，以步兵败车骑。

　　"木蒺藜②，去地二尺五寸，百二十具，败步骑，要穷寇③，遮走北④。轴旋短冲矛戟扶胥，百二十具，黄帝所以败蚩尤氏⑤，败步骑，要穷寇，遮走北。

　　"狭路微径，张铁蒺藜，芒高四寸⑥，广八寸，长六尺以上，千二百具，败步骑。

　　"突暝来促战⑦，白刃接，张地罗，铺两镞蒺藜、参连织女⑧，芒间相去二寸，万二千具。旷野草中，方胸铤矛⑨，千二百具，张铤矛法，高一尺五寸，败步骑，要穷寇，遮走北。

①**木螳螂剑刃扶胥**：行马的一种，用于阻遏敌人的带刺的或尖状物的路障。其框架用木，上带形似螳臂、如剑刃的利器。②**木蒺藜**：木制的类似蒺藜的防御器具。③**要**：半路拦截。④**遮**：拦住。**走北**：打了败仗而逃走。⑤**蚩尤氏**：传说时代的九黎部落首领。曾与黄帝在涿鹿之野大战。大败，为黄帝擒杀。⑥**芒**：刀枪的锋芒。⑦**促战**：交战。促，靠近，紧迫。⑧**参连织女**：一种多芒科蒺藜的名字。⑨**方胸铤矛**：矛头穿过木柄的部位呈方形的矛。

译　文

"飞钩，长八寸，钩尖长四寸，柄长六尺以上，共一千二百枚，可以用来投掷钩伤敌人。

"军队防守时，应使用一种名为木螳螂剑刃扶胥的战具，每具宽两丈，共一百二十具，也叫行马。在平坦开阔的地形上，步兵可以用它来阻碍敌车骑的行动。

"木蒺藜，设置时要高于地面二尺五寸，共一百二十具，可以用来阻碍敌步骑行动，拦阻势穷力竭的敌人，截堵撤退逃跑的敌人。名为轴旋短冲矛戟扶胥的战车一百二十辆，黄帝曾用以打败蚩尤。可以用来击败敌人的步骑，拦阻势穷力竭的敌人，截堵撤退逃跑的敌人。

"在隘路、小道上，可以布设铁蒺藜。铁蒺藜刺长四寸，宽八寸，每具长六尺以上，共一千二百具，可用来阻碍敌人步骑行动。

"敌人乘着黑夜突然前来逼战，白刃相接，这时应张设地罗，布置两镞蒺藜和名为参连织女的障碍物，每具芒尖相距二寸，共一万二千具。在旷野深草地区作战，应设置名为方胸铤矛的障碍物共一千二百具。布设铤矛的办法，是使它高出地面一尺五寸。以上这些器具，可以用来击败敌人步骑，拦阻势穷力竭的敌人，截堵撤退逃跑的敌人。

原　文

"狭路微径地陷，铁械锁参连，百二十具，败步骑，要穷寇，遮走北。

"垒门拒守，矛戟小橹十二具，绞车连弩自副。三军拒守、天罗虎落锁连①，一部广一丈五尺，高八尺，百二十具。虎落剑刃

扶胥②，广一丈五尺，高八尺，五百二十具。

"渡沟堑，飞桥，一间广一丈五尺，长二丈以上，着转关辘轳^{lú}八具③，以环利通索张之④。

"渡大水，飞江⑤，广一丈五尺，长二丈以上，八具，以环利通索张之；天浮铁螳螂^{táng}⑥，矩内圆外，径四尺以上，环络自副，三十二具；以天浮张飞江，济大海⑦，谓之天潢^{luò}⑧，一名天舡^{chuán}⑨。"

注 释

①天罗：张设在竹篱上方的网，网上应有铁刺等物。虎落：竹篱。锁连：锁链。②虎落剑刃扶胥：竹篱上绑缚刀刃的防御兵器。③转关辘轳：一种利用滑轮原理制作的起重装置。④环利通索：环环相连的铁索。张：扩张，张开。⑤飞江：指渡水过江或说是一种浮桥。⑥天浮：指叫天浮的渡水器材铁螳螂，形似螳螂的铁锚。⑦大海：古代称大的湖泊为海。⑧潢：积水池。⑨舡：船。

译 文

"狭路小径地面又低洼的，用铁锁链，一百二十条，可击败步兵骑兵，拦截困厄的敌人，阻击逃亡的敌人。

"营门抵御防守，用矛戟小盾十二副，附有绞车连弩。军队抵御防守，应设置名为天网虎落锁连的障碍物，每部宽一丈五尺，高八尺，一百二十部。并设置名为虎落剑刃扶胥的战车，宽一丈五尺，高八尺、五百二十部。

"渡壕沟和护城河，用飞桥，一架宽一丈五尺，长二丈以上，装转关辘轳八副，用连环铁索张设。

"渡大河，用飞江，宽一丈五尺，长二丈以上，八套，用连环铁索张设；天浮铁螳螂，外圆内方，直径四尺以上，附有铁环绳索，三十二套；用名叫天浮的渡水器材张设飞江，渡大水，称之为天池，又叫天船。

原 文

"山林野居，结虎落柴^{zhài}营，环利铁锁长二丈以上，千二百枚；环利大通索大四寸，长四丈以上，六百枚；环利中通索大二寸，长四丈以上，二百枚；环利小微缧^{léi}长二丈以上，万二千枚。天雨，盖重车上板，结枲^{xǐ jǔ wú}锯广四尺①，长四丈以上，车一具，以铁杙张之^{yì}②。

"伐木大斧，重八斤，柄长三尺以上，三百枚。启钁^{jué}③，刃广六寸，柄长五尺以上，三百枚。铜筑固为垂，长五尺以上，三百枚。鹰爪方胸铁杷，柄长七尺以上，三百枚。方胸铁叉，柄长七尺以上，三百枚。方胸两枝铁叉，柄长七尺以上，三百枚。芟^{shān}草木大镰④，柄长七尺以上，三百枚。大橹刀，重八斤，柄长六尺，三百枚。委环铁杙，长三尺以上，三百枚。椓^{zhuó yì}杙大锤⑤，重五斤，柄长二尺以上，百二十具。甲士万人，强弩六千，戟楯二千，矛楯二千，修治攻具，砥砺^{dǐ lì}兵器⑥，巧手三百人。此举兵军用之大数也。"

武王曰："允哉！"

注　释

①**结枲钼锯**：指在木板上锲刻齿槽，使之与战车吻合。枲，麻。钼锯，排列成锯齿状。②**铁杙**：铁桩或钉子一类的东西。杙，橛，桩子。③**启钁**：一种大锄头。④**芟**：除草。⑤**椓**：敲击。⑥**砥砺**：磨刀石，此处意为磨快、磨利。

译　文

"军队在山林地扎营，应用木材结成栅寨，准备长二丈以上的铁链一千二百条；连环大铁索粗四寸，绳长四丈以上，共六百条；中等铁锁粗二寸，四丈以上，共二百条；带环的绳索长二丈以上，共一万二千条。天下雨时，辎重车要盖上车顶板，还要盖上用麻编结成的篷布，篷布宽四尺，长四丈以上，每车一条，用小铁桩固定在车顶上。

"砍伐树林用具：大斧，重八斤，柄长三尺以上，三百把；大锄，刃宽六寸，柄长五尺以上，三百把；名叫铜筑固的大锤，长五尺以上，三百把；鹰爪方胸铁杷，柄长七尺以上，三百把；方胸铁叉，柄长七尺以上，三百把；方胸两支铁叉，柄长七尺以上，三百把。用以清除草木用具：大镰，柄长七尺以上，三百把；大橹刀，重八斤，柄长六尺，三百把；带环的铁镢，长三尺以上，三百个；铁锤头，重五斤，柄长二尺

六韬三略

以上，一百二十把。甲士万人，其中装备六千人使用强弩。两千人使用戟和大盾。两千人使用矛和小盾，另外需要修理各种攻战器械，磨砺兵器的能工巧匠三百人。这就是举兵所用军需的大致数目。"

武王说："应当这样做！"

三 陈

题 解

本篇论述了布列阵势的方法：天阵，即根据各种天象布列阵势；地阵，即根据各种地形布列阵势；人阵，即根据武器装备和部队的实际情况布列阵势。做到上述三点，方能得天时、地利、人和，取得胜利。

原 文

武王问太公曰："凡用兵为天陈、地陈^{zhèn}、人陈^{zhèn}，奈何？"

太公曰："日月星辰斗杓^{sháo}①，一左一右，一向一背②，此为天陈^{zhèn}。丘陵水泉，亦有前后左右之利，此谓地陈^{zhèn}。用车用马，用文用武，此谓人陈^{zhèn}。"

武王曰："善哉！"

注 释

①**斗杓**：也称斗柄，北斗七星的第五、六、七颗星的名称。②**一向一背**：指一前一后，在前的为向，在后的为背。也指一正一反，正为向，反为背。古人或根据不同时节星辰所指的方向和向背来判断吉凶和是非。

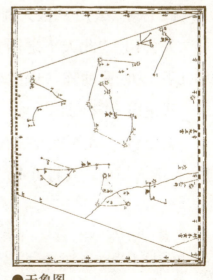

●天象图

武王问太公说："用兵作战时设的所谓天阵、地阵、人阵，是怎么回事？"

太公回答说："根据日月、星辰、北斗星在我前后左右的具体位置来布阵，就是所谓的天阵。利用丘陵水泽等地形条件来布阵，就是所谓的地阵。根据所使用的战车、骑兵等兵种和政治诱降或武力攻取等不同战法布阵，就是所谓的人阵。"

武王说："你说得好极了。"

疾 战

题 解

本篇论述了突围作战的方法。一是快速突围。当部队被敌人包围，与前后左右的联系被切断、粮道被阻绝而成为"困兵"时，应以最快的速度突围，迅速摆脱不利处境。二是中央突破。先以车骑扰乱敌人，继用主力实行中央突破，即可达到突围目的。三是突围追击。突出敌人包围圈后，对尾追之敌，要设伏加以围歼。

原 文

武王问太公曰："敌人围我，断我前后，绝我粮道，为之奈何？"

太公曰："此天下之困兵也，暴用之则胜①，徐用之则败②。如此者，为四武冲陈③，以武车骁骑惊乱其军而疾击之，可以横行。"

武王曰："若已出围地，欲因以为胜，为之奈何？"

太公曰："左军疾左，右军疾右，无与敌人争道。中军迭前迭后④，敌人虽众，其将可走。"

注 释

①暴：指急速突围。②徐：指缓慢、拖延。③四武冲陈：四面都配置武冲大扶胥的阵形，可以针对敌军薄弱环节，向任何一方突围。④迭：轮流。

译文

武王问太公说："敌人包围我军，切断我军前后交通，断绝我军粮草供应线，应该怎么办？"

太公说："这是天下最危困的军队，急速突围就胜利，拖延时日就失败。像这种情况，要摆出四武冲阵，用冲击力强的战车和骁勇善战的骑兵惊乱敌军而快速突击，就可以横行无阻了。"

武王说："如果已经出了重围，想乘势取胜，应该怎么办？"

太公说："左军迅速向左扩大战果，右军迅速向右扩大战果，不要与敌人争道。中军轮番向前后攻击，敌人虽然人多，它的主将也要败走。"

必 出

题 解

本篇论述了夜间突围作战和渡过江河的方法。一是要有充足的器械，有勇猛的战斗精神；了解敌情、选择敌人力量薄弱的地段为突破口。二是突围应力争突然性，时机选择在夜间；突围时应让勇敢善战的前锋在前打开通路，大部队随后跟进，并设置埋伏，阻敌追兵。三是保持高昂的士气，有破釜沉舟、视死如归、一往无前的勇气和决心。

原文

武王问太公曰："引兵深入诸侯之地，敌人四合而围我，断我归道，绝我粮食；敌人既众，粮食甚多，险阻又固。我欲必出，为之奈何？"

太公曰："必出之道，器械为宝，勇斗为首。审知敌人空虚之地，无人之处，可以必出。将士人持玄旗，操器械，设衔枚，夜出。勇力、飞足、冒将之士居前，平垒为军开道；材士强弩为伏兵居后；

弱卒车骑居中。陈毕徐行，慎无惊骇。以武冲扶胥前后拒守，武翼大橹以备左右。敌人若惊，勇力、冒将之士疾击而前[1]，弱卒车骑以属其后，材士强弩隐伏而处。审候敌人追我[2]，伏兵疾击其后，多其火鼓，若从地出，若从天下。三军勇斗，莫我能御。"

注 释

①**勇力**：勇猛之士。**冒将之士**：敢于冒险冲击敌将之士。②**审候**：侦察，伺机。

译 文

周武王问姜太公说："如果带领军队深入敌国领土，而被敌人四面围困，并将我军的退路切断，隔断我军的军粮供给。敌军却兵多粮足，并且依恃艰险地势设置了牢固的阵地。此时，我军若想突围成功，应该怎么办呢？"

姜太公回答说："突围成功的关键之处在于应有必备的武器兵械，而以英勇奋战最为重要。若能细心地观察到敌人设防薄弱，没人守护的地方，突围成功就可实现。如果要进行突围了，军中将士都要手拿黑旗，携带器械，嘴里衔枚，在晚上突围。应挑选那些勇猛威武、腿脚麻利、善于奔跑、勇于冒险的士兵充当先锋军，荡平壁垒，为我大军开道，充当伏兵的精兵持强弩位于队伍后部，队伍中间安排疲弱兵士和兵车、骑军。阵列摆好之后，缓缓地开始行动，要谨慎，避免自己队伍中发生混乱。队伍前后都以武冲大扶胥的战车作拒守之用，左右以武翼大橹的战车进行防御。若敌人被惊动，队伍无法继续前进，作为先锋军的勇猛威武、善于奔跑、富有冒险精神的士兵就应迅速出击，疲弱兵士与兵车、骑兵紧紧跟随其后，持强弩的精兵隐藏埋伏起来。确实发现敌军前来追击，伏兵就从后面迅速袭击他们，并且大都拿着火把和战鼓，使敌军产生我方人数众多的错觉，仿佛大军突然间从地下钻出，从空中降下。我军将士奋勇作战，这种攻势谁也无法抵挡。"

原 文

武王曰："前有大水，广堑，深坑，我欲逾渡，无舟楫之备；敌人屯垒，限我军前，塞我归道，斥候常戒，险塞尽中，车骑要我前，勇士击我后，为之奈何？"

太公曰："大水，广堑，深坑，敌人所不守，或能守之，其卒必寡。若此者，以飞江、转关与天潢以济吾军，勇力材士从我所指，冲敌绝陈，皆致其死。先燔吾辎重^①，烧吾粮食。明告吏士，勇斗则生，不勇则死。已出者，令我踵军设云火远候^②，必依草木、丘墓、险阻，敌人车骑必不敢远追长驱。因以火为记，先出者令至火而止，为四武冲陈。如此，则吾三军精锐勇斗，莫我能止。"

武王曰："善哉！"

译 文

周武王接着问："如果突围时前方有大河、广堑、深坑，我方军队想要渡过去，但没有备好船只。敌军用以防守的壁垒，拦截在前方，又切断了我军退路，敌军的侦察人员时时保持高度警戒，险要之处也都派人把守。他们的兵车、骑兵阻拦我军，勇猛的士兵又攻袭我军后部。遇到这种情况，应该怎么办呢？"

姜太公回答说："像大河、广堑、深坑这些地方，敌军常常不进行防守；即使有人防守，人数也不多。遇到这种情况，可借助飞江、转关和天潢等工具将我军摆渡过去。指派勇猛善战的精兵按照军令指示，径直冲入敌阵，都要竭尽全力拼一死战。先焚烧掉各种非必备的军用物资和粮食，明确地通告全军将士：军情紧迫，必须英勇作战，才可生存；若不英勇作战，必将是死路一条。等到突围出来以后，就命令跟随主力的后继部队燃起大火堆，派人远远地侦察敌情，必须利用草木、坟墓等险要地势来秘密安排。敌军派来追击的兵车和骑兵，发现这种情况后，必定不敢再长驱直追。

●项羽

继而我军就用火堆作为标记，此后率先突围的军队，命令他们行进到火堆旁就停下，组成四面都有警戒的四武冲阵战斗队形。假如能做到这些，全军官兵都勇猛善斗，这种气势就是任何人也无法阻挡的。"

武王说："说得好啊！"

军　略

题　解

　　本篇论述了在江河湖沼地带作战时必须准备的各种装备器材，以及训练士卒的重要性。论述了攻城围邑、行军宿营、越过沟堑、渡过江河等所应准备的各种装备器材。强调只有器械准备周全，训练精熟，才能够取得胜利。

原　文

　　武王问太公曰："引兵深入诸侯之地，遇深溪、大谷、险阻之水，吾三军未得毕济，而天暴雨，流水大至，后不得属于前，无有舟梁之备，又无水草之资，吾欲毕济，使三军不稽留，为之奈何？"

　　太公曰："凡帅师将众，虑不先设，器械不备；教不素信①，士卒不习，若此，不可以为王者之兵也。凡三军有大事，莫不习用器械：攻城围邑，则有轒辒临冲②（fén wēn）；视城中，则有云梯、飞楼③；三军行止，则有武冲、大橹前后拒守；绝道遮街，则有材士、强弩卫其两旁；设营垒，则有天罗、武落、行马、蒺藜；昼则登云梯远望，立五色旗旌；夜则设火云万炬，击雷鼓，振鼙铎，吹鸣笳（jiā）；越沟堑，则有飞桥、转关、辘轳、钜铻（jǔ wú）；济大水，则有天潢、飞江；逆波上流，则有浮海、绝江。三军用备，主将何忧？"

注 释

①**信**：真，符合实战。②**轒辒**：古代用于攻城的一种车辆。其形制下设四轮，上蒙以皮革，中可容十人，往来运土填堑。**临冲**：攻城器械的名称。临车是从上视下的车辆，冲车为冲撞城门的战车。③**云梯**：古代攻城时用来攀登城墙的长梯。**飞楼**：用以登高观察城中敌情的望楼。

译 文

武王问太公说："领兵深入诸侯国境内，遇到深溪、大谷或难以通过的河流，我军还没有全部渡完，可是天却降暴雨，洪水大涨，后边的军队与前军被水隔断，既没有船只、桥梁，又没有堵水用的草料物资。我想要三军都渡过去，应该怎么办呢？"

太公说："凡统帅大部队行动，如果计划不事先制订，器械不预先准备，士兵平时训练没有落实，动作不熟练，这样的军队是不能称为王者之师的。凡军队在重大行动的时候，都要事先学会使用各种器械。如果要攻城围邑，就要用'轒辒''临车''冲车'等攻城战车；要观察敌人城内的情况，就要用'云梯''飞楼'；三军行进或驻扎，就要用'武冲''大橹'等战车在前后掩护；断绝交通，阻断街道，就要用勇士持强弩，控制、守卫两侧；设置营垒，就要在四周布设'天罗''武落''行马''蒺藜'等障碍器材；白天就登上云梯远望，设五色旌旗报告敌情；夜晚就点燃众多的烟火，并击响'雷鼓'，敲动鼙鼓，摇动大铎，吹响胡笳；越沟堑，就要用'飞桥''转关''辘轳''钽锘'；渡大河，就要用'天潢''飞江'；逆流而行，就要用'浮海''绝江'等器材。军队需用的器械都齐备了，主将还有什么可忧虑的呢？"

临 境

题 解

本篇论述了敌我两军在状态不分上下时的作战方法。势均力敌，将部队分为前、中、后三个部分，前军修筑工事，完善守备；后军囤积粮草，随时赴命；中军"击其不意，攻其不备"，即可取胜。敌军对我已有防备时，要不断地骚扰敌军，使其疲惫、迷惑敌人，创造条件，捕捉战机，出其不意，就能夺取战争的胜利。

武王问太公曰："吾与敌人临境相拒，彼可以来，我可以往，陈皆坚固，莫敢先举①。我欲往而袭之，彼亦可以来，为之奈何？"

太公曰："兵分三处，令我前军，深沟增垒而无出，列旌旗，击鼙鼓，完为守备。令我后军多积粮食。无使敌人知我意，发我锐士潜袭其中，击其不意，攻其无备。敌人不知我情，则止不来矣。"

武王曰："敌人知我之情，通我之谋，动而得我事，其锐士伏于深草，要隘路，击我便处，为之奈何？"

太公曰："令我前军日出挑战，以劳其意；令我老弱，拽柴扬尘，鼓呼而往来，或出其左，或出其右，去敌无过百步，其将必劳，其卒必骇。如此，则敌人不敢来。吾往者不止，或袭其内，或击其外，三军疾战，敌人必败。"

注　释

①举：发动进攻。

译　文

武王问太公说："我军与敌军在国境线上相峙，敌人可以来攻我军，我军也可以去攻敌军。双方阵势都很坚固，没有哪一方敢首先采取行动，我想去袭击敌人，但又顾虑敌人前来袭击我军，这种情况应该怎么办？"

太公说："把我军分为前、中、后三部分。命令前军深挖沟堑，高筑壁垒，不可出战，布列旌旗，敲响鼙鼓，作好周密的守卫准备；命令后军多积粮食，不要让敌人知道我军企图；派遣中军精锐的将士偷袭敌军中央，出其不意，攻敌不备，敌人不了解我军情况，就不敢前来进攻了。"

武王又问："假如敌人已经探明了我军情况，了解了我军的意图，我军一有行动，敌军就知道我军要干什么，敌人的精锐士卒埋伏于深草之中，拦截我军必经的隘路，袭击我军防备不周的地方，对此该怎么办？"

太公说："命令我前军，每天都出去向敌人挑战，以懈怠敌人的斗志；命令我军中的老弱士卒，拖曳树枝、扬起灰尘，击鼓呐喊，往来不停，有时出现在敌人左边，有时出现在敌人右边，距离敌人不要超过百步。如此反复，敌人的将帅必定产生疲劳，敌兵必会产生恐惧。这样，敌人就不敢前来了。我军不停地来往袭扰敌人，有时袭击其内部，有时打击其外部，全军迅猛发起攻击，敌人必定失败。"

动　静

题　解

本篇主要论述了在两军对阵中，如何运用迂回和伏击等战法击败敌人。在"两军相望，众寡强弱相等，不敢先举"的情况下，要使敌军"行陈不固，后陈欲走，前陈数顾"，应该虚张声势，设伏败敌，伴装失败，引诱敌军，从而便可以击败敌人。

原文

武王问太公曰："引兵深入诸侯之地，与敌人之军相当，两军相望，众寡强弱相等，未敢先举。吾欲令敌人将帅恐惧，士卒心伤，行陈（zhèn）不固，后陈（zhèn）欲走，前陈（zhèn）数顾①，鼓噪而乘之②，敌人遂走，为之奈何？"

太公曰："如此者，发我兵去寇十里而伏其两旁，车骑百里而越其前后，多其旌旗，益其金鼓③。战合，鼓噪而俱起。敌将必恐，其军惊骇，众寡不相救，贵贱不相待，敌人必败。"

注释

①**数顾**：屡次回头看。此处可理解为动摇的意思。②**鼓噪**：擂鼓呐喊，指军队交锋时大张声势。③**益其金鼓**：增设金鼓。

武王问姜太公说："假如领兵深入敌国领土，敌我双方势均力敌。两军对峙，士兵的多寡与军队实力的强弱都旗鼓相当，因而都不敢首先进攻。我想使敌军统帅恐惧，让他们的士兵心怀悲伤而削弱士气，从而无法排成坚固的行列与阵势，使其队伍后列的士兵想趁机逃走，前列的士兵不时地回头张望；我军趁着擂鼓呼喊之势发动进攻，敌人于是败阵而逃。这应该怎么办呢？"

太公回答说："遇到这种情形，就应派一支步兵，埋伏在距离敌人十里的道路两侧，还要派兵车和骑兵埋伏在距敌军百里的地方，一会儿出现在敌军之前，一会儿又出现在敌军之后。要多多备好旌旗，多多使用金鼓。敌对双方一交战，鼓声与各种嘈杂声同时响起。敌军将帅一定惊恐，士兵也一定惧怕，敌军队伍的人数不论是多是少，均不能相互援救，将士不管身份贵贱，都自顾抱头鼠窜，不能相互援助，敌人必遭失败。"

●云长擂鼓斩蔡阳

武王曰："敌之地势，不可以伏其两旁，车骑又无以越其前后，敌知我虑，先施其备。我士卒心伤，将帅恐惧，战则不胜，为之奈何？"

太公曰："微哉，王之问也！如此者，先战五日，发我远候，往视其动静，审候其来，设伏而待之，必于死地。与敌相避，远我旌旗，疏我行陈，必奔其前①。与敌相当，战合而走，击金无止。三里而还，伏兵乃起，或陷其两旁②，或击其先后。三军疾战，敌人必走。"

武王曰："善哉!"

注 释

①奔：迅速行动。②陷：进攻。

译 文

武王说："观察敌人周围的地势，不适合于我军在其两侧设下埋伏，我们的兵车和骑兵也不能在敌军前后运动。敌军了解到我军的策略，提前准备好一切。这使得我军士兵悲伤忧虑，将帅恐慌，此时若与敌人交锋，是无法取胜的。那么又应该怎么办呢？"

太公回答说："大王您所提的这个疑问多么深奥啊！在这种情况下，交战前五日，就应先派出侦察兵，远去打探敌人动静。确实观察到敌人在向我军行进，就要埋伏好等候敌军的到来，必须使敌军在其无法逃脱而对我军有利的险要之地与我军碰面。我军要在远处竖立起旌旗，布置的行列和阵势要稀疏。前军必须迅速地冲锋在前，与敌军接触，交火后就鸣金收兵，立即撤退，后退到三里的时候，再掉头进行回攻，与此同时，伏兵也发起进攻，有从敌人两侧攻击的，有从正面和背面攻击的。全军将士英勇作战，敌人必定败退而逃。"

武王说："您讲得真是太好了！"

金 鼓

题 解

本篇论述了防敌夜袭、防御反击、防止被袭的方法。一是设置严密的警戒，在阵地前派出哨兵，事先规定好口令暗号，随时做好战斗准备。敌人前来袭击，见到我戒备森严，无隙可乘，便会撤走。二是敌人"力尽气怠"，是我进行防御反击的极好时机，因此可派出精锐部队，"随而击之"。在追击敌人时，应谨慎从事，避免中敌埋伏。三是将部队分为三部分，尾随敌后，在尚未到达敌人设伏地域之前，三部分同时发起攻击，即可将敌人击败。

武王问太公曰:"引兵深入诸侯之地,与敌相当。而天大寒甚暑,日夜霖雨,旬日不止,沟垒悉坏,隘塞不守,斥候懈怠,士卒不戒,敌人夜来,三军无备,上下惑乱,为之奈何?"

太公曰:"凡三军以戒为固,以怠为败。令我垒上,谁何不绝①,人执旌旗,外内相望,以相号命。勿令乏音,而皆外向②。三千人为一屯,诫而约之,各慎其处。敌人若来,视我军之警戒,至而必还,力尽气怠。发我锐士,随而击之。"

武王曰:"敌人知我随之,而伏其锐士,佯北不止,过伏而还,或击我前,或击我后,或薄我垒③。吾三军大恐,扰乱失次,离其处所,为之奈何?"

太公曰:"分为三队,随而追之,勿越其伏。三队俱至,或击其前后,或陷其两旁,明号审令,疾击而前,敌人必败。"

注释

①谁何:军营中的口令问答声。②外向:面向军营的外方。③薄:迫近。

译文

武王问太公说:"领兵深入诸侯国境内,敌我兵力相当,正好赶上严寒或酷暑季节,或者日夜大雨,十多天不停,致使沟垒崩塌,山险要塞失去守御,侦察哨兵麻痹懈怠,士卒疏于戒备,敌人乘夜前来,我三军毫无防备,上下乱作一团,应该怎么办?"

●姜维祁山战邓艾

六韬三略

〇九二

太公说："军队有了戒备，就能巩固；若懈怠，就会失败。命令我军营垒之上，稽查问答的声音不绝，哨兵手执令旗，与营或垒内外联络，再以号令相传送，金鼓之声不可断绝，对外表示已做好战斗准备。每三千人编为一屯，谆谆告诫，严加约束，使各自谨慎守备。敌人如果来犯，看到我军戒备森然，即使来到我军阵前，也必会退去。这时，我军应乘敌军力尽气衰之时，派遣精锐部队紧随敌后，追击猛打。"

武王问："敌人知道我军随后追击，而预先埋伏下精锐士卒，然后伪装败退不止，当我军进入敌人设伏的地区后，敌人就回过头来，配合其伏兵攻击我军，有的攻打我军前部，有的袭击我军后部，有的迫近我军营垒，从而使我军大为恐慌，自相惊扰，行列混乱，各自擅离在阵中的位置，该怎样应付？"

太公说："把部队分成三部分，分头跟踪追击敌人，但不要进入敌人的设伏区，三队要同时到敌人的设伏区，有的攻击敌人的前后，有的攻击敌人的两侧，要严明号令，迅速出击，这样，敌人必被打败。"

绝　道

题　解

本篇论述了深入敌境应采取的战法。第一，深入诸侯之地，要留心地形，争取依托山川险阻，争取占领有利地形，把守交通要道。第二，军队经过大陵、广泽、平旷等地带，要努力避免陷入包围。第三，如果地形不利，要以战车为前锋，设置两支后卫，遇到紧急情况，可以前后呼应，立足不败。

原　文

武王问太公曰："引兵深入诸侯之地，与敌相守。敌人绝我粮道，又越我前后[1]，吾欲战则不可胜，欲守则不可久[2]，为之奈何？"

太公曰："凡深入敌人之地，必察地之形势，务求便利[3]，依山林、险阻、水泉、林木而为之固，谨守关梁，又知城邑，丘墓地形之利。如是，则我军坚固[4]，敌人不能绝我粮道，又不能越我前后。"

注释

①**越我前后**：指敌人迂回到我军侧后，从前后两面对我军实施夹击。②**久**：持久。③**便利**：有利。④**坚固**：防守坚固。

译文

武王问太公说："领兵深入诸侯国境内，与敌军对峙，这时敌人断绝了我军粮道，又迂回到我军后方，我军想同敌军交战怕不能取胜，要坚守又担心不能长久，对此应该怎么办？"

太公说："凡是深入敌境，必须察明地理形势，务必占据有利地形，依托山林、险阻、水源、林木以求阵地的巩固，严守关隘桥梁，还要了解城邑、丘墓等有利地形。这样，我军防守就能坚固，敌人既不能断我粮道，又不能迂回到我军后方，从两面夹击我军了。"

原文

武王曰："吾三军过大陵、广泽、平易之地，吾盟误失①，卒^{cù}与敌人相薄。以战则不胜，以守则不固，敌人翼我两旁②，越我前后，三军大恐，为之奈何？"

太公曰："凡帅师之法，当先发远候，去敌二百里，审知敌人所在。地势不利，则以武冲为垒而前，又置两踵军于后，远者百里，近者五十里。即有警急，前后相救，吾三军常完坚，必无毁伤。"

武王曰："善哉！"

注释

①**盟**：盟军。②**翼**：从侧翼包围。

译文

武王说："我军通过大森林、宽阔的沼泽和平坦的地段时，盟军误时未到，突然与敌人相遭遇，如果进攻则不能取胜，如果防守又坚守不住，敌人包围了我军两侧，迂回到我军前后，我军大为恐慌，对此应该怎么办？"

太公说："统军作战的方法，应先向我前进远方派出侦探，距离敌境二百里，就要弄清敌人所在的位置。如果地势对我军不利，就用武冲战车结成营垒在前面推进，并派两支后卫部队殿后，后卫部队和主力的间隔远的可达百里，近的相距五十里，一旦有紧急情况，前后方可以互相救援。我军如能经常保持这种完善而巩固的部署，必定不会受到创伤和失败。"

武王说："好啊！"

略 地

题 解

本篇阐述了攻打城邑的作战方法：第一，可以扼守要道，切断敌援，使城内敌军丧失斗志。同时，要注意警惕敌军的假投降。第二，可以留出缺口，诱敌突围，趁机全歼。第三，可以围城打援，趁机消灭敌军。第四，注意攻城之后，要妥善安置百姓。这样，才能真正做到攻城成功。

原 文

武王问太公曰："战胜深入，略其地，有大城不可下。其别军守险与我相拒，我欲攻城围邑，恐其别军卒至而击我^①，中外相合，击我表里^②，三军大乱，上下恐骇，为之奈何？"

太公曰："凡攻城围邑，车骑必远，屯卫警戒，阻其内外。中人绝粮，外不得输，城人恐怖，其将必降。"

注 释

①**别军**：主力之外的另一支部队。②**表里**：军队的正面和侧后。

译 文

武王问太公说："我军战胜以后深入敌境，占领敌国土地，有一座大城拿不下来。他们的另一支军队据险与我对抗，我想要攻城围邑，又怕他们的另一支军队突然来到攻击我们，里应外合，使我腹背受敌，全军大乱，上下惊恐震骇，对此该怎么办？"

太公说："凡是攻城围邑，一定要把战车和骑兵安排在离城较远处，担任守卫警戒，阻断敌人城外与城内的联系。城中的人断了粮食，外面运不进去，居民恐惧，他们的主将必然投降。"

　　武王曰："中人绝粮，外不得输，阴为约誓，相与密谋，夜出穷寇死战，其车骑锐士，或冲我内，或击我外，士卒迷惑，三军败乱，为之奈何？"

　　太公曰："如此者，当分军为三军，谨视地形而处。审知敌人别军所在，及其大城别堡^①，为之置遗缺之道，以利其心，谨备勿失。敌人恐惧，不入山林，即归大邑，走其别军。车骑远要其前，勿令遗脱。中人以为先出者得其径道，其练卒材士必出，其老弱独在。车骑深入长驱，敌人之军必莫敢至。慎勿与战，绝其粮道，围而守之，必久其日。无燔人积聚，无坏人宫室，冢(fán)树社丛勿伐(zhǒng)^②，降者勿杀，得而勿戮，示之以仁义，施之以厚德，令其士民曰：'罪在一人^③。'如此，则天下和服^④。"

　　武王曰："善哉！"

　　①**大城别堡**：指被我所围城池附近的敌国大城市和堡垒。②**冢树**：坟墓地的树木。**社丛**：社神庙旁的树林。社，古代祭祀神灵的场所。③**罪在一人**：意指所有的罪恶均在敌国君主一人身上，而与普通百姓无关。④**和服**：心悦诚服。

　　武王说："城中的人断了粮食，外面运不进去，敌人暗中结约盟誓，相互密谋，夜间出城作困兽之斗，拼死一战，他们的战车骑兵精锐士兵，有的冲入我军内，有的攻击我外围，我士兵惶惑。军队败乱，对此该怎么办？"

　　太公说："像这种情况，应该把全军分成三支部队，仔细观察地形以后驻扎下来。弄明白敌人另一支军队所在地，以及其他大城堡的位置，故意给敌人安排一条不加防

六韬三略

守的道路，以符合敌人的想法，严密防备不使有失。敌人恐惧，不是窜入山林，就是投奔其他大城堡，逃往另一支军队所在地。我方战车骑兵在远处阻断他们前进，不让他们跑掉。城中的人以为先出去的人得到冲出去的路，于是精练勇武的士卒也一定会冲出城，只有那老弱残兵留在城内。这时我方战车骑兵长驱直入，敌人的军队一定不敢再出来。我方慎重不与他们交战，断绝他们的粮食运输线，把他们围困起来，日子一定要长久。得城之日，不要焚烧百姓积聚的财物，不要毁坏百姓的房屋，坟墓和土地庙的树木不要砍伐，投降的不杀，被俘的不羞辱，向他们表示仁义，施予恩德，向军民宣告：'罪在昏君一人。'这样，天下就心悦诚服了。"

武王说："好极了！"

●石头城图

火 战

题 解

本篇论述了在深草及灌木丛林地带防御敌人火攻的方法。首先，要加强警戒准备，"以云梯、飞楼，远望左右，谨察前后"。其次，发现敌人以火攻我，可提前将我军前后的茂草烧成"黑地"，构成一道防火带，并将强弩勇士部署在左右进行防护，即可免受敌人进攻的威胁。再次，如果敌人进入我军防火带，我军则应结成"四武冲阵"，用强弩护卫两翼。

原 文

武王问太公曰："引兵深入诸侯之地，遇深草蓊秽周吾军前后左右，三军行数百里，人马疲倦休止。敌人因天燥疾风之利，燔吾上风，车骑锐士坚伏吾后，吾三军恐怖，散乱而走，为之奈何？"

太公曰："若此者，则以云梯、飞楼远望左右，谨察前后。见火起，即燔吾前而广延之，又燔吾后。敌人若至，则引军而却，按黑地而坚处①，敌人之来，犹在吾后，见火起，必还走。吾按黑地而处，强弩材士卫吾左右，又燔吾前后。若此，则敌不能害我。"

武王曰："敌人燔吾左右，又燔吾前后，烟覆吾军。其大兵按黑地而起，为之奈何？"

太公曰："若此者，为四武冲陈^{zhèn}，强弩翼吾左右，其法无胜亦无负。"

注 释

①**黑地：**草地燃烧后的焦土地带。

译 文

武王问姜太公说："如果带领军队深入敌军国土，行进到满目荒草的地方，我军前后左右都被茂密的草丛所围绕。此时军队行程已达数百里，人困马乏，需要休息。敌人借天气干燥和风势较大的有利时机，在我军上风处纵火烧草，并有大量的兵车、骑车和精锐士兵埋伏于我军背后。我军将士都深为恐惧，奔散而逃。遇到这种情况，应该怎么办呢？"

太公回答说："在这种情况下，应借助云梯、飞楼来登高远望，仔细地观察周围动静。看到起火后，应立即焚烧我军营前

●赤壁纵火

六韬三略

较远处的草丛，而在此之前，还要在紧靠营地的前面整理出一片干净空地，以阻绝火势蔓延，还要焚烧下风处的草丛。若是前方的敌军发动攻击，我军就退却到焚烧后的黑地上顽强防守，若是后方的敌军发动攻击，由于他们位于我军下风处，当他们发现火起，必定转身退兵。我军固守着黑地，左右有强弩和精锐士兵护卫，而且已将前后的草地焚烧掉，做到这些的话，敌人是难以损伤我军的。"

武王又问："敌人不仅焚烧我军左右，而且还焚烧了我军前后，烟雾弥漫，笼罩了我军，敌人先我一步抢占了黑地，并发起攻势。应该怎么办呢？"

太公接着回答："在这种情况下，就要摆成四武冲阵，使用强弩来防护两侧，这种方法虽不能够获胜，但也不会导致失败。"

垒 虚

题 解

本篇论述了侦察敌人营垒虚实和敌人行动的方法。首先，强调了将帅必须善于侦察、通晓天文地理和人事。接着，论述了要了解敌人的"变动"、敌人营垒的"虚实"、敌人的"去来"。具体办法是："听其鼓无音，铎无声"，"垒上多飞鸟而不惊，上无氛气"，即可判断敌人的营垒空虚。最后，要注意敌军的行为，通过缓急判断状态，寻找战机。

原 文

武王问太公曰："何以知敌垒之虚实，自来自去[1]？"

太公曰："将必上知天道，下知地理，中知人事。登高下望，以观敌之变动。望其垒，则知其虚实。望其士卒，则知其去来。"

武王曰："何以知之？"

太公曰："听其鼓无音，铎(duó)无声，望其垒上多飞鸟而不惊，上无氛气，必知敌诈而为偶人也。敌人卒去不远，未定而复返者，彼用其士卒太疾也。太疾则前后不相次，不相次则行陈(zhèn)必乱。如此者，急出兵击之，以少击众，则必胜矣。"

注 释

①**自来自去**：敌人是要进攻还是撤退的意图。

译 文

武王问太公说："怎样才能知道敌人营垒的虚实和敌军来来去去的调动情况呢？"

●军中登城楼

太公说："将帅必须上知天时的顺逆，下知地理的险易，中知人事的得失。登高瞭望，以观察敌人的变动。从远处眺望敌人营垒，便知道他们内部的虚实。观察敌人士卒的动态，就知道敌军调动的情况。"

武王问："用什么办法知道这些呢？"

太公说："如果听不到敌营击鼓的声音，也听不到敌营击铎的声音，瞭望敌营垒上有许多飞鸟，它们神情自若，空中也没有烟尘飞扬，就可以判断必然是敌人用木偶人守营的方式来欺骗我们。如果敌人仓促撤退不远，没有多远又回来了，这是敌人调动军队太忙乱了。太乱，前后就没有秩序，没有秩序，行列就会混乱。像这种情况，就可以急速出兵打击他，即使是以少击众，也一定会取得胜利。"

豹 韬

林 战

题 解

　　本篇讨论了森林作战的战术和方法：第一，一般情况下，可以将部队部署为四武冲阵，弓弩在外，坚盾在里。开辟道路，秘密行进。第二，密林处，以矛戟分队作为攻击主力，相互应援。疏林处，以骑兵为辅，战车居前，有利则行，无利则止。第三，如遇林内险阻，应设置"四武冲阵"，防备敌军突袭。第四，林中交战，要速战速决，如果持续时间长，要注意各分队轮流作战。

原 文

　　武王问太公曰："引兵深入诸侯之地，遇大林，与敌分林相拒。吾欲以守则固，以战则胜，为之奈何？"

　　太公曰："使吾三军分为冲陈，便兵所处，弓弩为表，戟盾为里。斩除草木，极广吾道，以便战所。高置旌旗，谨敕三军^①，无使敌人知吾之情，是谓林战。林战之法，率吾矛戟，相与为伍，林间木疏，以骑为辅，战车居前，见便则战，不见便则止。林多险阻，必置冲陈，以备前后。三军疾战，敌人虽众，其将可走。更战更息，各按其部，是谓林战之纪。"

注 释

①敕：告诫，命令。

周武王问姜太公说："如果带领军队深入敌国领土，遇到大面积的林地，我军和敌军分别占据一部分林地进行对抗。我希望做到采取守势能牢不可摧，采取攻势能获全胜，应该怎么办呢？"

姜太公回答说："可以让全军士卒组成许多四武冲阵，安排在方便进行作战的地方，每一个四武冲阵外围都置有弓箭手，内部有持矛戟和盾的士兵。清除掉部队四周的杂草丛木，尽量使道路变得广阔，有利于进行作战。将旗帜竖立于高处，谨慎传令于全军将士，严防敌军掌握我们内部军情，以上这些就是在林间战斗应做的准备。林间战斗的规则，是将我军中使用矛戟的士兵，编制成五人一伍的小分队。林间树木较为稀疏的地方，可以使用骑兵作为辅助，兵车行进在最前列，发现形势有利于我军就进行战斗，看到形势对我军不利就停止前进，避免交战。在林木密集、地势险要的环境中，必须设置四武冲阵，以防备敌人攻击我军前后。全军能够英勇作战，即使敌军人数众多，其将领也会战败而逃。我军各部分轮流作战，轮流休息。这些就是林间战斗的准则。"

突 战

题 解

本篇论述了反击敌军突然袭击和诱敌攻城而突袭敌人的战法。一是敌人长驱直入攻我城池，必须针对敌军远道而来，携带粮草不多的弱点，令我远方精锐部队截断敌人退路，对敌实行内外夹击。二是在敌人分路来袭、侵掠我营、有的已攻至城下而大军尚未到来的情况下，应先弄清敌情，预做准备，并在城外设置伏兵。同时，完善城防设置，引诱敌人来攻。待敌攻击时，突发伏兵，内外夹击，即可获胜。

武王问太公曰："敌人深入长驱，侵掠我地，驱我牛马，其三

军大至，薄我城下。吾士卒大恐，人民系累为敌所虏。吾欲以守则固，以战则胜，为之奈何？"

太公曰："如此者，谓之突兵。其牛马必不得食，士卒绝粮，暴击而前。令我远邑别军，选其锐士，疾击其后。审其期日，必会于晦^①。三军疾战，敌人虽众，其将可虏。"

注释

①晦：夜晚。

译文

武王问姜太公说："如果敌军长驱直入攻打我国，侵占掠夺领土，驱赶牛马，他们大军聚集，逼近我军城下。我军将士万分恐慌，我国百姓被敌军捆缚扣押，劫为俘虏。我希望采取守势能牢不可摧，出战迎敌能获胜，应该怎么办呢？"

太公回答说："这种突然发动攻击的敌军，称为突兵。由于未做充分准备，时间稍长，敌军牛马必定没饲料可吃，士兵也没军粮可食，只有急速地发动攻击。这时命令我军另外一支驻守在远处城邑的队伍，挑选其精锐士兵，迅速向敌军后部发起攻击，预先要认真计算好日期，必须同城中守军会合在无月光的夜晚，以便联合发起对敌军的内外夹击。全军将士英勇作战，即使敌军人数众多，也可生俘其将帅。"

原文

武王曰："敌人分为三四，或战而侵掠我地，或止而收我牛马，其大军未尽至，而使寇薄我城下，致吾三军恐惧，为之奈何？"

太公曰："谨候敌人未尽至，则设备而待之。去城四里而为垒，金鼓旌旗皆列而张，别队为伏兵。令我垒上多积强弩，百步一突门^①，门有行马，车骑居外，勇力锐士隐伏而处。敌人若至，使我轻卒合战而佯走。令我城上立旌旗，击礨鼓，完为守备。敌人以我为守城，必薄我城下。发吾伏兵，以冲其内，或击其外。三军疾战，或击其前，或击其后。勇者不得斗，轻者不及走。名曰'突战'②。敌人虽众，其将必走。"

武王曰："善哉！"

注释

①**突门**：在城墙或垒壁上预先开设的便于部队出击的暗门。一般由城墙内向外挖，外面留四五寸不挖透。部队出来时，临时将其推倒，突然出击。②**突战**：突然出击。

译文

武王又问："假如敌军分成三四部分，有的仍旧进攻，夺取我国领地，有的就驻扎下来，抢掠牛马。敌军的大部队还没全部到达，就先

●下邳城曹操麄兵

派遣小部分兵力逼近我军城下，引起我军惊恐，遇到这种情况，应该怎么办呢？"

太公回答说："先要仔细观察敌军动静，如果敌军没有全部到达，就要做好一切战前准备，等待敌军的到来。在距离城邑四里的地方营建一壁垒，金鼓旌旗都排列展放在上面。另外派遣一支军队作为伏兵。命令我军垒上应多备强弩，而且每百步设置一突门，突门处都安置有行马，兵车、骑兵都排列在垒外，英勇威武的士兵都隐藏在垒内。如果敌军发起攻击，就派出我军轻装士兵进行交战，然后假装失败逃跑，与此同时，命令我守军在城上竖立起旌旗，击响军鼓，完备一切防守措施。敌人会误以为我军大部分兵力都用来守城，必定要进逼城下。这时再派出我军伏兵，有的冲入敌人阵营内部，有的袭击敌人外侧。我全军将士英勇作战，有的攻打敌军前部，有的袭击敌军后部，这种能够使敌军中勇猛善战的来不及投入战斗、动作灵敏的来不及逃走的作战方法，称为突战。即使敌军人数众多，他们的将帅也会因战败而逃跑。"

武王说："您讲得真是太好了！"

敌 强

题 解

本篇讨论了对付强敌袭击的战法：第一，如敌军突袭，应以攻对攻，选用精锐的步兵、强弩手、轻骑兵组成分队，左右呼应，机动击敌，扰乱敌人的部署。第二，若被强敌包围，就应申明纪律，鼓舞士气，以弱示强，以精锐部队猛攻，迅速解决战斗。

原文

武王问太公曰："引兵深入诸侯之地，与敌人冲军相当①，敌众我寡，敌强我弱，敌人夜来，或攻吾左，或攻吾右，三军震动。吾欲以战则胜，以守则固，为之奈何？"

太公曰："如此者，谓之'震寇'，利以出战，不可以守。选吾材士强弩，车骑为之左右，疾击其前，急攻其后，或击其表，或击其里，其卒必乱，其将必骇。"

武王曰："敌人远遮我前，急攻我后，断我锐兵，绝我材士，吾内外不得相闻。三军扰乱，皆散而走，士卒无斗志，将吏无守心，为之奈何？"

太公曰："明哉，王之问也！当明号审令，出我勇锐冒将之士，人操炬火，二人同鼓，必知敌人所在，或击其表，或击其里。微号相知②，令之灭火，鼓音皆止，中外相应，期约皆当。三军疾战，敌必败亡。"

武王曰："善哉！"

注释

①**冲军**：担任突击任务的部队。②**微号相知**：用约定的暗号互相识别。

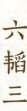

　　武王问太公说："率兵深入诸侯国境内，与敌人突击部队遭遇，敌众我寡，敌强我弱，敌人又是黑夜前来，有的攻击我左翼，有的攻击我右翼，全军震恐。我想做到，如果作战能够取胜，如果防守能够巩固，应该怎么办？"

　　太公说："这样的敌人叫作'震寇'。对付这样的敌人，我军以出战为利，不可以防守。须挑选勇士弓箭手，以战车、骑兵为左右翼，迅速攻击敌人的正面，猛烈攻击敌人的侧后，既要攻击敌人的外围，又要攻入敌人阵内，这样，敌军必乱，敌军将领必然惊慌失措。"

　　武王说："敌人在远处阻截我军前进，急速攻击我军后方，截断我军精锐部队，阻绝我军增援的勇士，使我内外失去联系，以致全军扰乱，纷纷离阵而逃，士兵没有斗志，将官无固守的信心，对这种情况应该怎么办？"

　　太公说："高明啊！君王提出的这个问题！在这种情况下，应当明审号令，出动我勇猛精锐肯冒险的士卒，人人手持火把，二人同击一鼓，必须探明敌人的准确位置，然后发起攻击。有的攻击敌人的外围，有的攻入敌人的阵内。部队用约定的暗号相互识别，并熄灭火炬，停止击鼓，内外互相策应，全军迅猛出击，敌军必定败逃。"

　　武王说："您讲得太好了！"

敌 武

题 解

　　遭遇战是敌对双方在运动中相遇而发生的战斗，一般可分为预期遭遇战和非预期遭遇战。本篇论述了遭遇战的战法。第一，要取得作战的胜利，必须将武车骁骑布列在两翼，同时将勇士强弩埋伏在道路两侧。诱敌入伏，再行出击，即可将敌击败。第二，敌我相当时，应将勇士强弩埋伏在左右，车骑坚阵而处，等敌人入伏时，左右前后进行夹击，直至击败。

武王问太公曰："引兵深入诸侯之地，卒遇敌人，甚众且武，

武车骁骑绕我左右，吾三军皆震，走不可止，为之奈何？"

太公曰："如此者，谓之'败兵'。善者以胜，不善者以亡。"

武王曰："用之奈何？"

太公曰："伏我材士强弩，武车骁骑为之左右，常去前后三里。敌人逐我，发我车骑，冲其左右，如此，则敌人扰乱，吾走者自止。"

武王曰："敌人与我车骑相当，敌众我少，敌强我弱，其来整治精锐^{zhèn}①，吾陈不敢当，为之奈何？"

太公曰："选我材士强弩，伏于左右，车骑坚陈^{zhèn}而处。敌人过我伏兵，积弩射其左右，车骑锐兵疾击其军，或击其前，或击其后。敌人虽众，其将必走。"

武王曰："善哉！"

六韬

注释

①整治：指军容严整。

译文

武王问太公说："领兵深入诸侯国境内，突然遭遇敌人，敌军人数众多而且勇猛，并以武冲战车和骁勇的骑兵包围我军的两翼，我军都为之震惊，纷纷逃跑，不可阻止，对此该怎么办？"

太公说："这样的军队，叫作'败兵'。善于用兵的人可因此而取胜，不善于用兵的人可因此而败亡。"

武王说："这种情况该怎样处置呢？"

太公说："埋伏勇士、弓箭手，并以武冲战车和骁勇的骑兵配置在两翼，伏击地点一般距我主力部队前后三里的地方，敌人若来追击时，就用埋伏的战车和骑兵冲击敌军的左右两翼。这样，敌人就会混乱，我军中逃跑的士卒也会自动停止。"

武王说："敌人与我军的战车、骑兵相遇，敌众我少，敌强我弱，敌人前来，阵势整齐，士兵精锐，我军要与敌军对阵交战却难以抵挡，应该怎么处置？"

太公说："挑选我军勇士弓箭手埋伏于左右两侧，战车、骑兵布成坚固的阵势进行防守，敌人通过我军的伏击圈时，就集中强弩射击他的两翼，战车、骑兵、精锐的步兵乘机迅速攻击敌军，有的攻击敌军的正面，有的攻击敌人的背后。敌人虽然众多，也必定会被打败。"

武王说："您说得太好了。"

乌云山兵

题解

本篇讨论了山地防御的战法。第一，要意识到军队驻扎在山下、山上各有利弊。第二，若驻军山上，应排成乌云之阵，四面警戒，重兵把守危险地段。用战车阻绝交通要道和谷口，加强通讯联络，随时准备战斗。

原文

武王问太公曰："引兵深入诸侯之地，遇高山磐石，其上亭亭，无有草木，四面受敌，吾三军恐惧，士卒迷惑。吾欲以守则固，以战则胜，为之奈何？"

太公曰："凡三军处山之高，则为敌所栖；处山之下，则为敌所因。既已被山而处，必为乌云之陈（zhèn）。乌云之阵，阴阳皆备。或屯其阴，或屯其阳。处山之阳，备山之阴；处山之阴，备山之阳；处山之左，备山之右；处山之右，备山之左。其山，敌所能陵者①，兵备其表，衢（qú）道通谷②，绝以武车，高置旌旗，谨敕三军，无使敌人知我之情，是谓山城。行列已定，士卒已陈，法令已行，奇正已设，各置冲陈（zhèn）于山之表，便兵所处，乃分车骑为乌云之陈（zhèn）。三军疾战，敌人虽众，其将可擒。"

注 释

①**陵**：攀登。②**衢道**：四通八达的道路。**通谷**：可通行的山谷。

译 文

武王问太公说："领兵深入诸侯国境内，遇高山巨石，山峰高耸，没有草木隐蔽，四面受敌，全军恐惧，士兵迷惑惶乱，我想做到，如果防守就能坚固，如果出战就能取胜，应该怎么办？"

太公说："军队驻扎在高山上，就容易被敌人所困；军队驻扎在山下，就容易被敌人包围。我军既然在山地环境下作战，就一定要布成乌云阵。乌云阵，于山南山北各个方面都要戒备，军队可屯于山北，也可以屯于山南。军队驻扎在山的南面，要戒备山的北面；军队驻扎在山的北面，要戒备山的南面；军队驻扎在山的左面，要戒备山的右面；军队驻扎在山的右面，要戒备山的左边。山上凡是敌人所能攀登的地方，都要派兵警戒。对四通八达的道路和可以通行的山谷，就用战车阻塞，要高挂旌旗，严令三军，不可让敌人察知我军情况。这样，就成了座'山城'。部队的行列已经排定，士卒已经各就各位，法令已经公布，奇兵正兵已部署完毕，各部队都要编成'冲阵'，配置在紧要的便于作战的地方，再把战车和骑兵布成乌云阵，全军要迅速猛攻，敌人虽然众多，其将领也可被我俘获。"

乌云泽兵

题 解

本篇论述了河川作战的原则和方法。第一，在我军器械不备、补给困难的情况下，应设法欺诈敌人，赶快脱离险区，并设置伏兵，防止敌军追击。第二，在敌军谨慎渡河的情况下，应以"乌云之阵"歼敌，即等到敌先遣队渡河后，再对其发起猛烈攻击。此时，敌大部队见先遣队形势危急，必然渡河前来支援，这时我伏兵和车骑从四面围攻，敌人必败。第三，河川作战，必须灵活机动，善于变化。

武王问太公曰："引兵深入诸侯之地，与敌人临水相拒，敌富而众，我贫而寡，逾水击之则不能前，欲久其日则粮食少。吾居斥卤之地^①，四旁无邑，又无草木，三军无所掠取，牛马无所刍牧^②，为之奈何？"

太公曰："三军无备，士卒无粮，牛马无食。如此者，索便诈敌而亟去之^③，设伏兵于后。"

武王曰："敌不可得而诈，吾士卒迷惑，敌人越我前后，吾三军败乱而走，为之奈何？"

太公曰："求途之道，金玉为主，必因敌使，精微为宝^④。"

注 释

①斥卤之地：荒芜贫瘠的盐碱地。②刍牧：饲养和放牧。③索便：寻找机会。④精微：精细隐蔽。

译 文

武王问姜太公说："如果带领军队深入敌国领土，与敌军隔岸相对峙。敌人拥有充足的物资，而且人数众多，我军物资匮乏，兵力稀少，想要渡河去攻打敌军，但由于军械不足，而不能进攻，想打持久战，但军粮短缺。我军所在的地方是盐碱地，周围既没有城邑，也不生长草木，无处供给军粮物资，牛马也无处放牧食草。遇到这种情况，应该怎么办呢？"

太公回答说："军队没有必备的军械，士兵没有充足的军粮，牛马没有足够的饲料。在这种情况下，就应该寻求便利的时机骗过敌人，急速转移撤离，并在大队人马之后设置伏兵，抵御随后追击的敌人。"

武王又问："假如敌人没有上当受骗，我军士兵感到很困惑。再加上敌军来回活动于我军前后，做进攻前的准备，我军一片混乱，士兵惶恐而逃。这时，又应该怎么办呢？"

太公回答说："寻求出路的途径，主要依靠金银珠宝来疏通。必须通过敌军使臣来行贿，最为重要的一点，是要秘密进行，做到滴水不漏。"

武王曰："敌人知我伏兵，大军不肯济，别将分队以逾于水，吾三军大恐，为之奈何？"

太公曰："如此者，分为冲陈，便兵所处。须其毕出^①，发我伏兵，疾击其后，强弩两旁，射其左右，车骑分为乌云之陈，备其前后，三军疾战。敌人见我战合，其大军必济水而来。发我伏兵，疾击其后，车骑冲其左右，敌人虽众，其将可走。凡用兵之大要，当敌临战，必置冲陈，便兵所处，然后以车骑分为乌云之陈，此用兵之奇也。所谓乌云者，乌散而云合，变化无穷者也。"

武王曰："善哉！"

①须：等待，等到。

武王又接着问："假如敌人知道我军有埋伏，就不让大部队渡河，而是派将领率一小分队先渡河进攻，我军深感恐慌。遇到这种情况，应该怎么办呢？"

太公回答说："这时，把军队分解成若干四武冲阵，布置在便利作战的地形中。等到渡河进攻的那支敌军小分队全部过了河，就命令我军伏兵，迅速攻打他们后部，使用两旁的强弩射击他们左右，兵车、骑兵组成乌云阵，戒备和防卫我军前后。隔岸的敌军发现我军和他们的小分队交锋，其大队人马必然要渡河协助作战。再次发动我军伏兵，迅速攻打他们后部，兵车、骑兵攻击其左右。即使敌军人数众多，仍能将他们打败，致使其将领败逃。大凡用兵的关键在于，同敌军即将交锋的时候，一定要使军队组成四武冲阵，布置在便于作战的环境中，然后将兵车、骑兵摆成乌云阵。这就是用兵的奇妙之处。所谓乌云阵，指的就是像行云一样，聚散无常，变化无穷。"

武王说："您讲得真是太好了！"

少 众

本篇论述了以少敌多、以弱攻强的作战方法。一是，要在夜暗、草丛、险隘的条件下，采取伏击、截击等战法歼灭敌人。二是，必须利用各种外交手段，同大国结成联盟，得到邻国的支持和援助。

原 文

武王问太公曰：“吾欲以少击众，以弱击强，为之奈何？”

太公曰：“以少击众者，必以日之暮，伏于深草，要之隘路。以弱击强者，必得大国之与，邻国之助。”

武王曰：“我无深草，又无隘路，敌人已至，不适日暮；我无大国之与，又无邻国之助。为之奈何？”

太公曰：“妄张诈诱①，以荧惑其将，迂其道，令过深草，远其路，令会日暮。前行未渡水，后行未及舍，发我伏兵，疾击其左右，车骑扰乱其前后。敌人虽众，其将可走。事大国之君，下邻国之士；厚其币，卑其辞。如此，则得大国之与，邻国之助矣。”

武王曰：“善哉！”

注 释

①**妄张诈诱**：虚张声势，以欺骗手段引诱敌人。

译 文

武王问姜太公说：“我打算以少击众，以弱击强，应该怎样做呢？”

太公回答说：“要以少击众，必须在天色黄昏时，将军队埋伏于深草之中，在险要的路段截袭敌军。要以弱击强，必须得到大国的援助和邻国的支持。”

武王又问：“假如我们所面临的环境既没有深草，又没有险要的地段，而敌军已经到达，那一刻又并非日落黄昏时；我军既没有大国的支持，又没有邻国的救援。这时，应该怎么办呢？"

太公回答说："这时应虚张声势，进行引诱欺骗，来迷惑敌军将领，使敌军自动迂回前进，恰好路经有深草丛、我军设有埋伏的地方；还要使他们绕远路前进，正好与我伏兵在天色黄昏时遭遇。敌人的先行部队尚未渡河，后续部队尚未安营停宿时，发动我军伏兵，迅速攻击敌人左右两翼，兵车、骑兵也出动攻打其前后。虽然敌人兵多势众，但仍可以击败他们，逼其主将逃跑。能够恭恭敬敬地侍奉大国君主，谦逊有礼地对待邻国有才德的贤士；赠送丰厚的礼品，使用谦卑的语言。做到这些，就会得到大国的支持和邻国的援助了。"

武王说："您讲得真是太好了！"

分 险

题 解

本篇讨论了在山水交错地带与敌相持的战法：第一，要加强戒备，左右呼应，以防被围。第二，若从水路攻击，先头部队渡河后，应扩大阵地，将战车配置前后，强弩布列正面，稳固滩头阵地，保证后续部队迅速登陆。第三，若从山路攻击，要以武冲战车为前，大盾战车为后，强弩配在两翼，用步兵正面进攻，三军齐头并进，轮番进攻，必定取胜。

原 文

武王问太公曰："引兵深入诸侯之地，与敌人相遇于险厄之中①。吾左山而右水，敌右山而左水，与我分险相拒。吾欲以守则固，以战则胜。为之奈何？"

太公曰："处山之左，急备山之右；处山之右，急备山之左。险有大水，无舟楫者，以天潢济吾三军。已济者，亟广吾道，以便战所。以武冲为前后，列其强弩，令行陈皆固。衢道谷口，以

一一三

武冲绝之，高置旌旗，是谓'车城'。凡险战之法，以武冲为前，大橹为卫，材士强弩翼吾左右。三千人为屯，必置冲阵，便兵所处。左军以左，右军以右，中军以中，并攻而前。已战者，还归屯所②，更战更息，必胜乃已。"

武王曰："善哉！"

注释

①险厄：险阻狭窄的地形。②屯所：驻扎兵营。

译文

武王问姜太公说："如果带领军队深入敌国领土，和敌军相遇在地势险要之处。我军左面依山，右面傍水，敌军右面依山，左面傍水，敌我双方分别占据一部分险要相对抗。我想采取守势能够牢不可摧，出战迎敌能够一举取胜。应该怎么办呢？"

太公回答说："假如我军占据山的左侧，对山的右侧就要迅速加强防备；假如占据的是山的右侧，对山的左侧也要迅速加强防备。如果这个险要的地方有大河，但我军又无船只，就要借助天潢等浮渡器材帮助全军渡过河。已经渡过河的军队要迅速开拓道路，创造有利于我军采取行动的环境。将名为武冲大扶胥的战车摆放在军队前后，再把强弩排列开来，使行列阵势坚固。在一些交通要道、山谷的谷口，使用武冲大扶胥进行封锁隔绝，还要将军旗高高竖起，这种使用兵车围绕进行防御，构成像城堡一样的阵势，称为"车城"。一般在险要地区进行战斗的方法，要以武冲大扶胥作为先锋出击，以武翼大橹矛戟扶胥作为后卫，精锐士兵和强弩用来护卫我军左右两翼。每三千人编为一屯，必须结成四武冲阵，布置在方便进行作战的地方。左军在左路发起进攻，右军在右路发起进攻，中军在中间发起进攻，他们应并驾齐驱，共同前进。一部分参战队伍在作战一段时间后返回驻屯休息，另有一部分接替战斗，他们轮流参战，轮流休息，必须击败敌军取得胜利，才可停止作战。"

武王说："您讲得真是太好了！"

六韬三略

一一四

犬 韬

分 合

题 解

本篇讨论了集结军队、约期会战的规律。第一，明确会师的地点和时间。第二，及时通知所属各部。第三，严明军纪，按时到达者，赏；不按时到达者，斩。

原 文

武王问太公曰："王者师师，三军分为数处。将欲期会合战^①，约誓赏罚。为之奈何？"

太公曰："凡用兵之法，三军之众，必有分合之变。其大将先定战地、战日，然后移檄书与诸将吏；期攻城围邑，各会其所；明告战日，漏刻有时^②。大将设营而陈，立表辕门^③，清道而待。诸将吏至者，校其先后。先期至者赏，后期至者斩。如此，则远近奔集，三军俱矣，并为合战。"

注 释

①合战：集中兵力与敌交战。②漏刻：又称漏壶，古代的一种计时器。③表：标杆，通过日照的投影计算时间。

译 文

武王问太公说："君主率军出征，三军分驻数处。主将想约期会合协同作战，全军誓师，明定赏罚。应该怎么办？"

太公说：“一般用兵的方法，由于三军将士众多，必然有兵力分散和集合。部将应事先约定各军应集中的地点、开战的日期和部队进入指定位置的时间。然后向下级发放檄书，主将设营布阵，在营门竖立标杆以观测日影，计算时间。禁止行人通行，等待各部队将吏前来报到。诸位将吏到达时，要核对他们到达的先后次序，提前赶到的有赏，逾期迟到的杀头示众。这样，不论远近，都会迅速赶至集结地点，三军全部到达后，就能集中力量与敌交战了。

武 锋

原 文

武王问太公曰：“凡用兵之要，必有武车骁骑，驰陈(zhèn)选锋①；见可则击之。如何则可击？”

太公曰：“夫欲击者，当审察敌人十四变，变见则击之，敌人必败。”

武王曰：“十四变可得闻乎？”

太公曰：“敌人新集，可击；人马未食，可击；天时不顺，可击；地形未得，可击；奔走，可击；不戒，可击；疲劳，可击；将离士卒，可击；涉长路，可击；济水，可击；不暇(xiá)，可击；阻难狭路，可击；乱行，可击；心怖，可击。”

①**驰陈**：冲锋陷阵的勇士。**选锋**：精选出来的勇士。

译 文

武王问太公说："用兵的一条重要原则，必须有威武的战车、骁勇的骑兵、能冲锋陷阵的精锐士卒，见敌人有可乘之机就攻击。那么，究竟什么样的时机才可以攻击呢？"

太公说："我军想对敌人发动攻击，首先应仔细观察敌军的十四种状态，当这不利于敌人的十四种情况中出现一种时，就展开攻击，敌人必定被打败。"

武王说："能把这十四种对敌不利的情况，说给我听听吗？"

太公说："敌人刚刚集结，立足未稳时，可以打；敌军人马饥饿时，可以打；天气、季节对敌不利时，可以打；地形对敌不利时，可以打；敌人仓促奔跑赶路时，可以打；敌人无准备时，可以打；敌人疲惫劳累时，可以打；敌人将帅离开部队时，可以打；敌军长途跋涉后，可以打；敌军渡河时，可以打；敌军慌乱不堪时，可以打；敌军通过险阻狭路时，可以打；敌人行列溃乱时，可以打；敌人军心恐怖时，可以打。"

●壶漏

练 士

题 解

本篇讨论如何依据士兵身体的强弱、社会地位的高低、思想心理的差异等，组成不同的分队。

原 文

武王问太公曰："练（jiǎn）士之道奈何①？"

太公曰："军中有大勇、敢死、乐伤者，聚为一卒②，名曰冒刃之士；有锐气、壮勇、强暴者，聚为一卒，名曰陷阵之士；有奇表长剑、接武齐列者，聚为一卒，名曰勇锐之士；有拔距伸钩^③、强梁多力、溃破金鼓、绝灭旌旗者，聚为一卒，名曰勇力之士；有逾高绝远、轻足善走者，聚为一卒，名曰寇兵之士；有王臣失势，欲复见功者，聚为一卒，名曰死斗之士；有死将之人子弟，欲与其将报仇者，聚为一卒，名曰敢死之士；有赘婿人虏，欲掩迹扬名者，聚为一卒，名曰励钝之士；有贫穷愤怒，欲快其心者，聚为一卒，名曰必死之士；有胥靡免罪之人^④，欲逃其耻者，聚为一卒，名曰倖用之士；有材技兼人，能负重致远者，聚为一卒者，名曰待命之士。此军之练士，不可不察也。"

注 释

①**练**：挑选。②**卒**：古代军队编制，一般以百人为一卒。③**拔距**：古代一种练武运动。④**胥靡**：囚犯。

译 文

武王问太公说："挑选士卒的方法是怎么样的？"

太公说："军队中有勇气大、敢于死、乐于伤的，集中为一队，叫作冒刃之士；有充满锐气、壮年英勇强悍凶暴的，集中为一队，叫作陷阵之士；有外表奇伟善击长剑、步伐稳健使队伍整齐的，集中为一队，叫作勇锐之士；有具有拔距伸钩的臂力、身体强壮有力、能冲入敌阵捣破金鼓、毁坏战旗的，集中为一队，叫作勇力之士；有能越高行远、脚步轻捷善于飞跑的，集中为一队，叫作寇兵之士；有失去权势的王室之臣，想要再建功劳的，集中为一队，叫作斗死之士；有战死将领的子弟，想要为将领报仇的，集中为一队，叫作敢死之士；有上门女婿或曾被俘虏，想要掩盖过去而扬名的，集中为一队，叫作必死之士；有刑犯免罪，想要逃避他的耻辱的，集中为一队，叫作倖用之士；有才技过人，能任重致远的，集中为一队，叫作待命之士。这是军队中所要熟悉的选编士卒的方法，不可不明察。"

教 战

题 解

　　本篇讨论了军队训练的内容和方法。内容包括：第一，要让士兵明确作战指挥的信号，掌握进退的号令，做到行动一致。第二，要严明军纪。第三，教会士兵起居、操持兵器以及不同的阵法。方法是先单兵，后合成，由一到十，逐层推广。

原 文

　　武王问太公曰："合三军之众，欲令士卒练士服习教战之道奈何[①]？"

　　太公曰："凡领三军，有金鼓之节，所以整齐士众者也。将必先明告吏士，申之以三令，以教操兵起居[②]，旌旗指麾之变法。故教吏士，使一人学战，教成，合之十人；十人学战，教成，合之百人；百人学战，教成，合之千人；千人学战，教成，合之万人；万人学战，教成，合之三军之众；大战之法，教成，合之百万之众。故能成其大兵，立威于天下。"

　　武王曰："善哉！"

注 释

　　①服习：掌握。**教战**：军事训练。②操兵：使用兵器。**起居**：起坐进退等基本战术动作。

译 文

　　武王问太公道："编成全军部队，要使士卒的战斗技能娴熟，其训练方法是什么？"

　　太公回答说："只要是统率军队，必须得有金

●练兵成阵

六韬

一一九

鼓来进行指挥，以此来统一士兵们的行动。将领事先必须明确地告诉全军将士训练的方法，要再三讲清一些事项。接着给他们讲解使用兵器的方法，军队的行列阵势的布置方式以及按照旗帜变化进行相应行动的方法。这样在训练将士时，就可先选一人学习各种作战技巧，训练完毕后，可以聚集十人同他一起训练；十个人学习各种作战技巧，训练完毕就可召集一百人一同训练；一百人学习各种作战技巧，训练完毕，就可召集一千人一同训练；一千人学习各种作战技巧，训练完毕，就可召集一万人一同训练；一万人学习各种作战技巧，训练完毕，就可召集全军将士一同训练；战斗规模较大的作战方法，是全军共同接受训练，训练完毕，就可召集百万大军一同训练。这样，使用这种方法可以编练一支强大的军队，从而扬威于天下。"

武王说："太好了！"

均　兵

题　解

本篇讨论了车兵、骑兵、步兵的不同特点、作用，并分析了各自的作战能力、编制和队形。第一，指出了车兵的长处在于"陷坚陈，要强敌，遮走北"。骑兵的长处在于"踵败军，绝粮道，击便寇"，因而要合理利用各自的优长。第二，以险、易作战为例指出，如果运用得当，车骑可以充分发挥以一当十的作用。第三，列举了一般状态下、平坦地形、险隘地形中车兵、骑兵的编制和应当采用的作战队形。

原文

武王问太公曰："以车与步卒战，一车当几步卒，几步卒当一车？以骑与步卒战，一骑当几步卒，几步卒当一骑？以车与骑战，一车当几骑，几骑当一车？"

太公曰："车者，军之羽翼也，所以陷坚陈，要强敌，遮走北也。骑者，军之伺候也①，所以踵败军②，绝粮道，击便寇也。故车骑不敌战^③，则一骑不能当步卒一人。三军之众，成陈而相当，则易战之法^④，一车当步卒八十人，八十人当一车；一骑当步卒八人，八人当一骑；一车当十骑，十骑当一车。险战之法^⑤，一车当步卒四十人，四十人当一车；一骑当步卒四人，四人当一骑；一车当六骑，六骑当一车。夫车骑者，军之武兵也，十乘败千人，百乘败万人；十骑败百人，百骑走千人，此其大数也。"

译 文

武王问姜太公说："如果使用兵车同敌军步兵作战，一辆兵车的战斗力可与多少名步兵相当？多少名步兵的战斗力又和一辆兵车相等？使用骑兵同敌军步兵作战，一名骑兵的战斗力可与多少名步兵相当？多少名步兵的战斗力又和一名骑兵相等？使用兵车同敌军骑兵作战，一辆兵车的战斗力可与多少名骑兵相当？多少名骑兵的战斗力又和一辆兵车相等？"

太公回答说："兵车，出击迅速，威力强大，它对于军队所起的作用，就像鸟的羽翅对于鸟的飞翔的重要性一样，因而称兵车为军队的翅膀，它可用来攻陷敌人坚固的阵地，阻拦强敌，拦击奔逃的敌兵。骑兵，担任军中的侦察、突击任务，它可以追赶落荒而逃的敌军，隔断敌军粮道，袭击灵活作战的敌军。因此，兵车和骑兵若是不能布置在合适的位置，其战斗力就无法充分发挥出来，这样的话，一名骑兵的力量甚至不能与一名步兵相比。假如全军将士列好阵势，各类队伍协同作战，那么在地势平坦处的要求是，一辆兵车的力量可抵八十名步兵，八十名步兵等于一辆兵车；一名骑兵的力量可抵八名步兵，八名步兵等于一名骑兵；一辆兵车的力量可抵十名骑兵，十名骑兵等于一辆兵车。地势险要的阵地作战要求是，一辆兵车的力量可抵四十名步兵，四十名步兵等于一辆兵车；一名骑兵的力量可抵四名步兵，四名步兵等于一名骑兵；一辆兵车的力量可抵六名骑兵，六名骑兵等于一辆兵车。兵车和骑兵在军队的兵种中最为厉害。十辆兵车可击败敌军一千人，一百辆兵车可击败敌军一万人；十名骑兵可击败敌军一百人，一百名骑兵可击溃敌军一千人。这只是些大概的数字。"

武王曰："车骑之吏数陈^{zhèn}法奈何？"

太公曰："置车之吏数，五车一长，十车一吏，五十车一率，百车一将。易战之法：五车为列，相去四十步，左右十步，队间六十步。险战之法：车必循道，十车为聚，二十车为屯，前后相去二十步，左右六步，队间三十六步。五车一长，纵横相去二里，各返故道。置骑之吏数：五骑一长，十骑一吏，百骑一率，二百骑一将。易战之法：五骑为列。前后相去二十步，左右四步，队间五十步。险战之法：前后相去十步，左右二步，队间二十五步。三十骑为一屯，六十骑为一辈①。十骑一吏，纵横相去百步，周环各复故处②。"

武王曰："善哉！"

注 释

①辈：骑兵阵形的一种编组方式。②周环：周旋，此指交战。

译 文

武王又问："如何确定军队中兵车、骑兵所需官吏的数量？又应如何布下阵势和队形？"

太公回答说："兵车队伍中官吏的确定应该是：每五辆兵车设立一长，每十辆兵车设立一吏，每五十辆兵车设立一帅，每一百辆兵车设立一将。在地势平坦的地方作战，队形的排列应是：每五辆兵车为一列，兵车之间前后距离四十步，左右距离十步，车队之间距离六十步。在地势险要的地方作战，队形的排列应是：兵车都一定要顺着大道前进，每十辆兵车组成一聚，每二十辆兵车组成一屯，兵车间前后距离为二十步，左右距离为六步，车队之间为三十六步。每五辆兵车设立一长，战斗中同一车队的兵车前后左右相距不能超过二里，战斗结束后各辆兵车都要返回原来位置。骑兵队伍中官吏的确定应该是：每五名骑兵设立一长，每十名骑兵设立一吏，每一百名骑兵设立一帅，每二百名骑兵设立一将。在地势平坦的地方作战，队形的排列应是：每五名骑兵为一列，骑兵之间前后距离为二十步，左右距离为四步，骑队之间距离为五十步。在地势险要的地方作战，队形的排列应是：骑兵之间前后距离为十步，左右距离为两步，骑队之间距离为二十五步，每三十名骑兵组成一屯，每六十名骑兵组成一辈。每十名骑兵设立一吏，战斗中同队的骑兵前后左右相距不能超过一百步，战斗结束后每名骑兵都要返回原来的位置。"

  武王说："您讲得真是太好了！"

武 车 士

题 解

  本篇论述了选拔车兵的标准：年龄四十岁以下，身高七尺五寸以上，有良好的驾车技术，箭法娴熟，武艺高超。

原 文

  武王问太公曰："选车士奈何？"

  太公曰："选车士之法，取年四十以下，长七尺五寸以上，走能逐奔马，及驰而乘之①，前后、左右、上下周旋，能缚束旌旗，力能彀八石弩②，射前后左右，皆便习者③，名曰武车之士，不可不厚也。"

注 释

  ①及驰：能追赶上奔驰的战车。②彀：将弓弩张满。石：重量单位，古代以一百二十斤为一石。③便习：熟练掌握。

译 文

  武王问太公说："如何选拔战车上的武士呢？"

  太公说："选拔战车上武士的标准是：选取年龄四十岁以下，身高七尺五寸以上，跑起来能追得上奔马，并在奔驰中跳上战车，可以在马背上前后、左右、上下多方位对敌应战，能执掌住旌旗，力大能拉满八石的硬弩，前后左右都能击射敌人，而且动作娴熟，这样的人可以称为'武车士'，他们的待遇，应该非常优厚。"

武骑士

题 解

本篇论述了选拔骑兵的标准：要年龄在四十岁以下，身高在七尺五寸以上，身体健壮，骑射技术优良，勇武过人。

原 文

武王问太公曰："选骑士奈何？"

太公曰："选骑士之法，取年四十以下，长七尺五寸以上，壮健捷疾，超绝伦等①，能驰骑毂射，前后左右周旋进退，越沟堑，登丘陵，冒险阻，绝大泽，驰强敌，乱大众者，名曰武骑之士，不可不厚也。"

注 释

①**超绝**：超过。**伦等**：同类。

译 文

武王问姜太公说："应该怎样挑选骑兵呢？"

太公回答说："挑选骑兵的条件是：选择军中年龄在四十岁以下，身高在七尺五寸以上，身强体健，动作灵活快捷，能力远远超出同类士兵，还能骑在奔驰的马上，拉弓射击，前后左右，进退转身，都应付自如，策马跨越沟堑，攀登丘陵，闯艰难险阻，横渡大水，追逐强敌，使敌军兵众大乱的人，他们被称作武骑士，不能不以丰厚的奖赏对待他们。"

战　车

题　解

本篇论述了车兵作战的十种不利地形和八种有利战机。首先指出了车、骑、步兵的战术特点："步贵知变动，车贵知地形，骑贵知别径奇道。"接着具体论述了车战的"十死之地""八胜之地"。最后指出，将领如果能"明于十害、八胜，敌虽围周，千乘万骑，前驱旁驰，万战必胜"。

武王问太公曰："战车奈何①？"

太公曰："步贵知变动，车贵知地形，骑贵知别径奇道，三军同名而异用也。凡车之死地有十，其胜地有八。"

①战车：使用战车作战。

武王问姜太公说："应该怎样使用兵车作战？"

太公回答说："步兵进行作战，最重要的是能够依据不同的形势变化，采取相应的对策；兵车进行作战，最重要的是熟练掌握地形情况；骑兵进行作战，最重要的是要知道一些小路和近道；这三个兵种虽然都是作战部队，但其所起的具体作用是不同的。对于兵车来说，使其陷入极端困难的境地的情况有十种，使其能够挫败敌军的有利情况有八种。"

武王曰："十死之地奈何？"

太公曰："往而无以还者，车之死地也；越绝险阻，乘敌远行者①，车之竭地也；前易后险者，车之困地也；陷之险阻而难出者，车之绝地也；圮下渐泽^②，黑土黏埴者，车之劳地也；左险右易，上陵仰阪者^③，车之逆地也；殷草横亩^④，犯历深泽者^⑤，车之拂地也^⑥；车少地易，与步不敌者，车之败地也；后有沟渎，左有深水，右有峻阪者，车之坏地也；日夜霖雨，旬日不止，道路溃陷，前不能进，后不能解者，车之陷地也。此十者，车之死地也。故拙将之所以见擒，明将之所以能避也。"

武王曰："八胜之地奈何？"

太公曰："敌之前后，行陈未定，即陷之；旌旗扰乱，人马数动，即陷之；士卒或前或后，或左或右，即陷之；陈不坚固，士卒前后相顾，即陷之；前往而疑，后恐而怯，即陷之；三军卒惊，皆薄而起^⑦，即陷之；战于易地，暮不能解，即陷之；远行而暮舍，三军恐惧，即陷之。此八者，车之胜地也。将明于十害八胜，敌虽围周，千乘万骑，前驱旁驰，万战必胜。"

武王曰："善哉！"

注释

①**乘敌**：追击敌人。②**圮**：毁坏。**下**：低洼。**渐泽**：潮湿。③**陵**：山陵。**仰**：登上。**阪**：山坡。④**殷草**：草木茂盛。**横亩**：长满田地。⑤**犯历**：经过。⑥**拂**：逆，违背。⑦**薄**：此为仓促的意思。

译文

武王问："使兵车陷入困境的十种情况都是什么呢？"

太公回答说："能够前往某处却难以退还，这种情况为兵车的死地。克服重重艰难险阻，追逐敌人，长途行军，人困马乏，这种情况为兵车的竭地。前方平坦而后面险要，这种情况为兵车的困地。陷入危险的地形中，无法脱身，这种情况为兵车的绝地。道路坍塌，地势低洼而且潮湿，黑土黏泥，行进困难，这种情况为兵车的劳地。左侧是险峻的山地，右侧是平坦的土地，但又要登山爬坡，这种情况为兵车的逆地。要穿

过莽莽深草地，还要涉过深水，这种情况为兵车的拂地。由于兵车的数量少，所处地形平坦，也不能和敌军步兵相抵抗，这种情况为兵车的败地。背后是沟渠，左面是深水，右面是险峻的山坡，这种情况为兵车的坏地。大雨连绵多日，下个不停，道路被淋毁坍陷，向前无法行进，向后又无法撤退，这种情况为兵车的陷地。遇到这十种情况，都是兵车难以逃脱的死地。因此，蠢笨的将领遇上这些情况总是难免因失败被擒，而精明的将领却能够巧妙地避开这十种死地而取得胜利。"

武王又问："能使兵车获胜的八种有利形势是什么？"

太公回答说："在敌军队伍前后未确定，行列未排好，阵势未摆成时，使用兵车进攻，可获胜。敌军旗帜混杂，不停地调遣人马，这时使用兵车进攻，可获胜。敌军行动不一致，有的向前，有的向后，有的向左，有的向右，这时使用兵车进攻，可获胜。敌军阵势不坚固，士兵们不住地前张后望，军心不稳，这时使用兵车进攻，可获胜。敌军想要前进但心有所迟疑，想要后退而又胆怯不安，这时使用兵车进攻，可获胜。敌军发生自相惊扰，趁他们起身察看，尚未做好准备时，使用兵车进攻，可获胜。与敌军在地形平坦处交战，到日落时仍打得难分胜负，这时使用兵车进攻，可获胜。敌军经过长途跋涉，日落后宿营，全军既困倦，又惧怕作战，这时使用兵车进攻，可获胜。这八种情况，都被看作是兵车的胜地。如果将领明确地掌握住使用兵车作战的十种死地和八种胜地，即使敌军将我团团包围，动用成千上万的兵车、骑兵前后左右地骚扰袭击，我军也能够所向无敌，连战连胜。"

武王说："您讲得真是太好了！"

战　骑

题　解

　　本篇先讨论了骑兵作战的七种战机：包括乘敌军尚未驻扎，列阵未固，急于求战，日暮欲归、无险可依，四面可攻，士卒散乱、收兵途中等。接着指出九种不利于骑兵作战的地形是：败地、围地、死地、没地、竭地、艰地、困地、患地、陷地。提出骑兵作战要充分利用有利战机，避免在不利环境下作战。

　　武王问太公曰：“战骑奈何？”

　　太公曰：“骑有十胜九败^①。”

　　武王曰：“十胜奈何？”

　　太公曰：“敌人始至，行陈(zhèn)未定，前后不属，陷其前骑，击其左右，敌人必走；敌人行陈(zhèn)整齐坚固，士卒欲斗，吾骑翼而勿去，或驰而往，或驰而来，其疾如风，其暴如雷，白昼而昏，数更旌旗，变易衣服，其军可克；敌人行陈(zhèn)不固，士卒不斗，薄其前后，猎其左右^②，翼而击之，敌人必惧；敌人暮欲归舍，三军恐骇，翼其两旁，疾击其后，薄其垒口^③，无使得入，敌人必败；敌人无险阻保固，深入长驱，绝其粮路，敌人必饥；地平而易，四面见敌，车骑陷之，敌人必乱；敌人奔走，士卒散乱，或翼其两旁，或掩其前后，其将可擒；敌人暮返，其兵甚众，其行陈(zhèn)必乱；令我骑十而为队^④，百而为屯，车五而为聚，十而为群，多设旌旗，杂以强弩；或击其两旁，或绝其前后^⑤，敌将可虏。此骑之十胜也。”

　　①**十胜**：十种制胜的战机。原文只有八胜，疑有脱简。**九败**：九种致败的地形。②**猎**：打猎，此处指袭击。③**垒口**：营垒的入口。④**队**：与下文的屯、聚、群，均为古代骑兵部队的战斗编组。⑤**绝**：断绝。

　　武王问太公说：“骑兵该如何作战？”

　　太公说：“骑兵作战有‘十胜’‘九败’。”

　　武王问：“‘十胜’是指什么？”

　　太公说：“敌人初到，行阵还未稳定，前后互不联系，我立即用骑兵攻破敌先头部队，夹击其两翼，敌人必定逃跑；敌军行列整齐，阵势坚固，士卒斗志高昂，我骑

兵应咬住敌军两翼不放，有的急驰而往，有的飞奔而来，快速如风，猛烈如雷，尘土弥漫，白昼如同黄昏，多次更换旌旗，变换服装，以迷惑敌军，这样敌军可以被打败；敌军的行列阵势不稳固，士卒没有斗志，我军应迫近它的正面和后方，袭击它的左右，从两翼夹击敌军，敌人必定惊惧；敌军日暮想回营，军心惊恐，我军骑兵夹击其左右两翼，迅速攻击其后尾，迫近敌军营垒的出入口，不许敌人进入，敌军必定失败；敌军没有险阻地形可固守保护自己，我骑兵便可长驱直入，切断敌人粮道，敌人必因饥饿而失败；敌军所处地形平坦，四面受敌，我骑兵应配合战车攻击它，敌人必定溃败；敌人败逃，士兵散乱，我骑兵或从两翼夹击，或袭击其前后，敌将帅就会被擒；敌人日暮返回营地，士兵众多，队形必然混乱；命令我骑兵十人为一队，百人为一屯，战车五辆为一聚，十辆为一群，多设旗帜，配备强弩；或攻击其两翼，或断绝其前后联系，敌将就可被俘虏。这是骑兵作战的十种取胜战机。"

六 韬

原 文

武王曰："九败奈何？"

太公曰："凡以骑陷敌，而不能破陈（zhèn），敌人佯走，以车骑返击我后，此骑之败地也；追北逾险，长驱不止，敌人伏我两旁，又绝我后，此骑之围地也；往而无以返，入而无以出，是谓陷于天井①，顿于地穴，此骑之死地也；所从入者隘，所从出者远，彼弱可以击我强，彼寡可以击我众，此骑之没地也；大涧深谷，翳（yì）薈（huì）林木，此骑之竭地也；左右有水，前有大阜，后有高山，三军战于两水之间，敌居表里，此骑之艰地也；敌人绝我粮道，往而无以返，此骑之困地也；污下沮泽②，进退渐洳③，此骑之患地也；左有深沟，右有坑阜，高下如平地，进退诱敌，此骑之陷地也。此九者，骑之死地也。明将之所以远避，闇将之所以陷败也。"

注 释

①天井：四面高山中间低地。 ②污：通"洼"。沮泽：水草茂盛的沼泽。 ③渐洳：

植物腐烂而形成的泥沼。

武王说："'九败'是指什么？"

太公说："凡是用骑兵攻击敌人，而不能攻破敌阵，敌人诈败逃走，而以战车和骑兵反攻我军后方，这就使我骑兵陷入了'败地'；我军追击败退的敌人，越过险阻，长驱直入而不停止，而敌人埋伏在我军两旁，又断绝了我军后路，这就使我骑兵陷入了'围地'；前进后无法撤退，进去后无法出来，这叫陷入'天井'之内，困于'地穴'之中，这种地形是我骑兵的'死地'；进路狭窄，出路迂远，敌军虽弱却可以击强，虽少却可以击众，这就使我军陷入了'没地'；大涧深谷，林木茂盛，活动困难，这就使我骑兵陷入了'竭地'；左右有水，前有大岭，后有高山，我军在两水之间作战，敌人内凭山险，外据水道，这就使我骑兵陷入了'艰地'；敌人断我粮道，我只有进路而无退路，这就使我骑兵陷入了'困地'；处在地势低洼和水草丛生的地方，出来进去都是泥泞，这就使我军陷入了'患地'；左有深沟，右有坑洼和土山，从高向下看就像平地一样，无论进退都可能招致敌人的攻击，这就使我骑兵进入了'陷地'。这几种地形，都是骑兵作战的失败之地。明智的将帅可以避免这些不利的情况，愚笨的将帅就不免要遭到失败。"

战 步

本篇讨论了步兵同战车、骑兵协同作战的方法。第一，三者协同，应当充分利用有利地形。第二，长短兵器、远近弓弩相配合，轮番作战。第三，若无险阻可依，并同敌车、骑交战，则要外设"四武冲阵"，辅以行马、蒺藜，构筑防御工事。进攻时可以外依车骑，内屯步兵、弓箭手，前后左右移动，攻防兼备。

武王问太公曰："步兵与车骑战奈何？"

太公曰："步兵与车骑战者，必依丘陵险阻，长兵强弩居前^①，短兵弱弩居后^②，更发更止^③。敌之车骑虽众而至，坚阵疾战，材士强弩以备我后。"

武王曰："吾无丘陵，又无险阻，敌人之至，既众且武，车骑翼我两旁，猎我前后，吾三军恐怖。乱败而走，为之奈何？"

太公曰："令我士卒为行马、木蒺藜，置牛马队伍，为四武冲阵。望敌车骑将来，均置蒺藜，掘地匝后^④，广深五尺，名曰'命笼'。人操行马进步，阑车以为垒，推而前后，立而为屯。材士强弩，备我左右。然后令我三军，皆疾战而不解^{xiè⑤}。"

武王曰："善哉！"

注 释

①**长兵**：长柄兵器。②**短兵**：短柄兵器。③**更发更止**：轮番作战，轮番休息。④**匝**：环绕。⑤**解**：同"懈"。

译 文

武王问太公说："步兵怎样与战车骑兵作战？"

太公说："步兵与战车、骑兵作战，一定要依凭丘陵险阻，长兵器和强弩在前面，短兵器和射击力弱的弩居后，轮流更替着发射，轮流更替着休息。敌人的战车骑兵虽然很多而且都冲了过来，也要坚守阵地奋战，勇武之士带强弩在后方戒备。"

武王说："我方没有丘陵，也没有险阻，冲过来的敌人，既多又勇武，战车骑兵夹击我两翼。冲击我前后，我三军恐怖，溃败逃跑，应该怎么办？"

太公说："命令我士兵制造行马、木蒺藜等障碍器材，把牛车、马车安排成一个队，布成四武冲阵。远望敌人的战车骑兵将要来到，把木蒺藜均匀地安放在地上，并挖掘环形壕沟，深、宽各五尺，称之为'命笼'。每人拿着行马向前，把战车拦起来成为营垒样式，推着它或前或后抵挡，停下来就是驻防的营垒。勇武之士带着强弩，在左右两翼戒备。然后命令我三军迅猛作战，不得懈怠。"

武王说："好极了！"

三
略

《三略》，是中国古代的一本著名兵书，原来叫作《黄石公记》。因为它分为"上略""中略""下略"三卷，因此也叫作《黄石公三略》，简称《三略》。

　　此书侧重于从政治策略上阐明治国用兵的道理，兼及军事战略，这一点不同于其他兵书。它是一部糅合了诸子各家的某些思想，杂采儒家的仁、义、礼，法家的权、术、势，墨家的尚贤，道家的重柔，甚至还有谶纬之说。此书的版本有：南宋孝宗、光宗年间刻《武经七书》本，《续古逸丛书》影宋《武经七书》本，1935年中华学艺社影宋刻《武经七书》本，丁氏八千卷楼藏刘寅《武经七书直解》影印本。

上　略

任贤擒敌之学

题　解

　　本篇可以概括为：设礼赏，别奸雄，著成败。篇中通过对设礼赏详细说明，就是要以礼赏来招纳贤士，也强调以民为本的思想，可以说是为王者书。并为王者提出了具体的战略策略。

原　文

　　夫主将之法，务揽英雄之心，赏禄有功，通志于众。故与众同好靡不成，与众同恶靡不倾。治国安家，得人也；亡国破家，失人也。含气之类咸愿得其志①。《军谶》曰②："柔能制刚，弱能制强。"柔者德也，刚者贼也，弱者人之所助，强者怨之所攻。柔有所设，刚有所施，弱有所用，强有所加，兼此四者而制其宜。端末未见，人莫能知。天地神明，与物推移，变动无常，因敌转化，不为事先，动而辄随。故能图制无疆，扶成天威，匡正八极③，密定九夷④。如此谋者，为帝王师。

　　故曰，莫不贪强，鲜能守微；若能守微⑤，乃保其生。圣人存之，动应事机，舒之弥四海，卷之不盈怀，居之不以家宅，守之不以城郭，藏之胸臆，而敌国服。

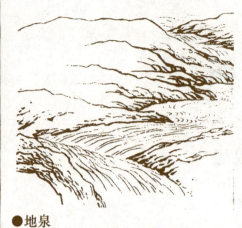

●地泉

注 释

①**含气之类**：指人。是人各得其宜。②《**军谶**》：《军谶》是古代的一部兵书，唐代时候还存在，后来失传。③**八极**：八方极远的地方。④**九夷**：先秦时对居于今山东东部、淮河中下游江苏、安徽一带的部族的泛称，古时谓东夷有九种。《后汉书·东夷传》："夷有九种，曰畎夷、于夷、方夷、黄夷、白夷、赤夷、玄夷、风夷、阳夷。"⑤**守**：遵守，奉行。**微**：精妙之理。

译 文

统率将领的办法，是务必要争取英雄的归心。把禄位赏赐给有功的人，使众人理解自己的志向。所以，与众人追求的目标相同，这个目标没有不实现的；与众人憎恨的敌人相同，这个敌人没有不完蛋的。国治家安，是由于得到了人心；国亡家破，是由于失去了人心。因为所有的人，都愿意实现自己的志向。

《军谶》上说："柔的能制服刚的，弱的能制服强的。"柔是一种美德，刚是一种祸害。弱小者容易得到人们的同情和帮助，强大者易于受到人们的怨恨和攻击。有时候要用柔，有时候要用刚，有时候要示弱，有时候要用强。应该把四者结合起来，根据情况的发展变化而运用得恰如其分。事物的本末没有显示出来之前，一般人是难以认识其本质的。天地运行的玄妙规律，可以通过万物的变化表现出来。敌我双方的形势也是变化无常的，必须根据敌情的变化而制定不同的方略。在形势没有发展成熟之前不要贸然行事，一旦时机成熟，便应立即采取相应的对策。这样，就可以百战百胜，辅佐君王取威定霸、一统天下、安定四方了。这样谋划的人，便可以做帝王的老师了。

所以说，没有不贪强好胜的，却很少有人掌握刚柔强弱这个幽深精微的道理。如果能掌握这个道理，也就可以保身了。圣人掌握了这个道理，他的行动总能抓住时机。这个幽深精微的道理，舒展开来足以遍布四海，收拢起来却不满怀抱。无须用房舍去安置它，无须用城郭去守护它。只需要藏在心中，就可以使敌国屈服了。

《军谶》曰："能柔能刚，其国弥光；能弱能强，其国弥彰。纯柔纯弱，其国必削；纯刚纯强，其国必亡。"

夫为国之道，恃贤与民。信贤如腹心，使民如四肢，则策无遗。所适如肢体相随，骨节相救，天道自然，其巧无间。军国之要，察民心，施百务。危者安之，惧者欢之，叛者还之，冤者原之①，诉者察之，卑者贵之，强者抑之，敌者残之，贪者丰之，欲者使之，畏者隐之，谋者近之，谗者覆之，毁者复之，反者废之，横者挫之，满者损之，归者招之，服者居之，降者脱之。

①原之：恢复原状，指平反昭雪。

《军谶》上说："既能柔，又能刚，则国运光明；既能弱，又能强，则国势昌盛。单纯用柔用弱，则国力必然削弱；单纯用刚用强，则国家必然灭亡。"

治理国家的原则，在于依赖贤士与民众。信任贤者如同自己的心腹，使用人民如用自己的手足，政令便不会有什么纰漏了。这样，行动起来便会像四肢与躯干一样协调，像各个关节一样互相照应，像天道运行一样顺乎自然，灵巧得没有一点造作痕迹。统军治国的关键，在于体察众人的心理，采取相应的措施。处境危险的要使之安全，心存畏惧的要使之欢愉，离乡逃亡的要加以招还，含冤受屈的要予以昭雪，上告申诉的要调查清楚，地位卑贱的要加以提拔，恃强行暴的要加以抑制，与我为敌的要加以清除，贪图钱财的要厚给赏赐，自愿效力的要予以任用，怕人揭短的要替其隐讳，善于谋划的要与之亲近，爱进谗言的要弃之不用，诋毁之言要反复核实，反叛之人要坚决消灭。蛮横之人要挫其锋芒，骄傲自满的要警告之，愿意归顺的要招来之，已被征服的要予以安置，战败投降的要给予宽大。

　　获固守之①，获厄塞之②，获难屯之③，获城割之④，获地裂之⑤，获财散之。敌动伺之⑥，敌近备之，敌强下之，敌佚去之⑦，敌陵待之⑧，敌暴绥之⑨，敌悖义之⑩，敌睦携之。顺举挫之⑪，因势破之⑫，放言过之⑬，四网罗之。得而勿有，居而勿守，拔而勿久⑭，立而勿取，为者则已，有者则士，焉知利之所在！

　　彼为诸侯，己为天子，使城自保，令士自取。世能祖祖⑮，鲜能下下⑯。祖祖为亲，下下为君。下下者，务耕桑不夺其时，薄赋敛不匮其财⑰，罕徭役不使其劳，则国富而家娭⑱，然后选士以司牧之⑲。夫所谓士者，英雄也。故曰，罗其英雄⑳，则敌国穷。英雄者，国之干；庶民者，国之本。得其干，收其本，则政行而无怨。

　　①固：坚固。②厄：险峻。塞：阻塞。③屯：屯兵、驻兵。④割：分割。这里指分封的意思。⑤裂：分裂。这里也是分封给有功之臣的意思。⑥伺：观察。⑦佚：通"逸"，安逸。这里是以逸待劳的意思。⑧陵：欺凌，侵犯。⑨绥：安抚，抚平的意思。⑩悖：悖逆道义。⑪举：举动、行动。⑫因：根据、依据。⑬放言：这里指放出假情报。⑭拔：攻取。⑮祖祖：尊崇祖先。前一个"祖"用作动词，尊崇的意思。⑯下下：爱护百姓。前一个"下"用作动词，爱护的意思。⑰匮：竭尽。⑱娭：嬉戏、玩乐。⑲牧：治理、管理。⑳罗：收罗、集中。

　　占领了坚固的地方要守备，占领了险峻的地方要阻塞，占领了难于攻守的要地要驻兵屯守，得到城邑要分赏给有功的人，得到土地要分封给出力的人，得到财物要分散给众人。敌人行动时要注意侦察，敌人接近时要严加戒备，敌势强盛时要示弱使它骄傲，敌人以逸待劳就要避开它，敌人来犯就要坚决还击，敌人凶暴要设法回避，敌人悖逆天理要用正义声讨，敌人和睦团结要使它分化。顺应敌人的行动以挫败它，根据敌人的形势而击破它，放出假情报使它发生过失，四面包围把它歼灭。获得财物不

要据为己有，储存的财物不要自守，夺取城池不要自己久据，立其国人为君，不要自取其位，决策出于自己，功劳归于将士，这正是大利之所在。

让别人当诸侯，自己当天子，使他们各保城邑，让他们各自征收赋税。世上的人都能尊重他的祖先，却很少能爱护民众。尊敬祖先只是敬亲，爱护民众才能为君。爱护民众的君主，重视农桑，不占农时，减轻赋税，不使民众贫穷，减少徭役，不使民力疲困，这样，国家富足了，人民快乐了，然后选派士人去管理他们。所谓士人，就是英雄人物。所以说，收罗了敌国的英雄，敌国就会陷于困境。英雄人物是国家的骨干，民众是国家的根本。获得了骨干，掌握了根本，自然就能政通人和，国泰民安。

原 文

　　夫用兵之要，在崇礼而重禄。礼崇则智士至，禄重则义士轻死。故禄贤不爱财，赏功不逾时，则下力并而敌国削。夫用人之道，尊以爵，赡以财，则士自来；接以礼，励以义，则士死之。夫将帅者，必与士卒同滋味而共安危，敌乃可加，故兵有全胜，敌有全囚。

　　昔者良将之用兵，有馈箪醪者①，使投诸河与士卒同流而饮。夫一箪之醪不能味一河之水②，而三军之士思为致死者，以滋味之及己也③。

注 释

　　①馈：送给。箪：瓢。一说通"觯"，音"至"，古代的酒器，圆肚广口，可容三升酒。醪：美酒。②味：这里用作动词，使……有味道。③以：因为。

译 文

　　用兵的要义，在于注重礼节，厚给俸禄。注重礼节，智谋之士便会前来投奔，厚给俸禄，忠义之士便会视死如归。所以，给予贤士俸禄时不应吝惜财物，奖赏有功之臣时不应拖延时日。这样，部属们便会同仇敌忾而削弱敌国了。用人的原则，应是封爵以尊崇他，厚禄以赡养他，这样贤士就会自动来归了。以礼节来接待他，用大义来激励他，贤士便会以死相报了。身为将帅，必须与士卒同甘苦，共死生，才可与敌作战。如此才会我军大获全胜，敌人全军覆没。

以往良将用兵，有人送给他一坛美酒，他让人倒在河中，与士卒同流而饮。一坛酒不能使一河之水都有酒味，而三军将士都想以死相报，这是因为将帅与自己同甘共苦而感激奋发的缘故啊。

六韬三略

《军谶》曰："军井未达，将不言渴；军幕未办，将不言倦；军灶未炊，将不言饥。冬不服裘，夏不操扇，雨不张盖，是谓将礼。"与之安，与之危，故其众可合而不可离，可用而不可疲，以其恩素蓄，谋素和也。故曰，蓄恩不倦，以一取万。

《军谶》曰："将之所以为威者，号令也；战之所以全胜者，军政也；士之所以轻战者，用命也。"故将无还令，赏罚必信，如天如地，乃可御人；士卒用命，乃可越境。夫统军持势者，将也；制胜破敌者，众也。故乱将不可使保军①，乖众不可使伐人②。攻城则不拔③，图邑则不废，二者无功，则士力疲弊。士力疲弊，则将孤众悖④，以守则不固⑤，以战则奔北⑥，是谓老兵。兵老则将威不行，将无威则士卒轻刑，士卒轻刑则军失伍，军失伍则士卒逃亡，士卒逃亡则敌乘利，敌乘利则军必丧。

注 释

①**乱将**：治军没有法度的将领。②**乖众**：指不守法令的军队。乖，背离。③**拔**：攻取、拔取。④**悖**：背离。⑤**以**：用来。⑥**奔北**：同败北，失败。

译 文

《军谶》上说："军井没有打好，将帅不说口渴；帐篷没有搭好，将帅不说疲劳；饭菜没有烧好，将帅不说饥饿。冬日不独自穿皮衣，夏日不独自用扇子，下雨不独自打雨伞，这就是所说的'将礼'。"能与士卒同甘苦，共患难，军队便会万众一心，不可分离，南征北战，不觉疲劳。这是由于将帅平日里积蓄恩惠、上下一心的缘故。所以说：不断地施恩惠于士卒，便可以赢得千万人的拥护。

《军谶》上说："将帅的威严源于号令，作战的胜利在于军政，士卒的敢战根于听命。"因此，将帅要令出必行，赏罚必信，像天地时令那样不可更易，这样，将帅才能统御士卒。士卒服从命令，才可以出境作战。统帅军队、把握态势的是将领，夺取胜利、打败敌人的是士卒。所以，治军无方的将领不能让他统率三军，离心离德的士卒不能用以攻伐敌国。这样的军队，攻打城池难以拔

●吴宫教战

取，图谋市镇难以占领，两件事都做不到，反而会使军力疲惫不堪。军力疲惫不堪，就会使将领更加孤立，士卒更加抗命。这样的军队，用来守卫则阵地必不稳固，用来作战则士卒必然溃逃。这就叫作师老兵疲。师老兵疲，将领就没有威信。将领没有威信，士卒就不怕刑罚。士卒不怕刑罚，军队就必然混乱。军队混乱，士卒就必然逃亡。士卒逃亡，敌人就必然乘机进攻。敌人进攻，军队就必然大败。

原　文

　　《军谶》曰："良将之统军也，恕己而治人。推惠施恩，士力日新。战如风发，攻如河决。故其众可望而不可当[①]，可下而不可胜[②]。以身先人，故其兵为天下雄。"

　　《军谶》曰："军以赏为表，以罚为里。赏罚明，则将威行；官人得，则士卒服；所任贤，则敌国震。"

　　《军谶》曰："贤者所适，其前无敌。"故士可下而不可骄，将可乐而不可忧，谋可深而不可疑。士骄则下不顺，将忧则内外不

相信，谋疑则敌国奋。以此攻伐则致乱。夫将者，国之命也。将能制胜，则国家安定。

《军谶》曰："将能清，能静，能干，能整，能受谏，能听讼，能纳人，能采言，能知国俗，能图山川，能表险难，能制军权。"故曰，仁贤之智，圣明之虑，负薪之言，廊庙之语，兴衰之事，将所宜闻③。

译 文

《军谶》上说："良将统率军队，以恕己之道治理部下。广施恩惠，军队的战斗力就会日新月异，交战时就像狂风一样迅疾。进攻时就像河决一样猛烈。敌人只能眼睁睁地看着这样的军队攻上来，却根本无力抵挡。敌人只能俯首向我投降，却没有任何取胜的希望。将领能身先士卒，他的军队便可以称雄天下了。"

《军谶》上说："治军应当以奖赏为表，以惩罚为里。赏罚分明，将领的威信才能树立起来。选官用人得当，士卒们才会心悦诚服。重用德才兼备的人，敌国就会惧怕。"

《军谶》上说："贤士归附的国家，一定会所向无敌。"所以，对待贤士要谦恭而不可简慢，对待将帅要令其心情愉快而不可使之有隐忧，对于谋略要深思熟虑而不可犹豫不决。待贤简慢，下属就不会悦服。将有隐忧，君主与将领之间便互不信任。谋略犹豫，敌国就会乘机得势。这样去打仗，必然招致祸乱。将帅是国家命运的掌握者。将帅能率军战胜敌人，国家才会安定。

《军谶》上说："将帅应能清廉，能沉静，能公平，能严肃，能接受劝谏，能明断是非，能容纳人才，能博采众议，能知各国风俗，能通山川形势，能明险关要隘，能把握三军的形势。"所以说，举凡贤臣的睿智，君主的远虑，民众的议论，官员的意见，以及天下兴衰的往事，都是将帅所应当了解的。

原文

　　将者能思士如渴，则策从焉。夫将拒谏，则英雄散；策不从，则谋士叛；善恶同[1]，则功臣倦；专己[2]，则下归咎[3]；自伐[4]，则下少功[5]；信谗，则众离心；贪财，则奸不禁；内顾[6]，则士卒淫。将有一，则众不服；有二，则军无式[7]；有三，则下奔北；有四，则祸及国。

　　《军谶》曰："将谋欲密，士众欲一[8]，攻敌欲疾。"将谋密，则奸心闭；士众一，则军心结；攻敌疾，则备不及设[9]。军有此三者，则计不夺[10]。将谋泄，则军无势；外窥内，则祸不制；财入营，则众奸会。将有此三者，军必败。将无虑，则谋士去；将无勇，则吏士恐；将妄动，则军不重；将迁怒，则一军惧。

　　《军谶》曰："虑也，勇也，将之所重；动也，怒也，将之所用。"此四者，将之明诫也。

注释

　　①同：同一种对待。②专己：一意孤行。③咎：错误、责任。④伐：夸耀、炫耀。⑤少功：建立的功绩小。⑥内顾：思念妻妾，这里指迷恋女色。⑦式：规矩法度。⑧一：团结。⑨设：张设、实施。⑩夺：失误、过失。

译文

　　将帅能思贤如渴，有谋略的人就会聚集在他周围。将帅不听下属的意见，杰出的人才就会散去。不采纳谋士的良策，谋士就会叛离。善恶不分，功臣就会灰心。一意孤行，下属就会归咎于上。自我炫耀，下属就不愿多建功功。听信谗言，军队就会离心离德。贪图钱财，坏的东西就无法禁止。贪恋女色，士卒就会淫乱无度。将帅如有上面的一条，士卒就不会心悦诚服。有了两条，军队就没了法纪。有了三条，全军就会溃败。有了四条，就会给国家带来灾祸了。

　　《军谶》上说："将帅的谋划要秘密，士卒的意志要统一，攻击的行动要迅速。"

将帅谋划秘密，奸细便无机可乘。士卒意志统一，军心便团结不离。攻击行动迅速，敌军便不及防备。做到了这三条，军队的行动计划便不会失败了。将帅谋划泄露，军队的有利态势便失去了。奸细窥得内情，军队的祸患便无法制止了。不义的财物进入军营，各种坏事便一齐发生了。将帅有了这三条，军队一定会溃败。将帅谋浅虑短，谋士就会离去。将帅怯懦无勇，官兵就会惶恐。将帅轻举妄动，军心便不稳定。将帅迁怒于人，上下就会畏惧。

《军谶》上说："谋深虑远，坚定勇敢，是将帅高贵的品德。适时而动，当怒而怒，是将帅用兵的艺术。"这四项，都是将帅要经常提醒自己的。

原 文

《军谶》曰："军无财，士不来；军无赏，士不往。"

《军谶》曰："香饵之下，必有悬鱼；重赏之下，必有死夫①。"故礼者，士之所归；赏者，士之所死。招其所归，示其所死，则所求者至。故礼而后悔者，士不止；赏而后悔者，士不使。礼赏不倦，则士争死。

《军谶》曰："兴师之国②，务先隆恩③；攻取之国，务先养民。"以寡胜众者，恩也；以弱胜强者，民也。故良将之养士，不易于身，故能使三军如一心，则其胜可全。

注 释

①**死夫**：愿意付出生命的人。②**兴师**：发动战争。师，军队。③**务**：一定。

译 文

《军谶》上说："军中没有资财，士就不来归附。军中没有奖赏，士就不勇往直前。"

《军谶》上说："在香美的鱼饵的引诱下，必定有上钩之鱼。在厚重的赏赐引诱之下，必定有敢死之士。"所以，使士衷心归附的是礼，使士乐于效死的是赏。以礼来招徕重视礼节者，以赏来吸引追求赏赐者，那么所需要的人才也就来到了。所以先以礼相待，后来又反悔的，士就不会留在营中。先以赏示人，后来又反悔的，士就不会为之效命。只有礼、赏始终如一，士才会争着为其赴死。

《军谶》上说："要进行战争，务必事先厚施恩惠。要进攻别国，务必事先与民休息。"能以少胜多，是厚施恩惠的结果。能以弱胜强，是得到民众拥护与支持的结果。所以优秀的将帅像对待自己一样对待士卒。这样就能全军上下万众一心，在战争中百战百胜了。

原文

《军谶》曰："用兵之要①，必先察敌情②：视其仓库，度其粮食③，卜其强弱④，察其天地，伺其空隙⑤。敌国无军旅之难而运粮者，虚也⑥；民菜色者⑦，穷也。千里馈粮⑧，民有饥色；樵苏^{qiáo}后爨^{cuàn}⑨，师不宿饱⑩。夫运粮千里，无一年之食；二千里，无二年之食；三千里，无三年之食：是谓国虚。国虚则民贫，民贫则上下不亲。敌攻其外，民盗其内，是谓必溃。"

《军谶》曰："上行虐则下急刻⑪，赋敛重数⑫，刑罚无极，民相残贼：是谓亡国。"

《军谶》曰："内贪外廉，诈誉取名；窃公为恩，令上下昏⑬；饰躬正颜⑭，以获高官：是谓盗端⑮。"

《军谶》曰："群吏朋党，各进所亲⑯：招举奸枉⑰，排挫仁贤⑱；背公立私，同位相讪^{shàn}⑲：是谓乱源⑳。"

注释

①要：关键、根本。②察：观察、考察。③度：估计、预测。④卜：占卜。这里应该也是预测的意思。强弱：指军队力量的强弱。⑤伺：窥察、探查。⑥虚：指国库空虚。⑦菜色：饥饿之色。因为在困难时期，收成不好，因此百姓只能靠吃野菜为生，所以都面露菜色。⑧馈粮：指运输粮食。⑨樵苏：打柴割草。⑩师：军队。宿：音"朽"，隔夜。⑪急刻：严峻苛刻。⑫重数：繁重。⑬令：使。⑭饰：粉饰。⑮端：始、开端。⑯进：推举、推荐。⑰枉：曲。这里指不正直的人。⑱排挫：排挤压制。⑲讪：讥刺、诽谤。⑳源：源头、根源。

译文

《军谶》上说："用兵的关键，在于首先查明敌情。了解其库存的实虚，估计其粮食的多少，判断其兵力的强弱，调查其天候与地形情况，寻找其薄弱环节。所以，国家没有战争而运送粮食的，说明其国势空虚。百姓面黄肌瘦的，说明其民众贫穷。从千里之外运粮，百姓就会饥饿。临时砍柴做饭，军队便无隔宿之饱。千里之外运粮，说明国家缺一年之粮。两千里之外运粮，说明国家缺两年之粮。三千里之外运粮，说明国家缺三年之粮。这正是国势空虚的表现。国势空虚，百姓就会贫穷。百姓贫穷，上下就不会亲睦。敌人从外面进攻，百姓在内部生变，国家就必然崩溃。"

《军谶》上说："君主暴虐无道，官吏便会苛切诛求。横征暴敛，滥用酷刑，老百姓便会起来反抗，这就是人们所说的亡国之兆。"

《军谶》上说："内心贪婪而外表廉洁，以欺骗的手段猎取好的名声，盗用朝廷的爵禄以行私惠，使上上下下都认不清真相，伪为谦恭而外示正直，以此骗取高官，这就是人们所说的窃国之始。"

《军谶》上说："官吏结党营私，各自引进亲信，网罗奸邪之徒，压制仁人贤士，背弃公道，谋取私利，同僚之间，攻讦不已，这就是人们所说的大乱之源。"

原文

《军谶》曰："强宗聚奸①，无位而尊，威无不震；葛藟相连②，种德立恩，夺在位权；侵侮下民，国内哗喧，臣蔽不言：是谓乱根。"

《军谶》曰："世世作奸，侵盗县官；进退求便，委曲弄文，以危其君：是谓国奸。"

《军谶》曰："吏多民寡，尊卑相若，强弱相虏；莫适禁御，延及君子，国受其咎。"

《军谶》曰："善善不进，恶恶不退，贤者隐蔽，不肖在位，国受其害。"

注释

①强宗：封建社会中的豪门，有权势的家族。②葛藟：野葡萄，蔓生植物，攀附

在树木丛上。

《军谶》上说："强宗大族，相聚为奸，虽然没有国家授予的官职，却十分显赫，威风所至，无人不惧，彼此勾结，如同葛藤盘根错节一样，私布小恩小惠，侵夺朝廷大权，欺压穷苦百姓，国内怨声载道，骚动不安，群臣却隐蔽实情不敢直言，这就是人们所说的大乱之根。"

《军谶》上说："世世代代，为奸作恶，侵蚀天子的权威，一举一动，皆为自己谋取私利，歪曲文法，连高高在上的君主都受到了威胁，这就是人们所说的国之奸贼。"

《军谶》上说："官多民少，尊卑不分，以强凌弱，无力禁止，连君子也受到牵连，这样，国家必定要蒙受其难。"

《军谶》上说："喜爱好人而不任用，厌恶坏人而不贬斥，有才有德的人被迫隐退，品行恶劣的人却当权执政，这样，国家必定要蒙受其害。"

《军谶》曰："枝叶强大①，比周居势②，卑贱陵贵③，久而益大，上不忍废，国受其败。"

《军谶》曰："佞臣在上④，一军皆讼，引威自与，动违于众。无进无退，苟然取容。专任自己，举措伐功。诽谤盛德，诬述庸庸。无善无恶，皆与己同。稽留行事⑤，命令不通。造作奇政，变古易常。君用佞人，必受祸殃。"

《军谶》曰："奸雄相称，障蔽主明。毁誉并兴，壅塞主聪。各阿所私，令主失忠。"故主察异，乃睹其萌；主聘儒贤，奸雄乃遁；主任旧齿，万事乃理；主聘岩穴，士乃得实；谋及负薪，功乃可述；不失人心，德乃洋溢。

①枝叶：指同宗旁系。②比周：勾结。居势：霸占高位。③陵：侵犯、侮辱。

④**佞臣**：巧言谄媚的臣子。⑤**稽留**：扣留延缓。**行事**：指政事、公家文书。

《军谶》上说："宗室势力强大，互相勾结，窃居要位，欺下犯上，时间久了，势力将越来越大，而君主又不忍心铲除，这样，国家必定要遭到败坏。"

《军谶》上说："奸佞之徒当权，全军上下都会愤愤不平。他们依仗权势，炫耀自己，一举一动，辄违众意。他们进退毫无原则，只知附和讨好君主。他们刚愎自用，夸功自傲。他们诽谤有德之士，诬陷有功之臣。他们没有善恶标准，只求符合自己的心意。他们积压政务，使上令不能下达。他们造作苛政，变乱古制，更易常法。君主好用这种奸佞，必定会遭受祸害。"

《军谶》上说："奸雄互相标榜，蒙蔽君主的眼睛，使其是非不分。诽谤与吹捧同时兴起，堵塞君主的耳朵，使其善恶难辨。各自庇护自己的亲信，使君主失去忠臣。"因此，君主能明察诡异之言，才能看出祸乱的萌芽。君主聘用儒士贤才，奸雄便会远遁。君主重用故旧老臣，政事才能井井有条。君主征召山林隐士，才能得到有真才实学的贤士。君主谋事能倾听黎民百姓的意见，才能建立可以书诸竹帛的功业。君主不失去民心，他的德泽便可以洋溢天下。

中　略

御将统众之计

题　解

　　本篇概括为"差德行，审权变"，和上略一样强调以人为本，以德服人，但主要特点是在用人上提到了"权变"，就是要以个人不同的特点而加以利用，虽然王者以德治人，但利用人时完全可以不考虑这一点，只要其能为我所用就可以了。本篇提出了"谲奇"和"阴谋"这些用人的策略。

原　文

　　夫三皇无言而化流四海[1]，故天下无所归功。帝者[2]，体天则地[3]，有言有令[4]，而天下太平。君臣让功[5]，四海化行[6]，百姓不知其所以然。故使臣不待礼赏有功，美而无害。王者[7]，制人以道[8]，降心服志；设矩备衰[9]，四海会同[10]，王职不废。虽有甲兵之备，而无斗战之患。君无疑于臣，臣无疑于主；国定主安，臣以义退，亦能美而无害。霸者[11]，制士以权，结士以信，使士以赏。信衰则士疏，赏亏则士不用命。

　　《军势》[12]曰："出军行师，将在自专[13]；进退内御[14]，则功难成。"

　　《军势》曰："使智、使勇、使贪、使愚：智者乐立其功，勇者好行其志[15]，贪者邀趋其利[16]，愚者不顾其死，因其至情而用之，此军之微权也[17]。"

《军势》曰："无使辩士谈说敌美，为其惑众。无使仁者主财，为其多施而附于下。"

《军势》曰："禁巫祝⑱，不得为吏士卜问军之吉凶。"

注释

①**三皇**：关于三皇的说法有很多。有以下几种：a. 燧人、伏羲、神农（《风俗通义·皇霸》所引的《礼纬含文嘉》）。b. 伏羲、女娲、神农（《风俗通义·皇霸》）。c. 伏羲、祝融、神农（《白虎通·号篇》）。d. 伏羲、神农、共工（《通鉴外纪》）。e. 天皇、地皇、泰皇（《史记·秦始皇本纪》）。f. 伏羲、神农、黄帝

●**政信仁智**

（《尚书》《帝王世纪》）。最后一种说法由于《尚书》的影响力而得到推广，伏羲、神农、黄帝成为中国最古的三位帝王。此外，汉朝的纬书中称三皇为天皇、地皇、人皇，是三位天神（《河图》《三五历》）。后来在道教中又将三皇分为初、中、后三组：初三皇具人形；中三皇则人面蛇身或龙身；后三皇中的后天皇人首蛇身，即伏羲，后地皇人首蛇身，即女娲，后人皇牛首人身，即神农。但是目前比较统一的看法是"三皇"指燧人、伏羲、神农。②**帝**：指五帝。历史上也有不同的说法。a. 黄帝、颛顼、帝喾、尧、舜（《大戴礼记》）。b. 庖牺、神农、黄帝、尧、舜（《战国策》）。c. 太昊、炎帝、黄帝、少昊、颛顼（《吕氏春秋》）。d. 黄帝、少昊、颛顼、帝喾、尧（《资治通鉴外纪》）。e. 少昊、颛顼、帝喾、尧、舜（伪《尚书序》）。这种说法因为经书地位的尊贵，因此以后史籍皆承用此说。于是这一五帝说被奉为古代的信史。③**则**：效法。④**言**：教化的言语。**令**：法令。⑤**让**：辞让、推让、谦让。⑥**化**：教化。⑦**王**：指三王，即夏商周三朝的开创者：夏禹、商汤、周文王（或者是周文王和周武王）。⑧**制**：统治、管理。⑨**矩**：原本的意思是画直角或者方形的工具。引申为法度。**备**：防备。**衰**：衰弱、衰退。⑩**会同**：古代时候诸侯朝见天子叫作会同。⑪**霸**：指"春秋五霸"，这一名词也有几种说法。a. 齐桓公、晋文公、秦穆公、楚庄王、吴王阖闾（《白虎通·号》）。b. 齐桓公、

六韬三略

晋文公、秦穆公、宋襄公、楚庄王（《孟子·告子下》）。c.齐桓公、晋文公、楚庄王、吴王阖闾、越王夫差（《荀子·王霸》中杨倞注）。其中第二种说法较为常用。⑫**《军势》**：古代的一部兵书，已经失传。⑬**自专**：自己果断决定。⑭**内御**：请示上级，指由朝廷控制。⑮**行**：实现。⑯**邀**：追求。⑰**微权**：微妙的谋略。⑱**巫祝**：占卜吉凶的人。

译文

　　三皇不需要任何言论，教化便流布四海，所以天下的人不知道该归功于谁。五帝效法天地运行，增设言教，制定政令，天下因此太平。君臣之间，互相推让功劳。四海之内，教化顺利实现，黎民百姓却不知其中的原因。所以，使用臣属不需依靠礼法和奖赏，就能做到君臣和美无间。三王用道德治理民众，使民众心悦诚服。三王制定法规，以防衰败，天下诸侯按时朝觐，天子的法度施行不废。虽然有了军备，但并没有战争的祸患。君主不怀疑臣属，臣属也不怀疑君主。国家稳定，君位巩固。大臣适时功成身退，君臣之间也能和睦相处而无猜疑。五霸用权术统御士，以信任结交士，靠奖赏使用士。失去信任，士就会疏远了。缺少奖赏，士便不会用命了。

　　《军势》上说："出兵作战，重在将帅有专断指挥之权。军队的进退如果都受君主控制，是很难打胜仗的。"

　　《军势》上说："对智者、勇者、贪者、愚者的使用方法各有不同。有智谋的人喜欢建功立业，勇敢的人喜欢实现自己的志向，贪财的人追求利禄，愚鲁的人不惜性命。根据他们各自的特点来使用他们，这就是用人的微妙权术。"

　　《军势》上说："不要让能说会道的人谈论敌人的长处，因为这样会惑乱人心。不要用仁厚的人管理财务，因为他会曲从于下属的要求而浪费钱财。"

　　《军势》上说："军中要禁绝巫祝，不准他们为将士们预测吉凶。"

原文

　　《军势》曰："使义士不以财①。故义者不为不仁者死，智者不为暗主谋②。"主不可以无德，无德则臣叛；不可以无威，无威则失权。臣不可以无德，无德则无以事君③；不可以无威，无威则国弱，威多则身蹶④。

　　故圣王御世⑤，观盛衰，度得失⑥，而为之制⑦。故诸侯二师⑧，方伯三师⑨，天子六师。世乱，则叛逆生；王泽竭⑩，则盟誓相诛伐。德同势敌，无以相倾⑪，乃揽英雄之心⑫，与众同好恶，然后加之以权变。故非计策无以决嫌定疑⑬，非谲(jué)奇无以破奸息寇⑭，非阴谋无以成功。

圣人体天,贤者法地,智者师古⑮。是故《三略》为衰世作。《上略》设礼赏,别奸雄⑯,著成败⑰;《中略》差德行⑱,审权变⑲;《下略》陈道德,察安危,明贼贤之咎(jiù)⑳。故人主深晓《上略》，则能任贤擒敌；深晓《中略》，则能御将统众；深晓《下略》，则能明盛衰之源，审治国之纪。人臣深晓《中略》，则能全功保身。

注 释

①**以**：用、通过。②**暗主**：昏庸的主子。**谋**：策划。③**事**：服侍。④**蹶**：跌倒。引申为倾覆。⑤**御**：治理、管理。⑥**度**：观测、预测、估计。⑦**制**：这里用作动词，制定制度与法令。⑧**师**：军队。⑨**方伯**：诸侯的首领。天子在所分封的诸侯国中，委任王室功臣、至亲为诸侯的首领，代表王室镇抚一方，称为"方伯"。⑩**泽**：恩泽。⑪**倾**：倾覆、打败。⑫**乃**：于是。⑬**嫌**：嫌疑。⑭**谲奇**：奇怪诡诈、出人意料的计谋。**息**：止息、停止。⑮**师**：效法、仿效。⑯**别**：辨别、分别。⑰**著**：显示。⑱**差**：划分等级、区别。⑲**审**：观察。**权变**：抓住时机适时调整变化。⑳**贼贤**：伤害、诬陷、抵制贤人。**咎**：过错。

译 文

《军势》上说："使用侠义之士不能靠钱财。所以，义士是不会替不仁不义的人去卖命的，明智的人是不会替昏聩的君主出谋划策的。"君主不能没有道德，没有道德大臣就会背叛；君主不能没有威势，没有威势就会丧失权力。大臣不能没有道德，没有道德就无法辅佐君主；大臣也不能没有威势，没有威势国家就会衰弱。但是大臣威势过了头则会害了自己。

所以圣明的君王治理天下，观察世道的盛衰，衡量人事的得失，然后制定典章制度。所以诸侯辖二军，方伯辖三军，天子辖六军。世道乱了，叛逆便产生了。天子的德泽枯竭了，诸侯之间的结盟立誓、互相攻伐也就出现了。诸侯之间，势均力敌，谁也没有办法战胜对手，于是便争相延揽英雄豪杰，与之同好同恶，然后再运用权术。所以，不运筹谋划，是没有办法决嫌定疑的；不诡诈出奇，是没有办法破奸平寇的；不秘密谋划，是没有办法取得成功的。

圣人能够体察天之道，贤人能够取法地之理，智者能够以古为师。所以，《三略》一书，是为衰微的时代而作的。《上略》设置礼赏，辨识奸雄，揭示成败之理。《中略》区分德行，明察权变。《下略》陈述道德，考察安危，说明残害贤人的罪过。所以，君主深通《上略》，就可以任用贤士、制服敌人了。君主深通《中略》，便可以驾驭将帅，统领兵众了。君主深通《下略》，就可以明辨兴衰的根源，熟知治国的纲纪了。人臣深通《中略》，就可以成就功业，保全身家。

原文

夫高鸟死①，良弓藏；敌国灭，谋臣亡②。亡者，非丧其身也，谓夺其威废其权也：封之于朝，极人臣之位③，以显其功；中州善国④，以富其家；美色珍玩，以说其心⑤。夫人众一合而不可卒离⑥，威权一与而不可卒移⑦。还师罢军，存亡之阶⑧。故弱之以位⑨，夺之以国⑩，是谓霸者之略。故霸者之作，其论驳也⑪。存社稷罗英雄者⑫，《中略》之势也。故世主秘焉。

注释

①**高鸟**：高空中的飞鸟。②**谋臣**：参与出谋划策的属下。③**极**：极点、极致。④**中州善国**：良田沃土。⑤**说**：通"悦"，取悦，使……高兴。⑥**一合**：统一。**卒**：通"猝"，突然。⑦**一与**：交给一个人，指掌握在一个人手中。⑧**阶**：阶梯。这里指关键、根本。⑨**位**：高位。⑩**国**：国土。指分封土地。⑪**论**：道理、理论。**驳**：驳杂。⑫**社稷**：国家。

●运筹帷幄

　　高飞的鸟儿死完了，良弓就该收起来了。敌对的国家灭亡了，谋臣就该消灭了。所谓的消灭，并不是消灭他们的肉体，而是要削弱他们的威势，剥夺他们的权力。在朝廷上给他封赏，给他人臣中最高的爵位，以此来表彰他的功劳。封给他中原肥沃的土地，以使他的家中富有。赏给他美女珍玩，使他心情愉悦。军队一旦编成，是无法仓促解散的。兵权一经授予，是无法马上收回的。战争结束，将帅班师，对于君主来说，这是生死存亡的关键时刻。所以，要以封爵为名削弱他的实力，要以封土为名剥夺他的兵权。这就是霸者统御将帅的方略。因此，霸者的行为，是驳杂而不纯的。保全国家，收罗英雄，就是《中略》所论的权变。历代做君主的，对此都是秘而不宣的。

下 略

以防不测之略

题 解

　　本篇仍然强调德对于国家的重要性，并指出为王者治理国家要尊于道，道与德二者相辅相成，只有这两者得到很好的统一，国家的安危就可预知；只有道与德行于天下，贼人贤士就会自动现其身，只要贤士皆能归附，则王者就无敌天下。

原文

　　夫能扶天下之危者①，则据天下之安②；能除天下之忧者，则享天下之乐；能救天下之祸者，则获天下之福。故泽及于民③，则贤人归之④；泽及昆虫，则圣人归之。贤人所归，则其国强；圣人所归，则六合同⑤。求贤以德⑥，致圣以道⑦。贤去，则国微；圣去，则国乖⑧。微者危之阶⑨，乖者亡之征⑩。贤人之政，降人以体；圣人之政，降人以心。体降可以图始⑪，心降可以保终。降体以礼，降心以乐。

　　所谓乐者，非金石丝竹也⑫。谓人乐其家⑬，谓人乐其族，谓人乐其业，谓人乐其都邑⑭，谓人乐其政令，谓人乐其道德。如此，君人者乃作乐以节之⑮，使不失其和。故有德之君，以乐乐人；无德之君，以乐乐身。乐人者，久而长；乐身者，不久而亡。

●泽及枯骨

注释

①**扶**：救。②**据**：有。③**泽**：恩泽。**及**：到、给予。④**归**：归顺。⑤**六合**：天下。**同**：统一。⑥**以**：用。⑦**致**：来，使……到来。⑧**乖**：背离。⑨**阶**：阶梯。引申为根由、原因。⑩**征**：征兆。⑪**图**：图谋、策划。**始**：开创。⑫**金石**：打击乐器的统称。**丝竹**：管弦乐器的统称。⑬**谓**：说、指。⑭**都邑**：指国家。都，国都。邑，京城。⑮**君**：统治、治理。**节**：节制、规范。

译文

能够拯救天下倾危的，就能得到天下的安宁；能够解除天下忧患的，就能够享受天下的快乐；能够解救国家灾祸的，就能够得到天下的幸福。所以，恩泽遍及于百姓，贤人就会归附他；恩泽遍及于万物，圣人就会归附他。

贤人归附的，国家就能强盛；圣人归附的，天下就能统一。使贤人归附要用"德"，使圣人归附要用"道"。贤人离去，国家就要衰弱了；圣人离去，国家就要混乱了。衰弱是通向危险的阶梯，混乱是即将灭亡的征兆。贤人执政，能使人从行动上服从；圣人执政，能使人从内心里顺从。从行动上服从，便可以开始创业了；从内心里顺从，才可以善始善终。使人从行动上服从靠的是礼教，使人从内心里顺从靠的是乐教。

所谓的乐教，并非指金、石、丝、竹，而是使人们喜爱自己的家庭，喜爱自己的宗族，喜爱自己的职业，喜爱自己的城邑，喜爱国家的政令，喜爱社会的伦理道德。这样治理民众，然后再制作音乐来陶冶人们的情操，使社会不失和谐。所以有道德的君主，是用音乐来使天下快乐；没有道德的君主，是用音乐来使自己快乐。使天下快乐的，国家便会长治久安；使自己快乐的，不久便会亡国。

原文

释近谋远者①，劳而无功；释远谋近者，佚^{yì}而有终②。佚政多忠臣③，劳政多怨民。故曰务广地者荒④，务广德者强，能有其有者安⑤，贪人之有者残⑥。残灭之政，累世受患⑦。造作过制⑧，虽成必败⑨。舍己而教人者逆，正己而化人者顺。逆者乱之招⑩，顺者治之要。道、德、仁、义、礼，五者一体也。道者，人之所蹈⑪；德者，人之所得⑫；仁者，人之所亲；义者，人之所宜⑬；礼者，人之所体⑭：不可无一焉。

故夙（sù）兴夜寐（mèi），礼之制也；讨贼报仇，义之决也；恻隐（cè yǐn）之心，仁之发也；得己得人，德之路也；使人均平，不失其所，道之化也。

①释：放开、放弃。②佚：通"逸"，安逸。终：结果。这里是好结果的意思。③佚政：与民生息的执政之策。④务：从事。荒：灭亡。⑤有：前一个"有"是保持、保有的意思。⑥残：毁灭。⑦累世：接连几世。⑧造作：指建造宫室园林之类的活动。过：超过。制：制度所规定的标准。⑨虽：即使。⑩招：招致。⑪蹈：踩、踏。引申为遵循、实行。⑫得：心得。⑬宜：应该遵守的原则。⑭体：规矩、规范。

译文

不修内政而向外扩张的，劳而无功；不事扩张而修明内政的，逸而有成。施行与民生息的政策，民众渴望报答君主，国家就会出现许多忠义之臣；施行劳民伤财的政策，民众心中抱怨君主，国家就会出现许多怨恨之民。所以说，热衷于扩张领土的，内政必然荒废；尽力于扩充德行的，国家就会强盛。能保全自己本来所有的，国家就会平安；一味垂涎别人所有的，国家就会残破。统治残酷暴虐，世世代代都要受害。事情超过了限度，即使一时成功，最终也难免失败。不正己而正人者其势拂逆，先正己而后正人才顺乎常理。行为拂逆是招致祸乱的根源，顺乎常理是国家安定的关键。道、德、仁、义、礼，五者是一个整体。道是人们所应遵循的，德是人们从道中所得到的，仁是人们所亲近的，义是人们所应做的，礼是人们的行为规范，缺一不可。

所以，起居有节，是礼的约束；讨贼报仇，是义的决断；怜悯之心，是仁的发端；修己安人，是德的途径；使人均平，各得其所，是道的教化。

　　出君下臣名曰命①，施于竹帛名曰令②，奉而行之名曰政。夫命失则令不行③，令不行则政不正，政不正则道不通，道不通则邪臣胜④，邪臣胜则主威伤⑤。千里迎贤，其路远；致不肖⑥，其路近。是以明王舍近而取远，故能全功尚人⑦，而下尽力⑧。废一善，则众善衰；赏一恶，则众恶归。善者得其佑，恶者受其诛，则国安而众善至。众疑无定国，众惑无治民。疑定惑还，国乃可安。一令逆则百令失，一恶施则百恶结。

　　故善施于顺民，恶加于凶民，则令行而无怨。使怨治怨，是谓逆天。使仇治仇，其祸不救。治民使平，致平以清，则民得其所，而天下宁。

　　①**下**：下达。**命**：命令。②**施**：实施。这里是书写的意思。**竹**：竹子、竹片。**帛**：布帛。③**夫**：句首语气词。④**胜**：得逞、得势。⑤**威**：威严、威信。⑥**不肖**：不仁。⑦**人**：指贤能的人。⑧**下**：属下。

　　君主下达给臣下的指示叫"命"，书写在竹帛上叫"令"，执行命令叫"政"。"命"有失误，"令"就不能推行。"令"不推行，"政"便出现偏差。"政"有偏差，治国之"道"便不能通畅。"道"不通畅，奸邪之臣便会得势。奸邪之臣得势，君主的威信就要受到损害。千里之外去聘请贤人，路途十分遥远；招引不肖之徒，路途却十分近便。所以，英明的君主总是舍弃身边的不肖之徒，不远千里寻求贤人。因此，能够保全功业，尊崇贤人，臣下也能尽心竭力。弃置一个贤人，众多的贤人便会引退了；奖赏一个恶人，众多的恶人便会蜂拥而至。贤人得到保护，恶人受到惩罚，就会国家安定，群贤毕至。民众都对政令怀有疑虑，国家就不会得到安定；民众都对政令困惑不解，社会就不会得到治理。疑虑消失，困惑解除，国家才会安宁。一项政令违背民意，其他政令也就无法推行；一项恶政得到实施，无数恶果也就从此结下。

所以，对顺民要实施仁政，对刁民要严加惩治，这样，政令就会畅通无阻，人无怨言了。用民众所怨恨的政令去治理怀有怨气的民众，叫作违背天道；用民众所仇恨的政令去治理怀有仇恨的民众，灾祸将无法挽救。治理民众要依靠贫富均平，贫富均平要依靠政治清明。这样，民众便会各得其所，天下也就安宁了。

原文

犯上者尊[①]，贪鄙者富[②]，虽有圣王，不能致其治[③]。犯上者诛，贪鄙者拘[④]，则化行而众恶消。清白之士，不可以爵禄得[⑤]；节义之士，不可以威刑胁[⑥]。故明君求贤，必观其所以而致焉[⑦]。致清白之士，修其礼；致节义之士，修其道。而后士可致而名可保。

夫圣人君子明盛衰之源，通成败之端，审治乱之机，知去就之节。虽穷不处亡国之位，虽贫不食乱邦之禄。潜名抱道者，时至而动，则极人臣之位；德合于己，则建殊绝之功。故其道高而名扬于后世。

注释

①尊：身居高位。②贪鄙：贪婪卑鄙。③致：达到。④拘：拘留、拘禁。⑤爵禄得：得爵禄，得到爵位和俸禄。⑥胁：威胁、压迫。⑦所以：用来行动的方法、途径。

译文

犯上的人反而更加高贵，贪鄙的人反而更加富有，虽然有圣明的君王，也无法把国家治理好。犯上的受到惩处，贪鄙的受到拘禁，这样教化才能得到推行，各种邪恶也就自然销匿。品德高尚的人，是无法用爵禄收买的；讲究节操的人，是无法用威刑屈服的。所以圣明的君主征求贤人，必须根据他们的志趣来罗致。罗致品德高尚的人，要讲究礼节；罗致崇尚节操的人，要依靠道义。这样，贤士便可以聘到，君主的英名也可以保全了。

圣人君子能够明察兴衰的根源，通晓成败的端倪，洞悉治乱的关键，懂得进退的节度。虽然穷困，也不会贪图将亡之国的高位；虽然贫苦，也不会苟取衰乱之邦的厚禄。隐姓埋名、胸怀经邦治国之道的人，时机到来后一旦行动，便可以位极人臣。君主的志向一旦与自己相投，便可以建立绝世的功勋，所以，他的道术高明，美名流芳千古。

原　文

　　圣王之用兵，非乐也①，将以诛暴讨乱也②。夫以义诛不义③，若决江河而溉爝火④，临不测而挤欲堕⑤，其克必矣⑥。所以优游恬淡而不进者⑦，重伤人物也⑧。夫兵者不祥之器，天道恶之；不得已而用之，是天道也。夫人之在道，若鱼之在水，得水而生，失水而死。

　　故君子者常畏惧而不敢失道。豪杰秉职⑨，国威乃弱；杀生在豪杰，国势乃竭。豪杰低首，国乃可久；杀生在君，国乃可安。四民用虚，国乃无储；四民用足，国乃安乐。

注　释

　　①乐：爱好。②讨：讨伐。③以：用。④决：排除堵塞物，疏通水道。溉：浇灌。爝火：小火。⑤临：到达。不测：不可测量，指深渊。欲：即将。堕：掉落。⑥克：能够、胜利。⑦优游恬淡：舒缓、迟缓的样子。⑧重：看重、重视。⑨豪杰：逞强施威的人。秉：秉持、把持、掌握、控制。

译　文

　　圣明的君主进行战争，并不是出于喜好，而是用来诛灭残暴，讨伐叛乱。用正义讨伐不义，就像决开江河之水去淹灭小小的火炬一样，就好像在无底的深渊旁边去推下一个摇摇欲坠的人一样，其胜利是必然的。圣明的君主之所以安静从容而不急于进兵，是不愿造成过多的人员和物质损耗。战争是不吉祥的东西，天道是厌恶战争的。只有在迫不得已时进行战争，才是顺乎天道的。人和天道的关系，就像鱼与水一样。鱼得到水便可以生存，失去水肯定要死亡。

　　所以，君子们常常是心存敬畏，一刻也不敢背离天道。专权跋扈的大臣执政，国君的威望就会受到伤害。生杀大权操于其手，国君的权势也就衰竭了。专权跋扈之臣俯首从命，国家才能长久。生杀之权操于国君，国家才能安定。百姓穷困，国家就没有储备。百姓富足，国家才会安乐。

六韬三略

一六〇

原文

贤臣内^①，则邪臣外；邪臣内，则贤臣毙^②。内外失宜^③，祸乱传世。大臣疑主，众奸集聚。臣当君尊，上下乃昏；君当臣处，上下失序。

伤贤者，殃及三世；蔽贤者，身受其害；嫉贤者，其名不全；进贤者，福流子孙。故君子急于进贤而美名彰焉。利一害百，民去城郭；利一害万，国乃思散。去一利百，人乃慕泽；去一利万，政乃不乱。

注释

①**内**：任用、亲近。②**毙**：倒下。这里是遭受陷害的意思。③**宜**：合适。引申为法度。

译文

重用贤臣，奸臣就会被排斥在外了。重用奸臣，贤臣就会被置于死地了。亲疏不当，祸乱就会延传到后世。大臣自比君主，众奸就会乘机聚集。人臣享有君主那样的尊贵，君臣名分就会昏昧不明。君主沦为臣子那样的地位，上下秩序就会颠倒混乱。

伤害贤人的，祸患会殃及子孙三代。埋没贤人的，自身就会遭到报应。妒忌贤人的，名誉就不会保全。举荐贤人的，子孙后代都会受惠于他的善行。所以君子总是热心于推荐贤人，因而美名显扬。对一个人有好处，对一百个人有害处，民众就会离开城邑。对一个人有好处，对一万个人有害处，全国就会人心离散。除掉一个人而有利于一百个人，人们就会感慕他的恩泽。除掉一个人而有利于一万个人，国家就不会发生混乱了。

鬼谷子

鬼谷子，姓王名诩，是战国时期道家代表人物、纵横家的鼻祖。相传《鬼谷子》为后代学者根据其言论思想整理而成。书中以黄老为主，渗透出儒家、阴阳家、兵家等诸家学说的思想内涵，集诸子百家学说之大成。该书侧重于权谋策略及言谈辩论技巧。《鬼谷子》作为纵横家游说经验的总结，融会了鬼谷子毕生学术研究的精华，其价值是不言自明的。从中可以清晰地了解先秦时期的百家思想，从而对各家学派能有一个全面而系统的掌握，了解战国文化史。该书作为纵横家的代表著作，为后世了解纵横家与道家的思想提供了很多参考。

捭阖第一

题 解

捭阖，原意开启、闭合。捭即打开、开放，阖即闭合、闭上。从游说的角度看，捭是指自己先发言以引导对方发言，以了解对方的情况，探测其意图，从而加深游说的针对性；阖是自己保持沉默，让对方主动说出主张，并加以应对。本篇以"开合"作为事物发展的普遍规律，与古代盛行的阴阳学说结合在一起，并将这一理论运用到纵横游说的说术之中，是纵横游说的基本方法。

鬼谷子

原 文

粤若稽古①，圣人之在天地间也，为众生之先②，观阴阳之开阖以命物③，知存亡之门户，筹策万类之终始④，达人心之理，见变化之朕焉⑤，而守司其门户。故圣人之在天下也，自古至今，其道一也。

注 释

①粤若：助词，放在句首引起下文。稽：考察。②众生：使有生命者生存，也就是人民大众。③阖：闭的意思。④筹策：原为古代计算用具。这里指谋划。⑤见：发现。

译 文

考察过去的历史，生存在天地之间的圣人是芸芸众生的先导。通过观察阴和阳两类事物的开合变化来对事物作出判断，并且进一步了解事物存在和死亡的途径，筹划万事万物从开始到结束的发展过程，揭示人们思想变化的规律，预测事物变化的征兆，从而把握事物变化的关键。所以圣人在世上的作用，从古至今，他们的行为准则是一致的。

变化无穷，各有所归。或阴或阳，或柔或刚，或开或闭，或弛或张[1]。是故圣人一守司其门户，审察其所先后，度权量能[2]，校其伎巧短长。夫贤不肖、智愚、勇怯、仁义，有差[3]。乃可捭，乃可阖；乃可进，乃可退；乃可贱，乃可贵；无为以牧之。

①阴、阳、柔、刚、开、闭、弛、张：分别指事物所处的不同状态及表现，因此，应采用相应行动。②度权量能：推测权变、能力之大小优劣。③差：差别。

虽然事物的变化没有止境，然而他们最终都各有自己的归宿。或者是阴气，或者是阳气；或者是柔弱，或者是刚强；或者是开启，或者是闭合；或者是松弛，或者是紧张。因此，圣人要一以贯之把握住事物变化的关键，审视体察事物变化的先后顺序，推测对方的能力，预估对方的技巧。至于人们之间的贤良、不肖、智慧、愚蠢、勇敢、胆怯、仁义，都存在一定的差别。所有这些可以开启使用，也可以闭藏不用；可以举荐，也可以摒弃；可以轻视，也可以敬重，要依靠无为来控制和掌握这些。

●苏秦合纵相六国

审定有无与其实虚[1]，随其嗜欲以见其志意。微排其所言，而捭反之，以求其实，贵得其指。阖而捭之[2]，以求其利。或开而示之，或阖而闭之。开而示之者，同其情也；阖而闭之者，异其诚也。可与不可，审明其计谋，以原其同异。

六韬三略

一六六

离合有守，先从其志③。

注 释

①**实虚**：实情与表面现象。②**阖而捭之**：闭合并表示不同意见，以观察其诚意。
③**先从其志**：先顺从对方的意思。

译 文

考察确定对方的有无虚实，通过了解对方的兴趣爱好和欲望来加以判断对方的志向，适当排斥对方所说的话，等对方敞开之后再加以反驳，以便更好地探查实际情况。可贵之处在于得到对方的真实意图，然后沉默继而挑动对方发言，从而抓住对方的要害。或者敞开心扉予以展示，或者封闭心扉予以沉默。开启心扉，是因为与对方的情意相同；闭藏心扉而使之封锁，是因为诚意不一致。判断可行与不可行就是要清楚知道对方的计谋，以便探索其中相同与不同的地方。计谋有相同的，也有不同的，都要确立自己的意向并加以信守，如果可行，要先顺从对方的意志。

原 文

即欲捭之贵周，即欲阖之贵密①。周密之贵微，而与道相追②。捭之者，料其情也；阖之者，结其诚也。皆见其权衡轻重，乃为之度数，圣人因而为之虑③。其不中权衡度数，圣人因而自为之虑。

注 释

①**密**：隐蔽。②**与道相追**：与道相近的道理。③**"圣人"句**：圣人因此而进行权衡谋划。

译 文

如果要运用开启之术，贵在周详的完备，假如要运用闭合之术，贵在隐藏和保密。由此可见，周详和保密的重要，几乎与"道"相通。所以要让对方开启，是为了判断对方的实情，要让对方闭藏，是为了坚定对方的诚意。这样做的目的，都是为了能使对方显露实情，以权衡比较谋略的得失程度，圣人也是按照这样的方法进行考虑。假如不能测出对方的程度和数量，圣人为此会自我忧虑。

鬼谷子

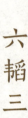

原　文

　　故捭者，或捭而出之，或捭而纳之；阖者，或阖而取之，或阖而去之。捭阖者，天地之道。捭阖者，以变动阴阳，四时开闭①，以化万物。纵横反击，反覆反忤^{wǔ}②，必由此矣。

注　释

　　①**四时开闭**：四个季节的更替。②**忤**：抵触，触犯。

译　文

　　因此，所谓开启，就是或者开启而展示使用，或者开启而收纳闭藏；所谓闭藏，或者是闭藏之后而获取，或者闭藏之后而放弃。开启和闭合，是天地之间运行的规律。开启和闭合，也是阴气和阳气的变化运动，四时节令的开始和终止变化也如同开启和闭合一样，是为了促进事物的发展变化。不论纵横与反复都必须经过开启和闭藏来实现。

原　文

　　捭阖者，道之大化，说之变也。必豫审其变化①。口者，心之门户也；心者，神之主也②。志意、喜欲、思虑、智谋，此皆由门户出入③。故关之以捭阖，制之以出入。捭之者，开也，言也，阳也；阖之者，闭也，默也，阴也。阴阳其和，终始其义④。

注　释

　　①**豫审**：预先考察。②**神**：指精神。③**出入**：表达出来。④**终始其义**：是指开闭有节，阴阳处理适当。

译　文

　　开启和闭藏是世界运行规律的变化，也是游说变化的依据，必须事先详细观察它们的变化。口是心灵的门户，心是灵魂的主宰。意志、情欲、思虑和谋略，都要通过这个门户来表露，所以要通过开启与闭合之术来把握和控制。开启之术，就是公开的，可言及的，属于阳的方面；闭合之术，就是关闭的，沉默的，属于阴的方面。阴气和

阳气中和，开闭就会有节度，而阴阳处理也会
适当。

原 文

故言长生、安乐、富贵、尊荣、
显名、爱好、财利、得意、喜欲，
为"阳"，曰"始"。故言死亡、忧
患、贫贱、苦辱、弃损、亡利、失意、
有害、刑戮、诛罚，为"阴"，曰"终①"。
诸言法阳之类者，皆曰"始"，言善
以始其事；诸言法阴之类者，皆曰
"终"，言恶以终其谋。

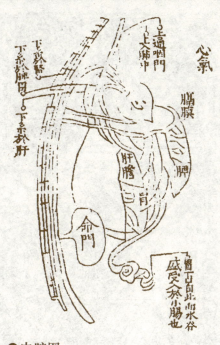

●内脏图

注 释

①终：死亡、忧患、贫贱。

译 文

所以说长生、安乐、富贵、荣誉、名声、爱好、财富、得意、喜欲等，都是属于
阳的方面，叫作"始"。所以说死亡、忧患、贫贱、苦辱、毁损、失利、失意、灾害、
刑戮、诛罚等，都是属于阴的方面，叫作"终"。凡是那些说遵循阳气的人，都称作"始"，
以谈论"善"开始行事；凡是那些遵循阴道进行游说的，都称作"终"，以谈论"恶"
为结果。

原 文

捭阖之道，以阴阳试之。故与阳言者，依崇高①；与阴言者，
依卑小。以下求小，以高求大②。由此言之，无所不出，无所不入，
无所不可。可以说人，可以说家，可以说国，可以说天下③。

鬼谷子

一六九

●诸葛亮舌战群儒

①"**与阳**"**二句**：和情之阳者交涉时，就谈论崇高并对此加以试行。②"**以下**"**二句**：辩论时掌握与情阳者言崇高，与情阴者言卑下，就是下与小相应、高与大相应的原则。③"**可以**"**四句**：可以游说任何事、任何人，万事万物均把握于胸中。

译 文

运用开启和闭藏的法则，都需要从阴阳两个方面来检验。因此，给从阳的方面谈论问题的人以崇高的待遇，给从阴的方面谈论问题的人以卑下的待遇。以低下来求取卑小的，以崇高来取索庞大的。按照这样的方法进行言谈，没有什么事情不能了解，没有什么事情不能探索，没有什么事情不可能实现。可以用这种道理去游说一人、游说一家、游说一国、游说天下。

原 文

　　为小无内，为大无外。益损、去就、倍反①，皆以阴阳御其事。阳动而行，阴止而藏；阳动而出，阴随而入。阳还终始，阴极反阳。以阳动者，德相生也；以阴静者，形相成也。

注 释

①倍反：背叛、复归。

译 文

　　要想做小事，没有"内"的限制，做大事的时候没有"外"的边界。所有损益、去就、背叛与复归，都可以依据阴阳来驾驭。阳的方面就活动、前进，阴的方面就停止、闭藏；面对阳气，就活动出去，面对阴气，就隐藏进入。阳气运行最终复归于阴，阴气运行最后返归于阳。以阳气而活动的人，道德就会增长，以阴气而安静的人，形势就会生成。

以阳求阴，苞以德也；以阴结阳，施以力也。阴阳相求，由捭阖也。此天地阴阳之道，而说人之法也。为万事之先，是谓圆方之门户①。

注 释

①圆方：指天地。

译 文

以阳气求于阴气，就要用道德来包容；以阴气求于阳气，就要用力量来施行。阴阳互相追随，是由于遵循开启和闭藏的规律变化。这就是天地之间阴阳运行的总规律，也就是游说的基本方法，是万事万物的先导，这就叫作"天地之门户"。

反应第二

题 解

本篇主要讲了刺探情况的谋略，鬼谷子提出：想要听到对方的话，反而应沉默；想要敞开，反而应收敛；想要升高，反而应下降；想要获取，反而应给予；想要知道对方的心里话，就要用模仿、比较的方法，以便把握对方讲话的实质。正如同老子所说："将欲歙之，必固张之；将欲弱之，必固强之；将欲废之，必固兴之；将欲取之，必固与之。"这就是利用事物相反相成的规律，从反面达到正面的方法。

原 文

古之大化者，乃与无形俱生①。反以观往，覆以验今；反以知古，覆以知今；反以知彼，覆以知己。动静虚实之理②，不合于今，

鬼谷子

一七一

反古而求之。事有反而得覆者，圣人之意也③，不可不察。

译文

古代以大道教化天下的圣人，是与无形的道共生的。反顾以追溯既往，回首以验证未来；反顾以考察历史，再回首以知道现在；反顾以了解别人，再回首以知道自己。动静虚实的道理，假如跟未来和现在都不相符合，那么，就要回到历史去探求前人的经验。有些事情是要反复探索才能把握，这是圣人的主张，不能够不认真研究。

原文

　　人言者，动也；己默者，静也。因其言，听其辞。言有不合者，反而求之，其应必出。言有象，事有比①；其有象比，以观其次。象者，象其事；比者，比其辞也。以无形求有声。其钓语合事，得人实也。其张置网而取兽也，多张其会而司之②。道合其事，彼自出之，此钓人之网也。

注释

①**比**：比较，和原则比较确定正否。②**会**：聚集。

译文

　　对方发言，是处于动的状态；自己沉默，是处于静的状态。所以，要根据对方所说的话来了解他想表达的意思。假如对方所说的话有不合理的地方，就要反复探求，对方必然会有应对之辞。语言有可模拟的形态，事理有可类比的规范；既然有"象"和"比"，那么就可以用来观察下一步言行。所谓"象"就是模仿事物，"比"就是类比对方的辞意。然后，以无形的玄微之理探求对方有声的言辞，以诱导的话引出与事理相符合的发言，就能得到实情。就像张开网捕捉野兽一样，要多打开几张网，等待对方进入。方法符合情理，对方自然就会表现出来，这就是钓人的网。

常持其网驱之，其言无比，乃为之变。以象动之，以报其心，见其情，随而牧之。己反往，彼覆来，言有象比，因而定基。重之袭之^①，反之覆之，万事不失其辞。圣人所诱愚智，事皆不疑。故善反听者，乃变鬼神以得其情。其变当也^②，而牧之审也。牧之不审，得情不明；得情不明，定基不审。变象比，必有反辞，以还听之。欲闻其声反默，欲张反

●后羿射白龙

敛，欲高反下，欲取反与。欲开情者^③，象而比之，以牧其辞，同声相呼，定理同归。

注 释

①袭：重复、重叠之意。②当：适合，得当。③开情：开启实情。

译 文

　　常拿着网追逼对方，对方言辞仍无表露而失去比较，就要改变方法。用"象"来促动对方，以便使对方将心里的东西说出来，暴露实情，从而控制对方。这样反复试探，所说的话可以类比模仿，因而奠定了基础。再三详细重复审视，任何事情都可以通过说话反映出来。圣人以此诱导愚者和智者，都能得到实情而无疑惑。古代善于反复详审的人，可以透过隐秘玄奇而获得实情，他们随机应变很得当，对对手的控制也很周密详细，如果不详细调查了解，得到的情况就不明确，得到的情况不明确，奠定的基础就不全面。要把"象"和"比"灵活运用，就要说反的话，以便观察对方的反

鬼谷子

应。欲让对方发言，自己反而保持缄默，欲让对方张开，自己反而收敛，想要升高反而下降，想要获取反而给予。想要开启实情，就要善于运用模仿比较的方法，以便掌握对方的言辞。这时同类的声音就会彼此呼应，就能得到真实情况。

或因此，或因彼；或以事上，或以牧下。此听真伪、知同异、得其情诈也①。动作言默，与此出入，喜怒由此以见其式，皆以先定为之法则。以反求复，观其所托，故用此者，己欲平静②，以听其辞，察其事，论万物，别雄雌。虽非其事，见微知类。若探人而居其内③，量其能，射其意也。符应不失，如螣蛇之所指④，若羿之引矢，故知之始己，自知而后知人也。其相知也。若比目之鱼⑤。其伺言也，若声之与响。其见形也，若光之与影也。其察言也不失，若磁石之取针，如舌之取燔骨⑥。

①**情诈**：实情和欺诈。②**己欲平静**：本句意为听言之道，自己先要平心静气。③**探人**：探测人的实情。④**螣蛇**：亦作"蛇"。传说中一种能飞的蛇。⑤**比目之鱼**：只有一只眼睛的鱼，经常是两尾同时并游。这里比喻人与人相知，就像比目鱼须两两相随一样不可分。⑥**燔骨**：烧过的骨头。

或者因为这种道理，或者因为那种道理；或者用来侍奉上司，或者用来管理下属。这就是听取真假，知道同异，以便刺探对手的真情或者欺骗。举止行为、言语或缄默，与此相关，喜怒情绪都可以从这里见到端倪，都是事先确定法则。以反求复，观察对方心理的寄托，所以就使用这种反听的办法。自己想要平静，以便听取对方的言辞，目的是观察事情、讨论万物、辨别雄雌。虽然所谈的事不是事情本身，从表现出来的细微之处就可以了解总的变化。听取对方言辞以揣测对方实情，就像刺探敌情而深居敌境一般，要首先估计敌人的能力，其次再刺探敌人的意向，像验合符契一般来响应，像螣蛇所指一般的神奇，更像后羿拉弓射箭一般的准确。了解别人必须先了解自己，

六韬三略

一七四

了解自己,然后再去了解别人。人与人相知,就像比目鱼两两相随相亲相爱。听对方的言辞时,就像声音与回音的关系一般。当看到对手的形象时,就像光与影的关系一般。审察对方言论了解实情,不可有所疏忽,就像用磁石吸细针,就像用舌头汲取烧过的骨汁一样。

原文

其与人也微,其见情也疾。如阴与阳,如阳与阴;如圆与方,如方与圆。未见形,圆以道之;既见形,方以事之。进退左右①,以是司之。己不先定,牧人不正,事用不巧②,是谓"忘情失道";

●天人合一

己审先定以牧人,策而无形容,莫见其门,是谓"天神"。

注释

①**进退左右**:指用人升迁、黜退、左贬、右升。②**事用不巧**:处理事情不灵活。

译文

把自己暴露给对方的微乎其微,而侦察对方的行动却十分迅速。如阴、阳、圆、方相成相形,不可分割。形貌未显时以圆的方法引导他,形貌已显就以方的法则对待他。不论前进还是贬退,是左迁还是右调,一切都要用上面的方法管理。如果自己不先定下标准,那么管理任用人员就不恰当。假如对事情运用的技巧不够了解,这就叫作"忘怀感情,丧失正道"。自己先详细掌握处世用人法则,再去管理人才,施用谋略而不露痕迹,不见门户,这就叫作"天神"。

鬼谷子

一七五

内揵第三

题 解

　　内揵，是指从内心下功夫、从内心谋划以让对方心服的谋略。因人的性情不一而论，所以游说他人，必先了解其性情，共同处事，必先寻求见解一致。鬼谷子认为："远而亲者，有阴德也；近而疏者，志不合也；就而不用者，策不得也；去而反求者，事中来也；日进前而不御者，施不合也；遥闻声而相思者，合于谋待决事也。"所以，如果能采用对方的意见，就可以独往独来；如果能掌握对方的情况，就可以控制对方施展权术，可以坚持，也可以放开；如果想离去，就将危险留给他人，就像圆环旋转反复，使人不知要干什么；这就是说要根据他人的特点来对付他，采用合适的说服策略，那么想进就可以进，想退就可以退。当然，即使有朝一日，你功成名就，高居要职，也不要忘了适时隐退是上策。

六韬三略

原 文

　　君臣上下之事①，有远而亲，近而疏；就之不用②，去之反求③；日进前而不御④，遥闻声而相思。事皆有内揵⑤，素结本始⑥。或结以道德，或结以党友，或结以财货，或结以采色。用其意⑦，欲入则入，欲出则出；欲亲则亲，欲疏则疏；欲就则就，欲去则去；欲求则求，欲思则思。若蚨母之从其子也⑧，出无间，入无朕，独往独来，莫之能止。

注 释

　　①**君臣上下之事**：君与臣上下之间的关系。②**就**：接近、靠近。③**去**：离开。本句意为顺合心意，离去反而求取。④**御**：使用。⑤**内揵**：就是叙述自己的观点。⑥**素结本始**：在君臣和对方与自己之间，一开始就相联系、交结。⑦**用其意**：指君主采用大臣的意见。⑧**蚨母**：土蜘蛛，这种蜘蛛的母爱极强，因此每当出入巢穴时，都要把穴口加盖以防外敌入侵。

君与臣上下之间的关系，有的距离远却关系亲密，有的距离近却关系很疏远，接近反而不被重视，离去反而容易被求取。虽然每天都晋见君主却不受欢迎，虽然距离遥远与君主只能互相听到声音却相思。上下相交之事，一定是内情相得，然后巩固，上下之间开始就相联结。有的要用道德的方式来结合，有的要用朋党的方式来结合，有的要用财货的方式来结合，有的要用艺术和娱乐的方式来结合。君王采纳臣下意见，那么想要进来就进来，想要出去就出去，想要疏远就疏远，想要投靠就投靠，想要离开就离开，想要求取就求取，想要思念就思念。就像土蜘蛛抚养后代,出入没有什么间隙，独来独往，没有什么能阻止它。

●教子读书

原 文

内者，进说辞也。楗者，楗所谋也。故远而亲者，有阴德也；近而疏者，志不合也。就而不用者，策不得也①；去而反求者，事中来也。日进前而不御者，施不合也②；遥闻声而相思者，合于谋待决事也。

注 释

①**策不得也**：计谋得不到赞同。②**施不合也**：措施不合适。

译 文

所谓"内"就是进献游说之辞，所谓"楗"就是固守谋略。所以距离远反而亲近的人，是因为双方都有着相契合而未显露出来的美德；距离很近反而疏远的人，是由于志向不相契合。虽然在职却不被重用，是因为计谋得不到赞同；在革职以后反而又起用，是因为谋略后来得到印证；虽然每天都和君主相见却不被使用，是由于其行为不得体；远远听到声音就起相思之念的，是因为其谋略正与决策者互相符合，因而等待他决定事情。

故曰：不见其类而为之者^①，见逆；不得其情而说之者^②，见非。得其情，乃制其术^③。此用可出可入，可楗可开。故圣人立事，以此先知而楗万物^④。

注 释

①**类**：类似，共同点。②**情**：指对方情况。③**"得其"句**：与对方情况相合，就掌握了内楗之术，运用自如。④**"以此"句**：以得其情而预先认识把握万事万物。

译 文

所以说：还没看见对方的情形，就采取行动的人，会被认为是背道而驰；还没等掌握对方的情况，就进行游说的人，会被认为是胡作非为。所以掌握实情，才是把握了内楗之术。这样才能运用自如，既能进献说辞，又可固守谋略。圣人建立功业，是以得到实际情况掌握内楗之术的办法预先把握万事万物。

原 文

由夫道德、仁义、礼乐^①、忠信、计谋，先取《诗》《书》，混说损益，议去论就。欲合者，用内，欲去者，用外。外内者，必明道数，揣策来事^②，见疑决之。策无失计，立功建德。治名入产业，曰：楗而内合。

注 释

①**礼**：指规定社会行为的法则、规范、仪式。**乐**：指音乐。②**揣策来事**：推测判断未来的事情。

译 文

由道德、仁义、礼乐、忠信、计谋开始,先依据引用《诗经》《尚书》验证自己的学说,然后综合研究有害还是有益，最后才能议论离去还是就任。想要一致的，用内情相合的方法；想要分离的，用外情相离的方法。当处理内外大事时必须先辨别道理和法术，而且又能揣摩策划未来的事情，发现问题，在各种疑问面前能定下决心，在运用策略时不失算计，建立功勋，累积德政。治理百姓安居乐业，就是君臣上下之情相契合。

原　文

上暗不治^①，下乱不寤，楗而反之。内自得而外不留说，而飞之^②。若命自来已，迎而御之；若欲去之，因危与之。环转因化，莫之所为，退为大仪^③。

注　释

①**上暗不治**：是说君主昏庸不能推行善政。②**飞**：飞扬，激昂之辞。③**大仪**：大法、大原则、秘诀。

译　文

君主昏暗不行善政，百姓离乱不辨事理，就是上下之情不相契合。对内自鸣得意，对外不注意新思想，这样就等于拒绝外来捭阖的进入，自我颂扬。如果朝廷诏命自己，虽然也要接受，但又要拒绝。要想拒绝诏命，要设法给人一种错觉。如圆环旋转反复，使旁观者看不出你想干什么。在这种情况下，急流勇退是最好的办法。

抵巇第四

题　解

抵，堵塞，引申为处理、利用的意思。巇，裂缝，引申为矛盾和问题。抵巇，就是弥补不足，堵塞漏洞，针对出现的各种矛盾与问题而采取不同的处理手段，或者加以补救。本篇提出了万事万物都会出现裂缝和矛盾，要审时度势，在问题刚刚暴露之时，将其消除。若能补救，则采用"抵而塞之"的办法；若无法补救，则采用"抵而得之"的办法。

　　物有自然①，事有合离。有近而不可见②，远而可知。近而不可见者，不察其辞也；远而可知者，反往以验来也。巇者③，罅也；罅者，涧也④；涧者，成大隙也。巇始有朕，可抵而塞，可抵而却，可抵而息⑤，可抵而匿，可抵而得⑥，此谓抵巇之理也。

　　①自然：天然。这里指有规律之意。②见：发现、觉察。③巇：同"隙"，裂缝。④涧：山沟。⑤息：止息。⑥得：获得。

　　世间万物都有自然发展的规律，万事都有聚合分离的法则。虽然距离很近却互不认识，虽然距离很远却能互相了解；距离近的所以看不见，那是因为没有考察对方言辞；距离远的所以可以知晓，那是因为能经常来往，互相体察。巇，也就是罅。罅是由小的裂缝开始，像山涧发展成大裂隙一样。在裂痕刚出现时就要通过"抵"使其闭塞，通过"抵"使其减小，通过"抵"使破裂停止，通过抵的方法而使之消失，通过抵的方法而获得成功，这就是用"抵巇"之术堵塞缝隙的道理。

　　事之危也，圣人知之①，独保其身，因化说事②，通达计谋，以识细微。经起秋毫之末③，挥之于太山之本④。其施外⑤，兆萌芽蘗之谋，皆由巇罅。抵巇之隙，为道术用。天下分错，上无明主；公侯无道德⑥，则小人谗贼；贤人不用，圣人窜匿；贪利诈伪者作⑦，君臣相惑，土崩瓦解，而相伐射⑪。父子离散⑧，乖乱反目，是谓"萌芽巇罅"。

　　①知：觉察。②因化：顺应变化。③经：始。④挥：挥动。⑤施外：施教于人。⑥道德：指通物得理。⑦贪利：贪图利益。⑧父子离散："父不父，子不子"，指父子

关系失去礼仪。

　　当事情有了危险的征兆时，只有圣人才能觉察出来，而且能够独自发挥应有的作用。顺应变化分析事物，善于使用计谋，发现细微之处，并提前预防。事情初起时如秋毫之末那样微小，发展起来就可以形成震动泰山的效果。当圣人德政向外推行以后，那么奸邪小人的一切阴谋诡计，都可以利用抵巇之术加以排斥。抵巇，堵塞缝隙，就是一种道术。天下分崩离析，上没有圣明的君主；公侯丧失道德，那么进

●帝尧

谗言干坏事的小人就会出现；贤良的人得不到任用，圣人逃跑隐藏；贪图利益和弄虚作假的人兴风作浪，君主和臣子之间出现猜疑，以致国家纲纪土崩瓦解，民众之间互相攻击射杀，父子关系离散，甚至反目为仇，这就叫作轻微的裂痕。

　　圣人见萌芽巇罅，则抵之以法。世可以治则抵而塞之；不可治则抵而得之。或抵如此，或抵如彼[1]；或抵反之，或抵覆之。五帝之政，抵而塞之；三王之事，抵而得之。诸侯相抵[2]，不可胜数。当此之时，能抵为右。自天地之合离、终始，必有巇隙[3]，不可不察也。察之以捭阖，能用此道，圣人也。圣人者，天地之使也[4]。世无可抵，则深隐而待时；时有可抵，则为之谋。此道可以上合[5]，可以下检[6]。能因能循[7]，为天地守神[8]。

　　[1]**抵如彼**：指上文中的"抵而得之"。[2]**相抵**：相互抵制、抵抗。[3]**巇隙**：可理解为逆乱事件。[4]**天地之使**：天地的代行者。[5]**上合**：打击之后加以堵塞。[6]**下检**：

打击之后得到它。⑦**因**：根据。**循**：遵循。⑧**天地守神**：为天地守其神祀，意思为国家的统治者。

当圣人看见国家出现裂痕的萌芽之态时，就会采取"抵巇"之术堵塞裂隙。圣人认为：当世道可以治理的时候，可以用抵巇方法堵塞缝隙，当不可以治理的时候，则可用抵巇的方法获得它。或者堵塞缝隙，或者得到天下，或者恢复天下，或者取代天下。传说中上古五帝之时，是以抵巇之术堵塞天下，上古三王之时，是以抵巇之术得到天下。诸侯之间互相用抵巇之术争夺的很多。此时，善于运用抵巇之术者就能成功。与天地有离合一样，裂隙逆乱总是相伴相随，不能不明察秋毫。要想考察这些问题，就要用"捭阖之术"，能用此道的就是圣人。圣人，乃是天地所派遣的特使，假如世间没有裂隙需要抵塞，那么就深深地隐藏以等待时机；遇到裂隙出现需要抵塞，那么就为此谋划。这样，对上可以合作，对下可以督察。既能有所根据，又能有所遵循，这就是天地的守护神。

飞箝第五

飞，褒奖。箝，紧紧夹住，控制。本篇主要阐述了赢得对方内心的方法，即箝制的两种说法：一是"钩"，即使用各种方法引诱对方说出自己的真实想法，然后加以控制；二是"飞"，就是远远地把话语传给对方，主要是一些恭维、赞扬的话语，从而引诱对方说出自己的真实想法。采用飞箝之术，要了解对方的计谋、才能和底细，有针对地采用捭阖之术。

凡度权量能①，所以征远来近。立势而制事②，必先察同异之党，别是非之语，见内外之辞，知有无之数③，决安危之计，定亲疏之事，然后乃权量之。其有隐括，乃可征、乃可求④、乃可用。引钩箝之辞，飞而箝之。钩箝之语，其说辞也，乍同乍异。其不可善者：或先征之⑤，而后重累；或先以重累，而后毁之；或以重累为毁，或以毁为重累。其用，或称财货⑥、琦玮(wěi)、珠玉、璧帛(bì)、采色以事之，或量能立势以钩之，或伺候见涧而箝之⑦，其事用抵巇。

●诸葛亮智说周瑜

注释

①量：测量。②制事：管理事务。③有无之数：指是否具有某种能力。④求：求取、招求。⑤征：征召、征用。⑥财货：财物货币。⑦伺候：伺机、等待。

译文

　　凡是考察权变能力，都是为了征召远近人才，使之归附投奔，建立制度，管理事务，一定要先考察他们之间的差异与相同之处，以便区别他们言论的是非，发现言辞的表面与实际的真伪，以便了解他们的能力和虚实，要先决定国家安危的基本大计，并且决定君臣间的亲疏关系，这样再权衡估量长短轻重。做完上面这些事情以后，就可以揣度计谋和测验才干。等到有需要的时候，就可以征召，就可以提拔，就可以重用。运用言辞中的钩箝之术，引诱他人主动表示归顺自己，或以激昂言论引诱从而控制对方得到实情。引诱对方说顺从己方的话，是游说辞令，其特点是忽同忽异。对于那些即使以钩箝之术仍无法控制的对手，或者首先对他们进行威胁利诱，然后再对他们进行反复试探。或者首先给敌人以反复的试探，然后再对他们发动攻击加以摧毁。有的人认为，反复试探就等于是对对方进行破坏；有的人认为，对对方的破坏就等于是反复试探。准备重用某些人时，用财物或各种珠宝等给予试探，或者衡量、考察对方才能，确定去留的趋向以引诱出对方实情，或者发现对方的弱点箝制对方，上述方法就是运用抵巇之术达到自己的目的。

　　将欲用之于天下①，必度权量能，见天时之盛衰②，制地形之广狭③，阻险之难易，人民货财之多少，诸侯之交孰亲孰疏④、孰爱孰憎，心意之虑怀⑤。审其意，知其所好恶，乃就说其所重，以飞箝之辞钩其所好，以箝求之⑥。

注　释

　　①用之于天下：把飞箝之术推广运用到全天下。②见：意为识别、鉴别。③地形之广狭：地理形势的广阔与狭窄。④孰亲孰疏：谁跟谁亲密、谁跟谁疏远。⑤虑怀：思虑和希望。⑥以箝求之：意为以引诱手法挟制住而求取对方说出心中所好。

译　文

　　要将"飞箝之术"推广运用于全天下，一定要揣度智谋权变与能力，识别天道运行的兴盛与衰落，知晓地理形势的广阔与狭窄，山川险阻的险峻与平坦，以及人民财富的多少。诸侯之间的交往及与谁亲密、与谁疏远，与谁友好、与谁敌对，心中意念具有何种思虑与愿望。要想详细知道对方的意向和希望等，就必须要了解对方的好恶，然后针对对方所最重视的问题进行游说。用飞箝的言辞引诱对方说出所喜好的，然后再以诱导手法挟制住而求取对方。

原　文

　　用之于人，则量智能、权材力、料气势，为之枢机以迎之随之，以箝和之，以意宜之，此飞箝之缀也①。用之于人，则空往而实来②，缀而不失③，以究其辞。可箝而从④，可箝而横；可引而东，可引而西；可引而南，可引而北；可引而反，可引而覆⑤；虽覆能复⑥，不失其度。

注　释

　　①飞箝之缀：这是飞箝术的运用与发挥。②空往：仅仅用语言赞美歌颂。③缀而

不失：连结而不失去。意即把握好"实来"的好时机不要失去。④**从**：通"纵"，与"横"相对。南北为纵。⑤**引**：引导。⑥**覆**：回去、回来。**复**：恢复。

译 文

　　将飞箝之术运用于其他人，就要观察测试智慧才能、考察能力、估量气概声势，把握关键要害之处，以迎合对方或顺应对方，以箝制之术达到与对方协调，以意念态度达到与对方融洽。这是飞箝术的运用与发挥。用在人与人的关系方面，就用空洞赞美之辞套引对方得到实际情况，把握好时机不要失去，以探究对方会说些什么。并且跟对方保持紧密关系不可中断，以便借机研究对方言辞，进而加以控制，使对方服从。可以从纵的方面运用飞箝之术，可以从横的方面运用飞箝之术；可引向东，也可引向西；也可引向南，也可引向北；也可引向反，也可引向复。虽如此，但是还是要小心，不可丧失其节度。

忤合第六

题 解

　　"忤"与"合"是一对反义词，"忤"的意思是抵抗，违背；"合"的意思是闭合，进而引申为符合、适合的意思。本篇指出，任何事物互相对立是客观存在的，只有运用"以反求合"的方法才能顺应事物的变化，同时这种方法用于游说之士，最终选择什么样的君主以辅佐，从而建功立业。

原 文

　　凡趋合倍反①，计有适合。化转环属②，各有形势，反覆相求，因事为制。是以圣人居天地之间③，立身、御世、施教、扬声④、明名也，也因事物之会，观天时之宜，因知所多所少⑤，以此先知之，与之转化。

注 释

①**趋合倍反**：指事物的"合"与"忤"。倍反，悖逆。倍，同"背"。②**环属**：像环一样连接无缝隙。环，指环状东西；属，连接。③**居**：处于。④**扬声**：扩大声望。⑤**因知所多所少**：此句意思为国家教化宜多或宜少的地方。

译 文

　　凡是要趋向合一或背叛分离，都要施以与理相合的计谋。变化转移，像环一样连接无缝隙，而且各有不同的形式。彼此反复相求，根据事情的实际做出处理。所以圣人生存在世界上，他们的立身处世，都是为了说教世人，扩大影响，宣扬声名。他们一定会根据事物的变化，观察合适的时机，根据国家教化宜多或宜少的地方，预先察知、调整而使计谋随之转化。

原 文

　　世无常贵①，事无常师。圣人常为无不为②，所听无不听。成于事而合于计谋，与之为主。合于彼而离于此③，计谋不两忠，必有反忤；反于是，忤于彼；忤于此，反于彼。

注 释

①**贵**：高贵。②**无不为**：无所不为。③**离**：背离。

译 文

　　世间没有永恒的高贵，事情没有固定的模式。圣人经常作为而无所不为，常听天下而无所不听。假如事情必然能成功，而且又合乎计谋的原则，就应该以此作为主体。虽然合乎别国君主的意思，可惜却背离自己君主的原则，不可能同时忠于双方，必然有违背。既背叛自己君主，又忤逆别国君主；既忤逆自己君主，又背叛敌国君主，这就是"反忤之术"。

原 文

　　其术也，用之于天下①，必量天下而与之；用之于国，必量国而与之；用之于家，必量家而与之；用之于身，必量身材能气势而与之。大小进退，其用一也^②。必先谋虑计定，而后行之以飞箝之术。

注释

①**用**：使用。②**其用一也**：它的功用是一致的。

译文

将反忤之术运用到天下，一定要根据天下实际情况而运用它；用于治理邦国，一定要根据邦国实际情况运用它；用于治理家族，一定要根据家族实际情况运用它；用于个人，一定要根据自身才能气概运用它。总而言之，不论大小进退，其功用是相同的。因此，一定要先深谋远虑，定下计策谋略之后再运用飞箝之术。

●良禽择木

原文

古之善背向者，乃协四海、包诸侯^①，忤合之地而化转之，然后求合。故伊尹五就汤^②，五就桀，而不能所明，然后合于汤。吕尚三就文王^③，三入殷^④，而不能有所明，然后合于文王。此知天命之箝，故归之不疑也。

注释

①**包**：包容。②**伊尹**：本名挚，原本是商汤妻子的陪嫁奴隶，后来因为向商王陈述自己的政治见解而被商汤赏识提拔，辅佐商汤讨伐夏桀，建立商朝，是商朝的开国功臣。**汤**：商汤王。商朝第一个君主，消灭夏王朝，重用伊尹，推行善政。③**吕尚**：姓姜，名尚，号太公，也就是民间盛传的姜子牙。④**殷**：指商王朝。

译文

古代那些擅长通过反对一方、趋向一主而横行天下的人，常常掌握四海之内的各种力量，包容诸侯，可以驱置到忤合的境地，然后设法变化、转移形势，到最后利用

●伊尹

这种势力开创新王朝。所以贤相伊尹五次臣服商汤，五次臣服夏桀，之后才决定一心臣服商汤王。姜太公吕尚三次臣服周文王，三次臣服殷纣王，可是他对殷纣王却无法理解，之后才决定一心臣服周文王。这是关系到天命的地方，所以伊尹和吕尚才归顺商汤和周文王而无所怀疑。

六韬三略

原文

非至圣人达奥，不能御世；劳心苦思①，不能原事；不悉心见情，不能成名；材质不惠②，不能用兵；忠实无真，不能知人③。故忤合之道，己必自度材能知睿 (ruì)，量长短远近孰不如，乃可以进，乃可以退，乃可以纵，乃可以横。

注释

①劳心：费心思。《四部丛刊》本"劳心苦思"前少一个"非"字。②材质：才能素质。材，才。③知人：识别人。

译文

没有达到高深的圣人境界，就不能治理天下；不是劳费心思苦苦思索，就不能弄清事物的本来面目；不是全神贯注地观察真实情况，就不能成就名声；才能气质不足，就不能进行军事运筹；只是忠厚朴实而无真知灼见，就不能有察人之明。所以忤合的规律是：自己必须估量自己的聪明才智，看一看能力长短、见识远近，看哪一项不如他人。如此既可以前进，又可以后退；既可以使其合纵，又可以使其联横，这样才能运用自如。

揣篇第七

题 解

游说的人，要趁对方高兴时前往，这样就能完全了解其欲念。"揣"篇讲的是关于"揣度"的谋略，即要在敌人最高兴的时候去刺激他们的欲望，利用其欲望来刺探实情；对方有了欲念，就无法隐藏其性情。另外，还要利用对手最害怕的时机，去加剧其恐惧，从而探到实情。也可以趁对方不高兴时前往，那么就能完全了解其仇恶。对方有了仇恶，也没法隐藏其性情。

原 文

古之善用天下者，必量天下之权，而揣诸侯之情。量权不审①，不知强弱轻重之称；揣情不审，不知隐匿变化之动静②。何谓量权？曰：度于大小，谋于众寡；称货财有无之数，料人民多少、饶乏，有余不足几何③？辨地形之险易，孰利孰害？谋虑孰长孰短？揆君臣之亲疏，孰贤孰不肖？与宾客之智慧，孰少孰多？观天时之祸福，孰吉孰凶？诸侯之亲，孰用孰不用？百姓之心，去就变化，孰安孰危？孰好孰憎？反侧孰辩？能知如此者，是谓量权。

注 释

①审：详细、周密。②动静：指隐匿变化的情况。③几何：若干，多少。

译 文

古代善于治理天下的人，一定要度量天下形势，而揣摩诸侯实情。度量天下形势不周密，不知道诸侯强弱轻重虚实；假如揣摩实情而不够详细，就不能知道全天下的时局变化。什么叫作衡量权势呢？答案是：度量大小，谋划多少。衡量钱财的有无，预测百姓富足与缺乏，富余或不足的程度如何；分辨地形的险峻平坦及哪里重要，哪里危险；谋划思考哪里有优势，哪里不足；君臣之间亲密和疏远的关系，哪个贤明，哪个不足为谋；宾客之间谁更聪明智慧一些？观察天时运行何时带来祸，何时带来福？

鬼谷子

与诸侯之间的关系谁能任用谁不可使用？老百姓聚散离合的民心所向如何，哪里安定，哪里有危机？喜好什么，憎恶什么？百姓的反叛如何察之？能够了解以上这些情况的，就是善于度量形势。

揣情者，必以其甚喜之时，往而极其欲也；其有欲也，不能隐其情。必以其甚惧之时，往而极其恶也①；其有恶也，不能隐其情。情欲必失其变。感动而不知其变者，乃且错其人勿与语②，而更问所亲知其所安。夫情变于内者，形见于外，故常必以其见者而知其隐者，此所谓测深揣情。

①**极其恶也**：使对方厌恶达到极点。②**错**：通"措"，措置、安放。

所谓揣摩实情就是必须在对方最高兴的时候，去加大他们的欲望；他们只要有欲望，就不能隐瞒实情。必须在敌人最恐惧的时候，前去加重他们的恐惧，他们只要有害怕的心理，就不能隐瞒住实情。情欲必然要随着事态的发展变化而流露出来。情感受到了触动却不能体现好恶喜惧的变化，就暂且搁置不与他深谈，而另外问他所亲密的人，了解他情感所依托的根据。对那些情绪在内心发生变化，而在行动上有所表现，必须经常凭他所表现出来的，去了解他所掩饰的情况。这就是揣测灵魂深处实情的方法。

故计国事者，则当审权量；说人主①，则当审揣情。谋虑情欲，必出于此。乃可贵，乃可贱；乃可重，乃可轻；乃可利，乃可害；乃可成，乃可败，其数一也。故虽有先王之道②、圣智之谋，非揣情隐匿，告无所索之。此谋之大本也③，而说之法也。常有事于人，人莫先事而至，此最难为。故曰：揣情最难守司，言必时其谋虑④。故观蜎飞蠕动，无不有利害，可以生事变⑤；生事者，几之势也。

此揣情饰言，成文章，而后可论之。

注 释

①**说人主**：向人主献说陈情。②**先王之道**：古圣君王的法则。③**本**：基本原则。④**时其**：选择良机。⑤**生事变**：意为事物的发展变化。

译 文

谋划国家事务的人，必须详细审察形势变化；在向君王献说陈情时，就应该详细揣测实情。谋略计策、考察情欲必然要用这种策略。懂得揣术的道理并加以运用，就可以达到"贵""贱""重""轻""利""害""成""败"各种目的，这都是运用揣术的结果。所以虽然有古圣君王的法则，极高明的智慧谋略，不采用揣情的方法，那些隐藏的实情就无法获得。这是谋略中的原则，而且是游说的基本原则。常有事件发生在人的心中，人却不能预先知道。在事情发生之前就能观察到，那是最难的。所以说揣情最难以把握，最难以掌握时机。所以当昆虫蠕动时，都有它们自己的利害关系存在，因此发生变化，都会有细微变化预示形势的发展。这些揣情的方法要经过加工整理成为华彩辞章，在以后论述。

● **主明臣直**

摩篇第八

题 解

摩，反复观察对方，重在与对方接触，在接触中试探对方，并且尽量顺从对方的意思，以取得对方的好感和信任。揣是摩的手段，摩是揣的深入。本篇还讲述了游说之士明哲保身、远离灾祸的问题。列举了十种根据对方的性情进行试探的方法，同时在运用时要注重把握规律、技巧和时机。

摩者，揣之术也；内符者，揣之主也[①]。用之有道，其道必隐。微摩之以其所欲，测而探之[②]，内符必应。其应也，必有为之[③]。故微而去之[④]，是谓塞窌、匿端[⑤]、隐貌、逃情，而人不知，故成其事而无患。摩之在此，符之在彼。从而应之，事无不可[⑥]。

注 释

①**内符者，揣之主也**：内心情感的变化及其外在表现是揣测的主要对象。②**测而探之**：估测然后探究其中奥妙。③**必有为之**：一定有所作为。④**去**：排除。⑤**端**：头绪。⑥**"摩之"四句**：在这里揣摩，在那里显现，互相呼应，没有什么事情不可以做成的。

译 文

所谓"摩"就是揣测的权术；所谓"内符"就是揣摩之后的内部反应。运用摩术有一定法则，而且这个法则是在隐蔽中进行。当初步揣摩时，必须有一定的目的，然后进行侦察刺探，其内部必然暗合呼应。呼应时，必然有一定的行为表现。因此适当地加以排除，就是所说的堵塞地窖、隐匿头绪、藏匿形貌，回避实情而别人不知晓，所以能够使事情成功而没有忧虑。在这里进行"揣摩"，使对方发生"内符"，两相呼应，那就没有什么事是不可以成功的了。

原 文

古之善摩者，如操钩而临深渊，饵而投之，必得鱼焉。故曰：主事日成[①]，而人不知；主兵日胜[②]，而人不畏也。圣人谋之于阴，故曰"神"；成之于阳，故曰"明"[③]。所谓主事日成者，积德也，而民安之[④]，不知其所以利；积善也[⑤]，而民道之，不知其所以然[⑥]，而天下比之神明也。主兵日胜者，常战于不争不费，而民不知所以服[⑦]，不知所以畏，而天下比之神明也。

①**主事日成**：所进行的事情日渐成功。②**主兵日胜**：领兵打仗日渐胜利。③**圣人谋之于阴，故曰"神"，成之于阳，故曰"明"**：这一句是继续论述圣贤之人善于揣摩而成事，意谓圣人深谋远虑于隐蔽之中。④**安之**：安然、安宁。⑤**积善**：积累善行。⑥**其所以然**：是这个样子的原因。⑦**不知所以服**：不知道为什么服从。

古代善于揣摩的人，就如同拿着钓钩来到深渊钓鱼一样，只要他把带有鱼饵的钓钩投进深渊，就必然能钓到大鱼。所以说：所进行的事情日渐成功而别人却不知道，所指挥的军事行动达到了目的还没人感到恐惧。圣人深谋远虑于隐蔽之中，像神道玄妙，所以才被称为"神"，事情成功，昭然若揭，故而称作"明"。所谓做事日渐成功的人，就是暗中积累德行的具体表现；而百姓安宁，却不知道为什么会享受到这些利益，这就是积有善行的具体表现。假如百姓以此为正道，而不知其所以然的话，那就可以把天下比作神明。领兵打仗日渐胜利，能战胜于无形之中，不发生激烈冲突，不耗费精力，而百姓不知道为什么能服从，不知所畏，而且把天下比作神明。

其摩者^①：有以平，有以正，有以喜，有以怒，有以名，有以行，有以廉，有以信，有以利，有以卑。平者，静也；正者，直也；喜者，悦也；怒者，动也；名者，发也；行者，成也；廉者，洁也；信者，明也；利者，求也；卑者，谄也^②。故圣所独用者，众人皆有之^③，然无成功者，其用之非也。故谋莫难于周密^④，说莫难于悉听，事莫难于必成^⑤，此三者，唯圣人然后能任。

①**其摩者**：指"摩"的方法。②**卑者，谄也**：谦卑，是为了谄媚。③**皆有之**：都能运用。④**莫难于周密**：没有比周详、缜密更难的。⑤**必成**：必定要成功。

在进行"揣摩之术"时，可以使用的方法有用和平进攻的，有用正义责难的，有

鬼谷子

用讨好的，有用愤怒激励的，有用名声威吓的，有用行为逼迫的，有用廉洁感化的，有用信义说服的，有用利害诱惑的，有用谦卑套取的。平，就是平静；正，就是正直；喜，就是喜悦；怒，就是鼓动；动，就是行动；名，就是发扬；行，贵在成功；廉，就是简洁；信，就是明了；利，就是求取；卑，是为了谄媚。因此圣人所单独使用的"揣摩之术"，众人也都能明了。然而运用不成功，就是运用得不当。所以谋划没有比缜密更难的，游说没有比全部被听从更难的，事情没有比必定能成功更难的。只有做到这三个方面的人才算是有才能。

故谋必欲周密，必择其所与通者说也[1]，故曰或结而无隙也。夫事成必合于数，故曰道、术与时相偶者也[2]。说者听，必合于情，故曰情合者听。故物归类，抱薪趋火，燥者先燃；平地注水[3]，湿者先濡。此物类相应，于势譬犹是也。此言内符之应外摩也如是。故曰摩之以其类，焉有不相应者？乃摩之以其欲，焉有不听者？故曰：独行之道[4]。夫几者不晚，成而不抱，久而化成。

● 受言书屏

注 释

①说：游说。②"道、术"句：指道理、术数、天时三者相配合。③注：倒入。④独行之道：志向高尚，不随俗浮沉之人才能掌握的揣摩之术。

译 文

因此谋划一定要周密，一定要选择意趣相投的人进行游说，所以结交要亲密无间。要想把事情做成功，必然要跟揣摩之术相合，所以说道理、权术、天时三者合一才能成事。事物都归属各自的种类，抱着柴去救火，干燥的部分先燃烧，平地上倒水，低洼地方先湿。这就是物类互相呼应的道理，在这种情势下那是必然的结果。这里说的内心反应与外面揣测相适应也是这样，所以说揣测时把握各类事物的相同点，哪里有不呼应的？根据其情欲意向揣摩，哪里有不被听从采纳的？所以说，只有圣人才能施行揣摩之术。至于那些精通"揣摩之术"的人都是功成不居的圣人，有成绩也不停止，天长日久就一定能化育天下，获得最后的成功。

权篇第九

题 解

本篇主要阐述了根据游说对象的实际情况而运用的原则和方法。权，衡量的意思，是说对别人进行游说时所使用的措辞要反复衡量，善于变化。一是要明确游说目的，顺着对方的话题，有选择地用佞言、谀言、平言、戚言、静言展开游说。二是要充分发挥口耳目的作用，仔细观察，谨慎小心。三是发扬自己优点，回避自己缺点。四是言语中要避免病、怨、忧、怒、喜五种情绪。游说要因人而异，灵活应用。

原 文

说者，说之也；说之者，资之也。饰言者，假之也^①；假之者，益损也。应对者，利辞也；利辞者，轻论也^②。成义者，明之也；明之者，符验也。难言者，却论也^③；却论者，钓几也。

注 释

①假之：假借以说服人。②轻论：轻视言论。③却论：反对论调。

译 文

游说，就是劝说别人；对人劝说的目的，就是说服人。带有装饰性的说辞，都是不真实的谎言；不真实的谎言，既有好处也有坏处。所谓进退应对，必须有伶俐的外交口才；所谓伶俐的外交口才，乃是一种轻浮的言辞。具有正义和真理价值的言论，必须阐明真伪；阐明真伪，是为了验证是否正确。指责的言辞，是反对的言论；持反对的言论，是诱出对方隐藏内心的细微之处。

原文

佞言者，谄而于忠；谀言者^①，博而干智；平言者，决而干勇；戚言者^②，权而干信；静言者，反而干胜^③。先意成欲者，谄也；繁称文辞者，博也；策选进谋者，权也；纵舍不疑者，决也；先分不足而窒非者，反也。

注释

①**谀言**：谄媚。②**戚言**：忧愁的言论；戚是忧的意思。③**反而干胜**：自己有不足却指责他人从而求取胜利。

译文

花言巧语的人，会因谄媚而显得忠诚；以不实之词来奉承的人，是以貌似广博的虚浮之辞来求取智慧之名；平实的言语，由于果决不疑而获得勇敢的名声；忧愁之言，是运用计策求得信任；稳重之言，却由于反抗而胜利。用华美之词鼓吹欲望的人，为实现自己的意图来钻别人欲望空子的就是谄媚；用很多美丽辞藻来夸张的就是吹嘘的人，精选谋略而献策的人就是揽权；即使舍弃也无疑虑的就是果决，自己不对反而责备他人的就是背叛。

原文

故口者，机关也，所以闭情意也。耳目者，心之佐助也，所以窥瞷奸邪^①。故曰：参调而应，利道而动。故繁言而不乱，翱翔而不迷^②，变易不危者，观要得理。故无目者，不可示以五色^③；无耳者，不可告以五音。故不可以往者^④，无所开之也；不可以来者，无所受之也。物有不通者^⑤，故不事也。古人有言曰："口可以食，不可以言。"言者有讳忌也。众口铄金^⑥，言有曲故也。

注 释

①**窥瞯奸邪**：察知发现奸诈邪恶。奸邪，奸是恶，邪是不正。②**翱翔**：鸟在高空飞舞。此处指言辞纵横自如。③**五色**：青黄赤白黑五种颜色，泛指各种色彩。④**往**：前往。⑤**不通**：不通达、不可沟通。⑥**众口铄金**：众人的言论可以熔化金属。铄，熔化金属。

译 文

口，是言语发出之处，是用来宣布或闭锁情意的。耳朵和眼睛，是思维的辅助，可以察知发现奸诈邪恶。所以说：只要心、眼、耳三者协调呼应，就会走向有利的道路。所以烦琐的言辞不能紊乱，言辞纵横自如而不迷乱，言辞形式或内容有改变而不危险，重要的在于抓准要点，掌握规律。所以对色彩感觉不敏锐的人，不能给他欣赏各种色彩；对听觉不敏锐的人，不能跟他谈论音乐。所以不能前去游说他，是因为他闭塞，不值得开启；不能前去游说他，是因为他浅薄，没有接受的能力。事物不通达，故而不能成就大事。古人有句话说："嘴是用来吃东西的，不可以发言。"因为说话容易犯忌，这就是所谓的众口铄金，是形容言语容易偏邪不正。

原 文

　　人之情，出言则欲听，举事则欲成①。是故智者不用其所短，而用愚人之所长；不用其所拙，而用愚人之所工②，故不困也。言其有利者，从其所长也；言其有害者，避其所短也。故介虫之悍也③，必以坚厚④；螫虫之动也！必以毒螫。故禽兽知用其长，而谈者知用其用也⑤。

注 释

①**举事**：办事、行事。②**工**：擅长、善于。③**介虫**：指有甲壳的虫类。④**坚厚**：指坚固厚实的甲壳。⑤**知用其用**：知道使用他该用的游说术。

译 文

　　人之常情，进行游说希望能被采纳，办事就希望能成功。所以一个聪明人，不用自己的短处，而用愚鲁人的长处；不用自己的笨处，而用愚鲁人的巧处，因此自己永远遇不到困难。当说到对方的长处时，就要发挥对方的长处；当说到对方的短处时，就回避对方的短处。所以甲虫保护自己，充分利用坚硬的甲壳；有毒刺的虫采取行动，一定要用它的毒刺。可见禽兽也知道用它们的长处，而进言的人更要知道用他该用的游说术。

六韬三略

原　文

故曰：辞言有五，曰病、曰怨、曰忧、曰怒、曰喜。故曰：病者，感衰气而不神也①；怨者，肠绝而无主也；忧者，闭塞而不泄也；怒者，妄动而不治也②；喜者，宣散而无要也。此五者精则用之，利则行之③。

注　释

①**不神**：不精神。②**妄动**：草率行动。③**利**：有利。

译　文

所以说，言辞有五种，即病言、怨言、忧言、怒言、喜言。病言，就是指有衰竭之气而精神不足的言辞；怨言，就是哀怨断肠而没有主见的言辞；忧言，就是心情郁结不能宣泄的言辞；怒言，就是轻举妄动，不能自控的语言；喜言，就是自由散漫不得要领的语言。以上这五种外交言辞，精炼之后才可以使用，有利才可以推行。

原　文

故与智者言，依于博；与拙者言，依于辩；与辩者言，依于要；与贵者言，依于势；与富者言，依于高；与贫者言，依于利；与贱者言①，依于谦；与勇者言，依于敢；与过者言，依于锐。此其术也，而人常反之。是故与智者言，将此以明之；与不智者言，将此以教之②；而甚难为也。故言多类，事多变。故终日言，不失其类，而事不乱。终日变，而不失其主，故智贵不妄。听贵聪，智贵明，辞贵奇。

●秤

注释

①贱：地位低下。②教：教导。

译文

　　所以跟智者说话时，要依靠渊博；跟拙者说话时，要依靠详辩；跟辩者说话时，要依靠简单；跟贵者说话时，要依靠气势；跟富者说话时，要依靠高雅；跟贫者说话时，要依靠利害；跟贱者说话时，要依靠谦敬；跟勇者说话时，要依靠果敢；跟有过失的人说话时，要依靠敏锐。所有这些都是待人接物之术；然而很多人却背道而驰。因此跟聪明的人说话就要用这些来加以阐明，跟不聪明的人说话就要用这些来进行教诲，然而事实上却很难做到。所以言谈有多种方法，所论事物有多种变化。掌握方法后，即使整日言谈，也不会把事情搞乱。事情不断变化，也不会失其原则。所以智者的可贵之处在于不乱不虚，听话善辨真伪，智慧善断是非，言辞要变幻莫测。

谋篇第十

题　解

　　谋就是谋略的意思。本篇主要讨论通过对对方的权衡，如何策划谋略、说服别人。使用谋略时要遵循因地制宜的原则。首先，讲述为别人出谋划策要确立一定的标准，详细地了解对方的真实情况，了解双方之间的利害关系，然后再认真地考虑谋略。其次，阐述了为别人出谋划策要因人制宜，从细小的地方入手，循序渐进，逐渐积累。再次，讲述了游说别人与为别人出谋划策必须搞好人际关系，顺从对方，并且注意技巧。最后，讲述了游说别人与为别人出谋划策必须把主动权掌握在自己手中，达到制人而不制于人的目的。

右侧竖排：鬼谷子

一九九

为人凡谋有道，必得其所因^①，以求其情。审得其情，乃立三仪。三仪者曰上、曰中、曰下。参以立焉，以生奇。奇不知其所拥^②，始于古之所从。

●伪献地张仪欺楚

①因：依据、凭借。②"奇不"句：奇计是没有什么可以阻塞的。

各种谋略规划都有一定的规律，一定要弄清事物的起因，把握有关的实际情况。弄明白实情，就可以确立"三仪"标准。所谓三仪，就是上智、中才、下愚，三者相辅相成才能产生奇妙的计谋，而奇妙的计谋是没有什么可以阻塞的，这是自古以来就被遵从的规律。

故郑人之取玉也，载司南之车，为其不惑也。夫度材、量能、揣情者^①，亦事之司南也。故同情而相亲者，其俱成者也；同欲而相疏者，其偏成者也；同恶而相亲者，其俱害者也；同恶而相疏者，偏害者也。故相益则亲^②，相损则疏，其数行也，此所以察同异之分，其类一也。故墙坏于其隙，木毁于其节，斯盖其分（fèn）也。

①度材、量能、揣情：度量才干、能力，揣测实情。②益：有益、有利。

所以郑国的人挖掘玉石，用安装有指南针的车子装载，是为了不迷失方向。度量才干、能力，揣测实情，也是行事的指南。所以凡是观念相同而又亲密的人，必然是

六韬三略

在各方面都很成功的人；凡是欲望相同而又互相疏远的人，必然是只在一方面很成功的人。假如同时受到憎恨可又互相亲密，一定是都受到损害；同时受到憎恨却又互相疏远，是只有一方受害。所以假如能互相有好处就感情亲近，反之，假如互相有坏处感情就疏远，这都是常常发生的事情，同时这也是判断异同，进行分类的一种方法。所以墙壁都是由于有裂痕才倒塌，而树木都是由于蛀虫毁坏了枝节才折断，这都是理所当然的事。

原 文

故变生于事，事生谋，谋生计，计生议，议生说，说生进，进生退，退生制，因以制于事①。故万事一道，而百度一数也②。

注 释

①**因以制于事**：因而用来制约事物。②**数**：数术。

译 文

所以事物变化会生出事端，有事变就生出计谋，有计谋就会有筹划，筹划产生议论的基础，议论产生学说，学说产生进退，进退确立规章制度，因而用来制约事物。由此可见各种事物遵循一个道理，各种道理遵循一个法度。

原 文

夫仁人轻货①，不可诱以利，可使出费；勇士轻难②，不可惧以患，可使据危；智者达于数、明于理③，不可欺以诚，可示以道理，可使立功，是三才也。故愚者易蔽也④，不肖者易惧也，贪者易诱也，是因事而裁之⑤。故为强者，积于弱也；为直者，积于曲也；有余者，积于不足也。此其道术行也。

注 释

①**货**：财物。②**难**：灾难。③**达于数，明于理**：通达数术，明白事理。④**易蔽**：容易被蒙蔽。⑤**是因事而裁之**：根据事情不同特点予以巧妙裁夺。

鬼谷子

二〇一

一个有德行的君子，自然会轻视财货，因此不能用金钱来诱惑他们，反而可以让他们捐出资财；一个勇敢果断的壮士，自然会轻视困难，因此不能用忧患来恐吓他们，反而要让他们镇守危地；一个具有智慧的聪明人，他们通达一切事理，因此不能用假装诚信去欺骗他们，而是应该用讲道理跟他们相处，同时也可以使他们建立功业；这就是所谓仁德、勇士、智者的"三才"。所以愚笨的人容易被蒙蔽，品行不好的人容易害怕，贪婪的人容易受诱惑。这些要根据不同特点巧妙裁夺。所以强大是由弱小积聚而成，直壮是由弯曲积累而成，

●江海

有余是由不足积累而成，这是因为道术得到了实行。

原 文

故外亲而内疏者①，说内；内亲而外疏者②，说外。故因其疑以变之，因其见以然之，因其说以要之，因其势以成之③，因其恶以权之，因其患以斥之。摩而恐之，高而动之，微而证之④，符而应之，拥而塞之，乱而惑之，是谓计谋。

注 释

①内疏：内心疏远。②外疏：表面疏远。③因其势以成之：根据对方形势予以成就。④微而证之：稍微引据证实。

译 文

所以，表面亲近而内心疏远的要从内心着手进行游说，内心亲近而表面疏远的要从外表入手游说。因而，要根据对方的疑惑来改变，根据对方的表现来推移，更根据对方的说辞来归纳，根据对方的趋势来组织，根据对方的缺陷来权衡，根据对方的忧患来排斥。揣摩之后加以威胁，抬高之后加以策动，削弱之后加以扶正，符瑞之后加

以验合，拥护之后加以堵塞，骚乱之后加以迷惑，这就叫作"计谋"。

原 文

　　计谋之用，公不如私，私不如结①，结而无隙者也。正不如奇，奇流而不止者也。故说人主者，必与之言奇；说人臣者，必与之言私。其身内、其言外者疏；其身外、其言深者危。无以人之所不欲，而强之于人；无以人之所不知，而教之于人。人之有好也，学而顺之；人之有恶也②，避而讳之，故阴道而阳取之也。故去之者纵之，纵之者乘之。貌者③，不美又不恶，故至情托焉。可知者，可用也；不可知者，谋者所不用也。

注 释

　　①私不如结：心的结合要比私来得好。②恶：厌恶。③貌：面貌、容貌，也指外形、外表。

译 文

　　计谋的运用，公开不如隐秘，隐秘不如同心相结，亲密无间。循常理不如出其不意，奇计一出则不可阻止。所以向人君游说的人，必须先谈论奇策；同理，向人臣游说时，必须先进行私交。关系很亲密而说的话却又很见外，就会被疏远；关系很疏远而说的话又很深入就会有危险。不要将别人所不乐意接受的强加于人；不要将别人所不知道的，去教训别人。别人有所喜爱，可以学习迎合他的兴趣；别人有所憎恶，回避而不要言及，所以用隐秘的方法进行，然后公开地收获。所以要去除某事就可以放纵它，放纵的目的在于寻找可乘之机。那些不轻易喜形于色的人，可以将大事托付给他。可知心的人，就可以任用；不能知心的人，深谋远虑的人不会任用他。

原 文

　　故曰：事贵制人①，而不贵见制于人②。制人者，握权也③；见制于人者，制命也④。故圣人之道阴，愚人之道阳；智者事易⑤，而不智者事难⑥。以此观之，亡不可以为存，而危不可以为安，

然而无为而贵智矣^⑦。

译 文

所以说，为政最重要的是掌握人，绝对不可以被人控制。控制人的人是手握大权的统治者，被人控制的人是唯命是从的被统治者。因此君子立身处世之道是属于阴，小人的立身处世之道是属于阳。有智慧的人成事比较容易，没有智慧的人成事比较困难。由此看来，国家灭亡就很难复兴，国家骚乱就很难安定。所以，顺应自然变化发展规律，才是高贵的智者。

原 文

　　智用于众人之所不能知，而能用于众人之所不能见。既用见可，择事而为之，所以自为也^①；见不可，择事而为之，所以为人也。故先王之道阴，言有之曰："天地之化，在高与深；圣人之道，在隐与匿。非独忠、信、仁、义也^②，中正而已矣。"道理达于此义者，则可与语。由能得此，则可与谷远近之义^③。

注 释

①**所以自为**：这是为自己去做。②**忠、信、仁、义**：忠心、诚实、仁爱、道义，这是古代基本的道德法则。③**谷**：养，引申为培养、发展之意。

译 文

要把智慧运用于众人所不知道的地方，运用在众人所看不到的地方。如果在运用智谋之后被别人认可，就要选择一些事情去做；如果运用智谋之后不被别人认可，就要选择一些相应的事情，让别人去做。因此，圣人使用的计谋都是隐蔽的。古话说："天地的运转变化表现在高深上；圣人使用的计谋隐而不显。不仅仅从表面上讲忠诚、诚信、仁慈、义气，只要内心坚持不偏不倚的正道就行了。"只有通达这种道理的精义的人，才可与之谈论这种谋略。如果真能体悟到这些道理，就可以发展长远的和目前的关系。

决篇第十一

题 解

　　"决"的意思是决断。本篇主要讲述三方面问题，首先，决断的前提是疑难的存在，而决断疑难的关键是趋利与避害。其次，是怎么样做出决策，做出决策的方法有五种，具体的方式有四种，可以当机立断的情况有五种。文章又提出做出决定的时候必须考虑过去、现在和将来的情况。最后，强调决策的重要性，"故夫决情定疑，万事之机，以正乱治决成败，难为者"。

原　文

　　凡决物①，必托于疑者②，善其用福③，恶其有患④，善至于诱也⑤，终无惑偏⑥。有利焉，去其利则不受也⑦，奇之所托⑧。若有利于善者，隐托于恶，则不受矣，致疏远。故其有使失利⑨，其有使离害者⑩，此事之失。

注　释

　　①**决物**：决断事情。②**托**：依托。**疑**：心中的疑惑。③**善其用福**：以得到幸福为善，意思是说希望得到幸福。④**恶其有患**：以有祸患为恶，意思是说厌恶有祸患。⑤**诱**：引诱，诱导。⑥**惑**：疑惑。**偏**：偏颇。⑦**去**：取消。⑧**奇**：指奇妙的计策。⑨**失利**：丢失了利益。⑩**离害**：遭遇祸害。离，通"罹"，遭受。

译　文

　　凡是决断事情，都是依据那人心里存在的疑问来进行的。人们都希望得到幸福，而厌恶遭遇祸患，如果善于诱导，最终会消除疑惑。人们只会做对自己有利的事情，如果没有利处，就不会做这件事。这是运用奇思妙计的依据。如果决策表面上做善事而暗中做恶事的话，那么我们就不会接受他，而且还要疏远他。因此，如果在决策方面使人丧失了某种利益，或者使人遭遇灾祸，这些都是决策的失误。

鬼谷子

二〇五

　　圣人所以能成其事者有五：有以阳德之者①，有以阴贼之者②，有以信诚之者③，有以蔽匿之者④，有以平素之者⑤。阳励于一言⑥，阴励于二言⑦，平素枢机以用四者⑧，微而施之。于是度以往事⑨，验之来事⑩，参之平素，可则决之。公王大人之事也⑪，危而美名者⑫，可则决之；不用费力而易成者⑬，可则决之；用力犯勤苦⑭，然则不得已而为之者⑮，则可决之⑯；去患者⑰，可则决之；从福者⑱，可则决之。

●著

故夫决情定疑，万事之机，以正乱治决成败，难为者。故先王乃用著龟者⑲，以自决也。

　　①**以阳德之**：公开地用道德感化别人。②**以阴贼之**：暗中使用诡计伤害别人。③**以信诚之**：通过诚信使别人心悦诚服。④**以蔽匿之**：通过隐蔽的方式来做决断。⑤**以平素之**：用公平的方法做决断。⑥**阳励于一言**：公开做事的时候要前后一致，始终如一。⑦**阴励于二言**：暗中做事方法要富于变化。⑧**平素**：此处指通常的言语。**枢机**：巧妙的话语。⑨**度**：推断。⑩**验**：验证。⑪**公王大人之事**：侍奉王公大人。事，侍奉。⑫**危**：高尚，高雅。⑬**费力**：花费力气。⑭**犯**：遭受，遭遇。⑮**已**：停止。⑯**决**：决断。⑰**去患**：消除忧患。⑱**从福**：追求幸福。⑲**先王**：古代圣明的帝王。

译 文

　　圣人所以能够完成大事业的因素有五个：有用阳道来感化的，有用阴道来惩治的，有用信义来教化的，有用爱心来袒护的，有用廉洁来净化的。君道是为守常而努力，臣道是为进取而努力；君道无为而以平明为主，臣道有为而以机要为主，所以必须运用这四者小心谨慎进行。于是猜测以前的旧事，以便和未来的新事互相验证，再参考平素的言行，如果一致就能做出决定。于是根据过去的事加以揣度，运用将来的事情进行判断，再以平素作为参考，可行就做出决断；不用劳费心力就能成功，可行就做出决断；要劳费心力遭受辛苦，然而在不得已的情况下，可行就做出决断；消除祸患，可行就做出决断；追求幸福，可行就做出决断，所以判定实情解决疑难是各种事物的关键，拨乱反正以决定成败，是很难做到的事。所以先代君主用蓍草和龟甲来帮助自己做出决断。

符言第十二

题 解

　　符，就是"符节"，是古代官场上流行的重要信物。它用竹木或者金属制成，上面刻有文字，然后从中间一剖两半，朝廷与接收命令的官员各自保存一半，以做对证。在验证时，两半相合，这一举动被称为"验符"。"符言"的意思是语言和事实相符。本篇讲述的是君王的治国之道和做人的原则。一是要平和、从容、正直。二是要虚怀若谷，以天下人为用。三是要从善如流，开诚布公。四是要赏罚分明。五是要博学多才。六是要顺应天地运行的客观规律。七是要知晓内外、行事周全。八是要明察秋毫。九是要表里如一，名实相符。

原 文

　　安、徐、正、静，其被节无不肉^{pī}①。善与而不静，虚心平意②，以待倾损③。右主位。

注 释

　　①被：及，达到。肉：肥满。②虚心平意：内心谦虚，意志平和。③倾：倒塌、覆灭。

译 文

　　君主如果能做到安详、从容、公正、镇静，他就具有治理国家的宽厚仁慈的品质。他对民众友善，能够给予民众而不争夺利益，内心谦虚冷静，心意平和，如果具有这种处世态度，就可以准备应付可能出现的危机，以上讲的是如何保持君位。

原 文

目贵明，耳贵聪，心贵智。以天下之目视者①，则无不见；以天下之耳听者，则无不闻；以天下之心虑者，则无不知。辐辏并进，则明不可塞②。右主明。

注 释

①以天下之目视者：以天下人的眼光去看。②塞：堵塞、蒙蔽。

译 文

眼睛要明亮，耳朵要敏锐，心智要敏捷。为人君的，假如用天下的眼睛来看，那就没有什么看不见的；假如用天下的耳朵来听，那就没有什么听不见的；假如用天下的思想来思考，那就没有什么不知道的。如果天下人心聚于一处，就像车轮一样并排前进，那么君主的眼睛就不会被蒙蔽。可见君主要明察天下了解百姓疾苦才行。

原 文

听之术曰①：勿坚而拒之。许之则防守②，拒之则闭塞③。高山仰之可极④，深渊度之可测⑤；神明之位术⑥，正静其莫之极与！右主听⑦。

注 释

①听之术：原作"德之"。②许：赞许。防守：守卫。③闭塞：封闭，阻挡。④仰之可极：抬头仰望就可以看见极点。⑤度之可测：测量就可以测到底部。⑥神明：神圣的明主。⑦右主听：以上讲述的是如何听取别人的意见。

译 文

听取别人意见的方法是：不要随意许诺，也不要随意拒绝。如果对别人作了许诺，对方就会保守自满；如果随便拒绝，对方就会保持沉默，闭口不说。高山即使再高，抬头就可以仰望到山顶；深渊即使再深，也会测到底部的深度；君主处在最高的位置，其端正沉稳是无法测到的。以上讲述的是如何听取别人的意见。

　　用赏贵信，用刑贵正。赏赐贵信，必验耳目之所见闻①，其所不见闻者，莫不暗化矣。诚畅于天下神明，而况奸者干君②？右主赏。

　　①验：和证据互相对照，以便明了真相。②奸者：邪恶、狡诈的人。

　　使用奖赏的原则贵在守信，使用惩罚贵在公正。奖赏贵在守信，一定要用耳闻目睹的事实来验证。那些不能听到或见到的，也是在潜移默化中不知不觉发生影响。至诚在于天下畅通，要让百姓知晓，犹如有神明君主保佑一样。又何惧奸邪之徒冒犯君主呢？

　　一曰天之，二曰地之，三曰人之①。四方、上下、左右、前后，荧惑之处安在？右主问。

　　①"一曰"二句：指应知天时、地利、人和。

　　一叫作天时，二叫作地利，三叫作人和。四方上下、左右前后方位的关系也应知晓，还应知火星运行到了何处。可见君主的发问必须针对天时、地利、人和。

　　心为九窍之治①，君为五官之长。为善者②，君与之赏；为非者，君与之罚。君因其政之所以求，因而与之，则不劳。圣人用之，故能赏之③。因之循理，故能久长。右主因。

鬼谷子

二〇九

①**九窍**：就是口、两耳、两眼、两鼻孔、二便孔等，但是通常都除掉二便孔而称为"七窍"。窍，小孔、洞。②**为善**：做好事。③**"圣人"二句**：用之，任用他们。赏之，疑为"掌之"。

译　文

心是九窍的统治者，君主是五官的首长。做好事的臣民，君主就会给他们赏赐；做坏事的臣民，君主就会给他们惩罚。君主根据臣民来朝见的思想，斟酌实际情形而给予赏赐，如此就不会劳民伤财。依据遵循事理，所以能够长久。

原　文

人主不可不周。人主不周，则群臣生乱①**。寂乎其无常也，内外不通，安知所开**②**？开闭不善，不见原也。右主周。**

注　释

①**乱**：叛乱。②**开**：原意为开门，这里指开放而引起的变化。

译　文

为人君的必须要知道世间的一切道理，如果君主不通人情道理，那么群臣就会发生骚乱。人间没有一点声音是不正常的，对内对外都没有交流，又怎能知道天下大事的演变呢？开放或封闭使用不当，就无法发现善政的根源，可见为人君者必须普遍通晓事理。

原　文

一曰长目①**，二曰飞耳**②**，三曰树明**③**。千里之外，隐微之中，是谓洞。天下奸**④**，莫不暗变更。右主参**⑤**。**

注　释

①**长目**：眼睛看得远。②**飞耳**：耳朵听得远。③**树明**：内心能够洞察。④**奸**：奸邪。这里指奸邪情况。⑤**右主参**：以上讲述的是君主如何洞察一切情况。

六韬三略

译 文

一要看得更远，二要听得更远，三要能够洞察一切。如果能够了解千里之外的情况，能够了解隐秘而微小的事情，这就叫作洞察。即使是心存奸邪的人也会暗地改变自己的行为。以上讲的是如何洞察一切情况。

原 文

循名而为，实安而完；名实相生，反相为情。故曰：名当则生于实①，实生于理②，理生于名实之德③，德生于和，和生于当。右主名。

注 释

①当：适当，恰当。②理：指事物的变化发展规律。③德：指事物的本来属性，事物的本原。

译 文

依循名分去做事，根据实际存在的情况做出决定。名分与实情相辅相成，互相对应，这是客观事实。所以说，适当的名分是从客观事物中产生的，而客观事物是从规律中产生的，规律产生于名实的本来属性，事物的本原产生于天地之间的和谐状态，和谐状态是从适当中产生。以上讲述的是君主如何把握名分。

本经阴符七术

题 解

本是指根本，经是指标准，阴是指内在体验，符是指外在表现。本篇主要是讨论纵横家的精神修养问题。前三篇主要讨论了如何使内在的精神坚定充实，后四篇讨论如何使内在的威力散发到外界并制服对方，以内在精神的充实坚定为根本，相辅相成，互相作用。内心需要修养"神""志""意"三个方面，三者相互联系并各有侧重。同时阐述了旺盛精神、培养意志、充实思想、分配威力、分散发力、连环使计、斟酌损益七个方面的修炼。

原文

盛神法五龙①。盛神中有五气②，神为之长，心为之舍，德为之人。养神之所，归诸道③。道者，天地之始，一其纪也④。物之所造，天之所生。包容无形化气。先天地而成，莫见其形，莫知其名，谓之"神灵"⑤。故道者，神明之源，一其化端，是以德养五气，心能得一，乃有其术。术者，心气之道所由舍者，神乃为之使。九窍十二舍者⑥，气之门户，心之总摄也。

注释

①盛神：使精神旺盛。法：效法。五龙：一说指五行之龙，道藏本注解用此说。一说指五行之仙。②五气：五脏的精气。古代医学，以五脏配五行，肝配木，心配火，脾配土，肺配金，肾配水。故五脏之气，也是五行之气的体现。③道：道家认为"道"是世界的本源与规律。④纪：丝的头绪，开端。⑤神灵：指产生天地与万物。⑥九窍：双眼、双耳、双鼻孔、口、前后阴。

译文

要使人的精神旺盛，就要效法五龙。旺盛的精神中有五气，精神是五气的总帅，心灵是五气的住所，品德是精神在人身上的表现。凡属培养精神的地方都归于"道"。所谓"道"，就是天地的本源，是天地的纲纪。创造万物的地方，就是天产生的地方。化育万物的气，在天地之前就形成了，可是没有人见过它的形状，也没有人知道它的名称。于是称之为"神灵"。所以说，"道"是神明的源泉，而"一"是变化的开端。品德可养五气，心能总揽五气，于是产生了"术"。"术"是心气的通道，是魂魄的使者。人体上的九个孔和十二舍是气进出人体的门户，心是这些的总管。

原文

生受之天，谓之真人①。真人者，与天为一。而知之者，内修炼而知之②，谓之圣人。圣人者，以类知之③。故人与生一，出于化物。

六韬三略

二一二

知类在窍，有所疑惑，通于心术，心无其术，必有不通。其通也，五气得养，务在舍神④。此之谓化。

注释

①**真人**：道教所推崇的修炼得道的理想人物。②**内修炼**：修身养性。③**类**：类别，类推。④**舍神**：使精神得到归宿，保持镇静与专一。

译文

从上天得到生命的人是真人，真人与天融为一体。明白这些道数的人，是通过内心的修炼才明白的，这就叫作"圣人"。圣人能以此类推而明白一切道理，人与万物一起生成，都是事物变化的结果。人所以能知晓事物，主要是有九个可以接受事物的"窍"。如果对事物有所疑惑，就要采取一定的方法去排除，如果仍然不通，那就是方法不当。当九窍畅通之时，五气就会得到滋养，滋养五气就要使精气保持镇静与专一。这就是所说的"化"。

原 文

化有五气者①，志也、思也、神也、德也，神其一长也。静和者养气②，养气得其和。四者不衰，四边威势无不为③，存而舍之，是谓神化归于身，谓之真人。真人者，同天而合道④，执一而养产万类⑤，怀天心、施德养、无为以包志虑、思意，而行威势者也。士者⑥，通达之，神盛乃能养志。

注释

①**化有五气**：由五气变化产生。②**静和**：宁静平和。③**四边威势**：向四方发出威势。④**同天而合道**：跟天与道合一。⑤**执一**：即坚守自然之道。⑥**士者**：指游说之士。

译文

所谓化，必须有五气，主要是指志、思、神、心、德，其中"神"是五气的总帅。如果宁静、祥和就能养气，养气就能得到祥和。这四个方面都不衰弱，周围就构不成威胁，对这种情况可以用"无为"来处之。把五气寓于自身，就是所谓神化，当这种神化归于自身时，那就是真人了。所谓真人，就是已经把自身与自然融为一体，与大道完全符合，坚守无为法则来化育万物，他们以大自然的胸怀，广施善德来滋养五气，本着无为法则，包容智虑、思意，施展神威。士人如能心术通达，心神盛大，就能修养自己的心志。

<h1 style="text-align:center">二</h1>

原　文

养志法灵龟①。养志者，心气之思不达也②。有所欲，志存而思之。志者，欲之使也。欲多志则心散③，心散则志衰，志衰则思不达也。故心气一，则欲不偟④；欲不偟，则志意不衰；志意不衰，则思理达矣。理达则和通，和通则乱气不烦于胸中⑤。

注　释

①**养志**：培养志向、意志。**灵龟**：古人认为乌龟是一种长寿而通灵的动物。②**心**：古人认为心是主宰思想活动的器官。**气**：指人体的活动机能。**达**：畅达。③**心散**：思想分散。④**偟**：闲暇，空隙。⑤**和**：和气，平和正常的活动机能。**通**：畅通。**乱气**：杂乱不正常的活动机能。

译　文

养心志的办法是效法灵龟。修养心志是由于思虑还没有通达。如果一个人有什么欲望，就会在心中想着去满足欲望。所以说心志不过是欲望的使者。欲望多了，心神就会涣散，意志就会消沉。意志消沉，思虑就无法通达。因此，心神专一，欲望就不会过多；欲望不多，意志就不会消沉；意志不消沉，思想脉络就会畅通；思想脉络畅通，就能心气和顺；心气和通就没有乱气郁积于心中。

原　文

故内以养气，外以知人①。养志则心通矣，知人则分职明矣②。将欲用之于人，必先知其养气志。知人气盛衰，而养其气志，察其所安③，以知其所能④。

注 释

①知人：了解人，处理好人际关系。
②分职：各自分掌的职责。③所安：所
安心的事情，即兴趣、爱好。④所能：
所能做的事情，即能力、才干。

●灵龟

译 文

因此，对内要以修养自己的五气为
主。对外要明察各种人物。修养自己可
以使心情舒畅；了解他人可以知人善任。如果想重用一个人，应先知道他的养气功夫，
因为只有了解了一个人的五气和心志的盛衰之后，才能继续修养他的五气和心志，然
后再观察他的心志是否安稳，了解他的才能到底有多大。

原 文

志不养，心气不固①；心气不固，则思虑不达；思虑不达，则
志意不实②；志意不实，则应对不猛③；应对不猛，则失志而心气
虚；志失而心气虚，则丧其神矣。神丧则仿佛④，仿佛则参会不一⑤。
养志之始，务在安己⑥；己安，则志意实坚；志意实坚，则威势不分，
神明常固守，乃能分之。

注 释

①固：稳固，坚定。②实：充实。③应对：应付，对答。猛：严厉，此处有理直
气壮的含义。④仿佛：同"恍惚"，模糊不清醒。⑤参会：探求，领会。不一：不专一。
⑥安己：使自己安定。

译 文

如果一个人的心志都得不到修养，那么五气就不会稳固；五气不稳固，思想就不
会舒畅；思想不舒畅，意志就不会坚定；意志不坚定，应付外界的能力就不强；应付
外界能力不强，就容易丧失意志，心里空虚；丧失意志，心里空虚，就丧失了神志；

人一旦丧失了神志，他的精神就会陷入恍惚的状态；精神一旦陷入恍惚状态，那么他的意志、心气、精神三者就不会协调一致。所以修养意志的首要前提是安定自己。自己安定了意志才能坚定；意志坚定了，威势才不分散，精神才能固守。只有这样，才能使对手的威势分散。

<h2>三</h2>

原文

实意法螣蛇^{téng}^①。实意者，气之虑也^②。心欲安静，虑欲深远。心安静，则神明荣^③；虑深远，则计谋成。神明荣，则志不可乱；计谋成，则功不可间^④。意虑定，则心遂安^⑤；安则其所行不错，神自得矣得则凝^⑥。识气寄^⑦，奸邪得而倚之，诈谋得而惑之，言无由心矣^⑧。

注释

①**实意**：使思想充实镇定。**螣蛇**：传说中能够腾云驾雾、变幻飞翔的灵蛇。②**气之虑**：气所进行的思考活动。"气"是古代的哲学与医学概念，在生理上是指神经与器官的功能。③**神明荣**：精神爽朗充沛。④**间**：阻隔。⑤**遂**：顺畅。⑥**凝**：凝固，指专一而不分散。⑦**识气寄**：思想活动不安定而游历在外。寄，客寄，即游历在外。⑧**言无由心**：说话不会认真思考。

译文

要坚定意志，就要效法蛇。坚定意志就是要在五气和思想上下功夫。心情要安详宁静，思虑要周到深远。只有心情安详宁静，精神就会愉快；只有思虑深远，计谋才能成功。精神愉快，心志就不会紊乱；计谋成功，功业就不可抹杀。意志和思虑能安定，心情就能安详，其行为没有差错，精神就能宁静。如果胆识和心气都是暂时寄住，那么奸邪就会乘虚而入，诈谋也会乘机来施展，讲出的话也不是经过用心考虑的。

故信心术①，守真一而不化②，待人意虑之交会③，听之候之也④。计谋者，存亡之枢机⑤。虑不会，则听不审矣⑥，候之不得。计谋失矣，则意无所信，虚而无实。无为而求安静，五脏和通六腑⑦；精神魂魄⑧固守不动。乃能内视、反听、定志，思之大虚，待神往来。以观天地开闭，知万物所造化，见阴阳之终始，原人事之政理。不出户而知天下，不窥牖（yǒu）而见天道。不见而命⑨，不行而至。是谓"道知"，以通神明，应于无方而神宿矣。

①**信心术**：使心术真诚。②**守真一**：坚持专一之道。**化**：变化，改变。③**意虑之交会**：即彼此思想交融，开诚相见。④**听**：听从。**候**：迎候，等待，接受。⑤**枢机**：关键。枢是门轴，主管门户的开关；机是弓弩上的装置，主管箭的发射。⑥**审**：周详。⑦**五脏**：心、肝、脾、肺、肾。**六腑**：胃、小肠、大肠、胆、膀胱、三焦。⑧**魂魄**：古人认为是依附在肉体上的精神体。⑨**不见而命**：没有看到事物却可以叫出它的名称。

所以要坚信通达心灵的方法，信守纯真始终不变，静静地等待意志和思虑的交汇，听候期待这一时机的到来。计谋是国家存亡的关键，思虑不与意志交会，所听到的事就不详明，即使等候，时机也不会到来。计谋失去了作用，那么意志也就无所依赖，计谋也就成了虚而不实的东西。所以，思虑计谋时务必要做到意志坚强，心气宁静。力求安静五脏和通六腑，使精神、魂魄固守纯真，不为外界所动。于是就可以对内自我省察，对外听取消息。凝神定志，神游太虚幻境，等待时机与神仙往来，观察开天辟地的规律，了解自然界万物演变的过程，揭示阴阳变化的规律，探索人世间治国安邦的道理。这样自己不出门就可以知晓天下大事，不开窗就可以看见天道，没看见民众就发出命令，没推行政令就天下大治，这就是所谓的"道"。它可以与神明交往，与无限的世界相应和，并能使神明长驻心中。

鬼谷子

二一七

四

　　分威法伏熊①。分威者，神之覆也②。故静固志意，神归其舍③，则威覆盛矣。威覆盛，则内实坚；内实坚，则莫当；莫当，则能以分人之威而动其势，如其天。

　　①分威：发挥出威力。伏熊：趴在地上准备出击的熊。②覆：覆盖，笼罩。威力在精神笼罩之下就可以充分发挥。③神归其舍：指精神集中而不分散。舍，居住之地。

　　分布隐蔽威风，就要效法伏熊。所谓分威，就是把威风一部分掩蔽起来。要平心静气地坚持志向，使精神归于心舍，那么威风就因为阻碍而更加强劲。威风因隐伏而强劲，内心就更坚定有底。内心坚定，就所向无敌。所向无敌，就可用分布隐伏威风来壮大气势。使其像天一样壮阔。

　　以实取虚①，以有取无，若以镒称铢②。故动者必随，唱者必和③。挠其一指④，观其余次，动变见形，无能间者⑤。审于唱和，以间见间，动变明而威可分。将欲动变，必先养志⑥，伏意以视间⑦。知其固实者⑧，自养也；让己者⑨，养人也。故神存兵亡⑩，乃为之形势。

　　①虚：弱小。②镒、铢：都是古代重量单位，镒相当于二十四两；二十四铢为一两。③和：跟着唱和。④挠：弯曲。⑤间：间隙。⑥养志：培养意志。⑦视间：观察对方的间隙。⑧固实：使思想意志坚定而充实。⑨让己：让自己退让。⑩兵亡：兵器消失看不到，指不让人看到自己的进攻状态。

六韬三略

二一八

　　用实来取虚，用有来取无，就像用镒来称铢一样轻而易举。因此，只要行动，就会有人跟随；只要呐喊，就会有人附和。只要屈起一个指头，就可以观察其余各指，只要能见到各指活动的情形，就说明外人无法离间他们。如果通晓唱和的道理，就可用离间的方法去加大敌人的裂痕。如果审察透彻，就可使敌人的弱点暴露出来。这样行动就不会盲目，威势也可以分散一些。将要有所行动必须先修养心志，并把意图隐蔽起来，暗中观察对手的漏洞。凡是懂得坚持自己意志的人，就是能自我养气的人。凡是知道谦让的人，就是能替人养气的人。因此要设法让精神的交往发展下去，让武力争斗得以化解。这就是所要实现的形势。

五

　　散势法鸷鸟[zhì]①。散势者，神之使也②。用之，必循间而动③。威肃内盛④，推间而行之⑤，则势散。夫散势者，心虚志溢⑥。意失威势，精神不专，其言外而多变。

　　①**散势**：散发势力，指利用有利形势来采取行动。势，有利的形势。**法**：效法。**鸷鸟**：一种出击迅速凶猛的鸟。②**使**：指使、指派。③**间**：间隙，机会。④**肃**：集中、收敛。⑤**推间**：推测间隙，即分析、利用间隙。⑥**心虚**：思想虚静。**志溢**：意志充沛。

　　散开舒展气势就要效法鸷鸟。散开气势是由精神支配，实行时必须沿着空隙运行，才能威风壮大、内力强盛。如果寻找缝隙运行，那么气势就可以散开。散开气势的人，能包容一切和决定一切。意念一旦丧失威势，精神就会陷于涣散，言语就会外露无常。

　　故观其志意为度数，乃以揣说图事①，尽圆方②，齐长短。

鬼谷子

二一九

无间则不散势③，散势者待间而动，动势分矣④。故善思间者，必内精五气⑤，外视虚实⑥，动而不失分散之实。动则随其志意⑦，知其计谋。势者，利害之决，权变之威。势败者⑧，不以神肃察也。

●鸷鸟不群

译 文

为此，要考察对方意志的度数，以便用揣摩之术来图谋大事，比较方圆，衡量长短。如果没有间隙就不分散气势。所谓散势，就是等待适当时机而行动。一旦采取行动，气势就会分散。因此，善于研究用间的人，一定要对内精通五气，对外观察虚实。即使行动，也不使自己失之于分散。行动起来以后就要跟踪对方的思路，并掌握对方的计谋。有气势，就可以决定利弊得失，就可以威胁权变的结局；气势一旦衰败，就没有必要再费心去认真研究了。

六

原 文

转圆法猛兽①。转圆者，无穷之计②；无穷者，必有圣人之心，以原不测之智③，以不测之智而通心术。而神道混沌（hùn dùn）为一④，以变论万类，说义无穷。智略计谋，各有形容⑤，或圆或方⑥、或阴或阳⑦、或吉或凶，事类不同⑧。故圣人怀此之用⑨，转圆而求其合。故与造化者为始，动作无不包大道，以观神明之域。

注释

①**转圆**：转动圆球，指计谋像圆球一样永远运转自如，能够应付各种复杂的情况。②**无穷**：没有穷尽。③**不测**：无法测量。④**神道**：指神妙莫测的自然之道。**混沌为一**：处于一种原始的统一状态。⑤**形容**：形态。⑥**圆**：圆转灵活。**方**：方正坚定。⑦**阴**：隐蔽。**阳**：公开。⑧**事类不同**：意思是因为事物不同而采取不同的谋略。⑨**怀此之用**：根据这种情况而运用智谋。

译文

要把智谋运用得像转动圆球一样，就要效法猛兽。所谓转圆，是一种变化无穷的计谋。要有无穷的计谋，必须有圣人的胸怀，以施展深不可测的智慧，再使用深不可测的智慧来沟通心术。哪怕在神明与天道混为一体之时，也可以推测出事物变化的道理，可以解释宇宙无穷无尽的奥秘。不论是智慧韬略还是奇计良谋，都各有各的形式和内容。或是圆略，或是方略，有阴谋、有阳谋、有吉智，有凶智，都因事物的不同而不同。圣人凭借这些智谋的运用，转圆变化以求得与道相合。从创造化育万事万物的人开始，各种活动和行为没有不与天道相合的，借此也可以反映自己的内心世界。

原文

天地无极①，人事无穷，各以成其类②。见其计谋，必知其吉凶、成败之所终也③。转圆者，或转而吉，或转而凶。圣人以道先知存亡，乃知转圆而从方。圆者，所以合语④；方者，所以错事⑤。转化者，所以观计谋；接物者，所以观进退之意。皆见其会⑥，乃为要结⑦，以接其说也。

注释

①**极**：尽头。②**各以成其类**：各自按照自然之道而形成类别。③**所终**：结果。④**合语**：语言融洽，说话投机。⑤**错事**：处理事务。⑥**其会**：指事物或思想的关键。⑦**要结**：结交，联合。

天地是广大无边的，人事是无穷无尽的。所有这些又各以其特点分成不同的类别。考察其中的计谋，就可以知道成败的结果。所谓转圆，或转而吉，或转而凶。圣人凭借道来预测存亡大事，于是也知道了转圆是为了就方。所谓圆，就是为了便于言语融洽；所谓方，就是为了使事物稳定；所谓转化，是为了观察计谋；所谓接物，是考察进退的想法。对这四种办法要融会贯通，然后归纳出要点和结论，以发展圣人的学说。

七

原 文

损兑法灵蓍^{shī}①。损兑者，几危之决也②。事有适然③，物有成败，几危之动，不可不察。故圣人以无为待有德，言察辞，合于事。兑者，知之也；损者，行之也。损之说之，物有不可者④，圣人不为辞也。故智者不以言失人之言，故辞不烦而心不虑，志不乱而意不邪。当其难易，而后为之谋，因自然之道以为实。

注 释

①**损兑**：指减少杂念，使思想专一。②**几危**：又作"几微"，隐微难测的征兆。③**适然**：偶然，有时发生。④**不可**：不适合。

译 文

要预测事物的损益就要效法灵蓍。所谓损益，取决于事物刚刚有征兆的时候。事情的发展有是否适时的问题，也有成败的问题，即使是很轻微的变化，也不可不细心观察。所以圣人用无为来对待有德之人，当对方说话时就观察他的言辞，并考核对方所做的事。"益"，是要了解的对象。"损"，是要实施的行动。无论是损还是益都有行不通的时候。圣人对此并不勉强辩说。所以，圣人不以自己的言论来改变人家的言论。言辞不烦琐，内心也不浮躁。意志不乱，思虑不邪，当事情遇到麻烦时，就为之谋划，把自然的规律作为内容。

六韬三略

二三二

　　圆者不行，方者不止，是谓大功。兑之损之^①，皆为之辞。用分威散势之权，以见其兑。威其机危，乃为之决。故善损兑者，譬若决水于千仞之堤^②，转圆石于万仞之谷。而能行此者，形势不得不然也。

注 释

　　①**兑之损之**：增减变化。②**决水**：挖开堤防放水。**仞**：古代的长度单位，相当于八尺。

译 文

　　圆的计谋不擅自运行，方的计谋不随便停止，这就叫作"大功"。不论是益是损，都是借助语言工具进行的。运用分威散势的方法来处理政界斗争，以体现"兑"的威力。事情刚刚出现征兆时，就要及时为之决断。所以说，善于损兑的人，就好像在千仞的大堤上决口放水，又好像在万丈的高山上向下滚动圆石，势不可挡。水虽然柔弱却能转动大石头，是因为水的形势造成的必然结果。

持 枢

题 解

　　持，把握。枢，门轴。本篇讨论如何掌握处理事务的关键。主要是讲为政要顺应自然之道，才能避免失败。

原 文

　　持枢^①，谓春生、夏长、秋收、冬藏，天之正也。不可干而逆之。逆之者，虽成必败。

注 释

　　①**持枢**：枢是门扉的轴。持，把握。

译文

所谓"持枢",就是掌握行动的关键,控制万物的规律。比如春季耕种,夏季长成,秋季收获,冬季储藏,这都是自然界的运行之道。不可违反这一自然之道,谁违背了它,虽然一时获得了成功,也最终会导致失败。

原文

故人君亦有天枢,生养成藏。亦复不可干而逆之,逆之者,虽盛必衰。此天道①、人君之大纲也。

注释

①**天道**:此指顺应自然的为政之道。

译文

由此而知,人君也有他必须遵循的客观规律。他要组织百姓生产生活,教养万民,收获,储藏等。也不能违抗这些规律,如果悖逆客观规律,即使表面上看似强大,也必将衰弱。这是客观规律,是人君必须遵守的纲纪。

中 经

题 解

中,内心。经,治理。此篇是纵横家的心传之经,主旨是说如何揣摩对方心理,然后采用各种手段去收服人心,如何运用内在精神处理外部事务。具体的待人秘诀为"见形为容""象体为貌""闻声和音""解仇斗郤""缀去却语""摄心守义",将这几点作为变通的规律。

原文

中经①,谓振穷趋急,施之,能言厚德之人。救拘执(jū),穷者不忘恩也。能言者,俦善博惠②(chóu);施德者,依道③;而救拘执者,养使小人。盖士，当世异时，或当因免阗坑，或当伐害能言，或当破德为雄，或当抑拘成罪，或当戚戚自善，或当败败自立。故道贵制人，不贵制于人也。制人者，握权；制于人者，失命。是以见形为容，象体为貌，闻声和音，解仇斗郄^④，缀去却语，摄心守义。《本经》记事者，纪道数，其变要在《持枢》《中经》。

原 文

见形为容，象体为貌者，谓爻为之主也。可以影响、形容、象貌而得之也^①。有守之人，目不视非，耳不听邪，言必《诗》《书》，行不僻淫^②，以道为形，以德为容，貌庄色温，不可象貌而得也。

鬼谷子

二二五

如是隐情、塞郤^{xi}而去之。

译 文

所谓"见形为容，象体为貌"，就像爻卦占卜一样，可以从影子和回音方面，可以从形体和姿容方面，可以从形象和面貌方面来掌握对方。而那些有操守的人，眼睛不看非礼之物，耳朵不听邪恶之言，言必称《诗经》《尚书》，行为端正，道貌岸然，以德为容，庄严而又温顺。这样的人就难以从外形把握他们。遇到这种对手，就应深隐真情，堵塞漏洞，然后离去。

原 文

闻声和音，谓声气不同，则恩受不接。故商、角不二合，徵^{zhǐ}、羽不相配①。能为四声主，其唯宫乎②？故音不和则不悲，不是，以声散伤丑害者，言必逆于耳也。虽有美行盛誉，不可比目③、合翼相须也④，此乃气不合、音不调者也。

注 释

①**"商、角"二句**：商角徵羽都是五音的名称，商属金，角属木，徵属火，羽属水。由于金木水火土五行相克而不相合，所以才有乐声不调和的现象。②**宫**：五音之一，被视为土，能和其他四音。③**比目**：比目鱼，只有一只眼睛的鱼，总是两条并游。④**合翼**：比翼鸟。只有一眼一翅的鸟，总是两只并羽齐飞。

译 文

所谓"闻声和音"，是指声气不同，感情上难于接受，所以在五音中，商音与角音合不到一起，徵音与羽音不协调，能调和四声的只有宫音。所以五音不协调就不悲壮，那些散、伤、丑、害等不和之音，更不成声调，用这些音来游说必然难于入耳。虽然有高雅的行为和美好的名声，也不可能与别人像比目鱼和比翼鸟那样亲密无间和谐相处。这都是因为声气不相同、音调不和谐的缘故。

六韬三略

　　解仇斗郄^①，谓解赢微之仇^②。斗郄者，斗强也。强郄既斗，称胜者^③，高其功^④，盛其势^⑤。弱者哀其负^⑥，伤其卑^⑦，污其名^⑧，耻其宗^⑨。故胜者，闻其功势^⑩，苟进而不知退。弱者闻哀其负，见其伤，则强大力倍^⑪，死为是也^⑫。郄无极大^⑬，御无强大，则皆可胁而并。

注　释

　　①**斗郄**：斗强，使有嫌隙的强大之人相互斗争。②**赢**：弱小。③**称胜者**：胜利者。④**高其功**：宣扬高强的武功。⑤**盛其势**：摆出盛大的威势。⑥**哀其负**：为自己的失败而悲哀。⑦**伤其卑**：为自己的地位卑下而伤心。⑧**污其名**：其名声受到玷污。⑨**耻其宗**：祖宗受到耻辱。⑩**闻其功势**：宣扬自己的成功和威势。⑪**强大力倍**：指在困境之中奋发图强，增加成倍的力量。⑫**死为是**：为此而拼命。⑬**郄无极大**：指双方有嫌隙，就不可能强大。郄，通"隙"，嫌隙。

译　文

　　所谓"解仇斗郄"，是说要调解两个弱者之间的敌对关系，所谓"斗郄"就是使两个强者相斗。两个强者既然斗起来，就必然有一胜一负。胜利的一方会夸耀战功，炫耀气势；败北的一方，就要哀叹失败，自卑伤感，觉得丢了面子，对不起祖宗。所以胜利的一方只知道夸耀成功和气势，只要能前进就决不后退；弱的一方知道自己为什么失败，不忘战争创伤，努力使自己强大，加强力量，为此而拼命。哪怕没有多少可乘之机，只要敌方防御不够强大，就可以威胁它，以至吞并它。

原　文

　　缀去者，谓缀己之系言^①，使有余思也^②。故接贞信者^③，称其行，厉其志，言可为可复，会之期喜。以他人之庶，引验以结往，明疑疑而去之。却语者，察伺短也。故言多必有数短之处，识其短验之。动以忌讳，示以时禁^④。其人固以怀惧，然后结以安其心^⑤，

鬼谷子

二二七

收语盖藏而却之⑥。无见己之所不能于多方之人⑦。

注 释

①**缀己之系言**：对于一个要走的人，为挽留他而说的话。缀，连接之意。②**余思**：遗憾的意思。③**贞信**：诚信。④**时禁**：除规定时间以外禁止出入，这是轻视对方的办法。⑤**结以安其心**：对方如果抱畏惧之念，虽然必须要他服从我方，但要以诚相待，使其安心。⑥**收语盖藏而却之**：收起以前所使用的威胁语言，从此矢口不谈。⑦**无见己之所不能于多方之人**：很多人面前不要让人们知道自己无能。

译 文

所谓"缀去"，就是指说出自己挽留的话，让对方再慎重考虑。在与对方接触时，要称赞他的品行，鼓励他的志气。讲出哪些事可以重新做，哪些事可以继续做，与他一同期待成功的喜悦。利用别人的教训来验证自己以往的行动，以便排疑解惑。所谓"却语"，就是要侦察对手的弱点。因为对手的话说多了，必然会有失言的地方，抓住对手的某些失实的言辞，并把它与事实相验证。用对手最忌讳的问题去动摇它，让对手产生一种拘束感。然后再争取和安抚对手的恐慌。最后再把以前的话拉回来，委婉地反驳对方，又不要把他的无能暴露给更多的人。

原 文

摄心者，谓逢好学伎术者①，则为之称远。方验之，惊以奇怪，人系其心于己。效之于人②，验去乱其前，吾归诚于己。遭淫色酒者，为之术，音乐动之③，以为必死，生日少之忧。喜以自所不见之事，终可以观漫澜lán之命④。使有后会。

注 释

①**伎术**：同"技术"。②**效**：验证。③**音乐动之**：以音乐的快乐节奏来感动人。④**漫澜**：无限遥远的样子。

译 文

所谓"摄心"，就是说遇到好学技术的人，就要为他们扩大宣传，并设法从多方面来证实他们的技术。使之受宠若惊，感到无可非议。那么这个人的心就被我们所笼络。

让他的智慧为民众效力，利用以前的经验来治理混乱局面，使老百姓也能心悦诚服地归顺我们。一旦遇到沉湎酒色的人，就要采取一定的方法，用音乐来打动他们，再用酒色会影响寿命的道理来提醒他们，使他们萌生生命会日益缩短的忧患意识，再用那些他们所不曾见过的美好景象来刺激他们的情绪，使他们看到人生的道路是丰富多彩的，对未来充满信心。

原文

守义者，谓守以人义，探心在内以合也①。探心，深得其主也。从外制内，事有系由而随也。故小人比人，则左道而用之②，至能败家夺国。非贤智，不能守家以义，不能守国以道。圣人所贵道微妙者，诚以其可以转危为安，救亡使存也。

注释

①**探心在内以合**：在对方的心中要求义。②**左道**：邪道之意。

译文

所谓"守义"，是说要遵守人的义理。就是要探寻人们内心的想法，以求得判断与事实相符合。如能探到真心，就可以掌握人的真正想法。从外到内来控制他们的内心。事情总是有联系的，都会由一定原因引起，按一定逻辑发展。小人与君子相比，他们会采用左道旁门，会导致败家亡国。不是圣人和智者就不能用义理来治理国家、不能用道德来保卫国家。圣人所以珍视道的微妙，实在是因为道可以转危为安、救亡图存。

孙膑兵法

《孙膑兵法》是中国古代的著名兵书，也是继《孙子兵法》后"孙子学派"的又一力作。《孙膑兵法》古称《齐孙子》，作者为孙膑，相传是孙武的后代。在这部兵法中，孙膑结合自己所处时代的特点，融入自己的丰富经验和精心研究的成果。孙膑继承前人，超越前人，形成了独具特色的军事理论体系。他的论著可谓博大精深，从战争的地位和作用等战争观，到用兵的战略战术思想，进而到兵阵战法、攻防战术、将领的选用及对其修养和素质要求，直至战略战术的思想基础及理论基础，都有深刻精辟的论述，确实是留给后人的宝贵的财富。

擒庞涓

昔者[1]，梁君将攻邯郸[2]，使将军庞涓带甲八万至于茌丘[3]。齐君闻之[4]，使将军忌子带甲八万至……竟[5]。庞子攻卫□□□[6]，将军忌[子]……卫□□，救与……

田忌曰："若不救卫，将何为？"孙子曰[7]："请南攻平陵[8]。平陵，其城小而县大，人众甲兵盛，东阳战邑[9]，难攻也。吾将示之疑[10]。吾攻平陵，南有宋[11]，北有卫，当途有市丘，是吾粮途绝也。吾将示之不知事。"于是徒舍而走平陵[12]。

①**昔**：从前。据《史记·六国年表》记载，桂陵之战发生在周显王十六年（前353）。②**梁君**：指魏国国君惠王（前369—前319在位）。魏国在惠王时从安邑（今山西夏县西北）迁都大梁（今河南开封），故魏又称梁。**邯郸**：赵国国都，今在河北邯郸。魏国攻邯郸，据《竹书纪年》在魏惠王十六年（前355年），《史记·魏世家》在魏惠王十七年（前354年）。③**带甲**：穿有盔甲的士卒，此处泛指军队。**茌丘**：地名，其地不详。④**齐君**：齐国国君，指齐威王（前356—前320在位）。⑤**忌子**：田忌，齐国的将军，曾荐孙膑于齐威王。**竟**：通"境"，国境。⑥**卫**：国名，建都朝歌（今河南淇县），春秋时迁都帝丘（今河南濮阳）。与魏、赵、齐为邻国，为三国争夺的对象。⑦**孙子**：孙膑。⑧**平陵**：地名。据下文"吾攻平陵，南有宋，北有卫"，则此平陵应在宋、卫之间。即在今山

●大军攻城

东西南与河南东边的交界处。但确切的地方不详。也有人认为“平陵”即“平丘”。⑨**东阳**：地区名。**战邑**：军事重地。⑩**示之疑**：表现出假象来迷惑敌人。示，表现，显示。疑，迷惑。⑪**宋**：国名，建都商丘（今河南商丘），战国初期迁都彭城（今江苏徐州）。⑫**走**：奔赴，前往。

译文

从前，魏国国君惠王准备攻打赵国都城邯郸，便派出大将庞涓统领八万大军到达卫国的茬丘。齐国国君威王得到消息后，立即派大将田忌带领八万军兵开到齐国和卫国边境。庞涓攻打卫国，形势十分危急。田忌将军要救卫国，但有种种难以克服的困难，一时无计可施，便和谋士孙膑商议。孙膑指出，不能直接去救卫国。

田忌一听，十分着急，便问道：“如果不去救卫国，那怎么办呢？”

孙膑说：“请将军南下攻打魏国的平陵。平陵城池虽小，但管辖的地区很大，人口众多，兵力很强，是东阳地区的战略要地，很难攻克。我军可以故意在这里用兵，以便迷惑敌军。我军攻打平陵，平陵南面是宋国，北面是卫国，进军途中还要经过魏国的市丘，我军的运粮通道很容易被切断。我们要故意装出不知道这种危险。”田忌接受了孙膑的计谋，拔营向平陵进军。

原文

□□陵，忌子召孙子而问曰：“事将何为？”

孙子曰：“都大夫孰为不识事①？”

曰：“齐城、高唐②。”

孙子曰：“请取所□□□□□□□□□□□二大夫□以□□□臧□□都横卷四达环涂□横卷所□阵也③。环涂钹甲之所处也。吾末甲劲，本甲不断④。环涂击柀(bǐ)其后⑤，二大夫可杀也。”

于是段齐城、高唐为两，直将蚁附平陵。挟苲环涂夹击其后，齐城、高唐当术而大败⑥。

注释

①**都大夫**：治理“都”的长官。②**齐城**：齐都临淄，在今山东临淄。**高唐**：在今

山东高唐、禹城之间。③**环涂**：整理小组疑借为"钻荼"，"钻荼"是魏惠王的大将，据下文，庞涓出击卫国时，钻荼当留守大梁外围。一说"环涂"即"环途"，迂回的意思。**横、卷**：地名。据张震泽《孙膑兵法校理》认为"横"，当读为"黄"，即魏国的"黄邑"，在今河南开封东。卷，在今河南原阳西。④**本甲**：主力部队。⑤**被**：疑借为"破"。⑥**术**：道路。

孙膑兵法

译 文

接近平陵时，田忌又请来孙膑，问道："该怎么攻打平陵呢？"

孙膑说："大将军，您难道还不明白我们的计谋吗？"

田忌说："分兵齐城、高唐。"

孙膑说："请派两位将领带兵从齐城、高唐攻击环涂地区魏军。环涂是魏军屯驻之地。我军派出前锋发起猛烈进攻，主力部队却按兵不动。环涂的魏军必定会反击，两位将军可能打败仗，甚至牺牲。"

于是，田忌分兵两路，从齐城、高唐直向平陵进击。果然不出孙膑所料，挟荓、环涂两处魏军从后面夹击齐军，两路齐军大败。

原 文

将军忌子召孙子问曰："吾攻平陵不得，而亡齐城、高唐，当术而厥①。事将何为？"孙子曰："请遣轻车西驰梁郊，以怒其气②。分卒而从之③，示之寡。"于是为之。

庞子果弃其辎重④，兼趣舍而至⑤。孙子弗息而击之桂陵⑥，而禽庞涓。

故曰，孙子之所以为者尽矣。

……

……子曰："吾……"

……孙子曰："毋待三日……"

二三五

注释

①厥：借为"蹶"，摔倒。这里指失败。②怒：激怒。③从：通"纵"，放纵。④辎重：指行军打仗所用的物资。⑤趣舍：指行军。趣，进行。舍，止息。⑥弗息：不停息。桂陵：地名，在今山东菏泽东北。

译文

田忌急忙召孙膑问计："我军没攻下平陵，反而失去齐城、高唐，遭受很大损失，现在该怎么办呢？"

孙膑说："请立即派出轻装战车，往西直捣魏国都城城郊，激怒庞涓。庞涓必定回兵救魏国国都。我军只需分出少数兵力和庞涓交战，显出我军兵力单薄的样子。"田忌一一照办。

庞涓果然丢掉辎重，昼夜兼程回救魏都。孙膑带领主力部队在桂陵埋伏，一举战胜庞涓。

所以，人们赞叹说，孙膑用兵真是绝了。

见威王

原文

孙子见威王，曰："夫兵者①，非士恒势也②。此先王之傅道也。战胜，则所以在亡国而继绝世也；战不胜，则所以削地面危社稷也③。是故兵者不可不察。

"然夫乐兵者亡④，而利胜者辱⑤。兵非所乐也，而胜非所利也。

注释

①兵：这里指军事、战争。②士：借为"恃"，依靠。意谓军事上不能依靠固定不变的形式。③社：土神。稷：谷神。古代以社稷作为国家的代称。④乐兵：好战。⑤利胜：贪图胜利。

孙膑进见齐威王，说道："用兵之道，并没有永恒不变的模式。这是先王所陈述的道理。一个国家取得战争的胜利，就可以避免亡国，把江山世代延续下去。如果不能取胜，就会割让土地，以致危及国家生存了。所以，用兵不可不慎重对待。

"那些轻率用兵的人常遭失败，贪图胜利者常遭屈辱。所以说，用兵绝不能轻率，胜利也不是靠贪求而能得到。

●帝尧大治

原 文

"事备而后动[1]。故城小而守固者，有委也[2]；卒寡而兵强者，有义也。夫守而无委，战而无义，天下无能以固且强者。

"尧有天下之时[3]，黜王命而弗行者七，夷有二[4]，中国四[5]。……素佚而致利也[6]。战胜而强立，故天下服矣。

注 释

①**事备**：做好战争的准备。②**委**：委积，指储备的军用物资。③**尧**：唐尧，传说中父系氏族社会后期的部落联盟首领。④**夷**：指我国古代东方地区的部族。⑤**中国**：指我国古代的中原地区。⑥**佚**：同"逸"，安闲。

译 文

"用兵必须做好充分准备，才能付诸行动。这样，哪怕城池很小，也能够坚持，这是因为有充足的储备；兵力不足，而战斗力强，是因为正义在自己一方。如果储备不足而守卫，没有正义而进行战争，那样，世上没有任何人能够固守不败，没有任何人能取得战争胜利。

孙膑兵法

二三七

"唐尧治理国家时，拒不执行王命的部落共有七个，其中蛮夷地区两个，中原地区四个……只因唐尧注重休养生息，积蓄力量，才创造了有利条件，战胜了各部落，而居于强者地位，全国都归服于他。

原文

"昔者，神戎战斧遂^①；黄帝战蜀禄^②；尧伐共工^③；舜伐厥^{jué}□□而并三苗，……^{jié}管；汤放桀；武王伐纣；帝奄反，故周公浅之^④。

"故曰，德不若五帝，而能不及三王，智不若周公，曰：我将欲责仁义^⑤，式礼乐^⑥，垂衣裳^⑦，以禁争挽^{tuō}^⑧。此尧舜非弗欲也，不可得，故举兵绳之^⑨。"

注释

①**神戎**：神农，传说中的远古三皇之一。**斧遂**：或作"补遂"。传说中的古代部族。②**黄帝**：传说里中原各族的共同祖先，姬姓，号轩辕氏、有熊氏。曾战胜过炎帝和蚩尤，被各部族拥戴为部落联盟首领。**蜀禄**：涿鹿，地名，在今河北省涿鹿东南。③**共工**：传说中古代部落首领。④**浅**：通"践"，讨伐。⑤**责**：借为"积"。⑥**式**：法，用。⑦**垂衣裳**：譬喻雍容礼让，不进行战争。⑧**挽**：借为"夺"，强取。⑨**绳**：规矩、法度。这里用作动词，引申为纠正、解决。

译文

"从前，神农氏和斧遂作战，黄帝和蜀禄交锋，唐尧讨伐共工，虞舜征讨厥□□及平定三苗……商汤驱逐夏桀，周武王讨伐商纣王，商奄反叛，周公很快就将其平定了。

"所以说，现在君主功德不如五帝，才能不如三王，智慧不如周公，却说：我要以积蓄仁义，实行礼乐，不用武力，来制止争夺。其实，这种办法，并不是尧、舜不想实行，而是这种办法行不通，只好用战争去制止战争。"

威王问

　　齐威王问用兵孙子，曰："两军相当，两将相望^①，皆坚而固，莫敢先举^②，为之奈何？"

　　孙子答曰："以轻卒尝之^③，贱而勇者将之^④，期于北^⑤，毋期于得。为之微阵以触其侧。是谓大得。"

　　威王曰："用众用寡有道乎^⑥？"

　　孙子曰："有。"

注　释

　　①**相望**：对峙。②**先举**：先采取行动。③**轻卒**：指轻装便捷的士卒。④**贱**：指地位低下的军官。**将**：率领。⑤**北**：败北。⑥**用众用寡**：指使用较多的兵力和使用较少的兵力。**道**：指规律、原则。

译　文

　　齐威王和孙膑谈论用兵问题时，问孙膑："如果两军旗鼓相当，双方的将领对阵，阵势都十分坚固，谁也不敢先发动攻击时，应该怎么办呢？"

　　孙膑回答道："先派出少量兵力，由勇敢的低级将领带领去试探敌军，要做好试探失败的准备，不要只想取胜。试探的军队要用隐蔽的行动，攻击敌阵侧翼。这就是取得大胜的方法。"

　　威王问："用兵多少有一定的规律吗？"

　　孙膑说："有。"

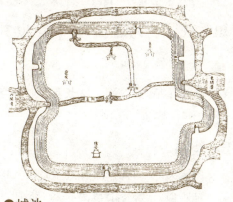

●城池

　　威王曰："我强敌弱，我众敌寡，用之奈何？"

　　孙子再拜曰："明王之问。夫众且强，犹问用之，则安国之道也。命之曰赞师①。毁卒乱行②，以顺其志③，则必战矣。"

　　①赞师：指引导敌师出战。②毁卒乱行：故意使军队的陈列显得混乱。卒，古代军队组织的一种单位。行，指列队。③志：意向。

　　威王问："在我强敌弱，我方兵多敌方兵少时，该怎么办？"

　　孙膑向齐威王行礼后回答道："真是英明君王提的问题。在本方兵多势强的形势下，还问如何用兵，这种谨慎的态度，确实是安邦的根本。在这种形势下，可以采用诱敌之计，叫作'赞师'，即是故意让本方军队队形散乱，迎合敌方心理，引敌方和本方交战。"

　　威王曰："敌众我寡，敌强我弱，用之奈何？"

　　孙子曰："命曰让威。必臧其尾①，令之能归。长兵在前②，短兵在□，为之流弩③，以助其急者。□□毋动，以待敌能④。"

　　①臧：借为"藏"。②长兵：长柄兵器。③流弩：流动的弩兵。④能：同"罢"，即"疲"，疲惫。

　　威王又问："如果敌方兵多，敌强我弱，又该怎么办呢？"

　　孙膑说："要采取退避战术，叫作'退威'，避过敌军的锋锐。但要做好后卫的掩护工作，让自己的军队能安全后退。后退军队持长兵器的军兵在前，持短兵器的军兵在□，并配备弓箭，作为应急之用。我方军队要按兵不动，等待敌军疲惫时再伺机出击。"

威王曰："我出敌出，未知众少，用之奈何？"

孙子曰："命曰……"

威王曰："毁穷寇奈何^①？" jī kòu

孙子曰："……可以待生计矣。"

威王曰："毁钧奈何^②？"

孙子曰："营而离之^③，我并卒而毁之，毋令敌知之。然而不离，按而止。毋毁疑。"

①毁：借为"击"。②毁钧：攻击势均力敌的敌人。钧，借为"均"。③营：迷惑。

威王问："我军和敌军同时出动，而又不知敌军兵力多少时，该怎么办呢？"

孙膑说："命令……"

威王问："如何追击穷寇？"

孙膑说："……在他们寻求生路的时候。"

威王问："对势均力敌的敌军该怎么办？"

孙膑回答道："要迷惑敌军，使其兵力分散，我军抓住战机，在敌军尚未发现之时，给以突然袭击。但是，在敌军兵力没有分散时，要按兵不动，耐心等待战机。千万不要中敌军疑兵之计，盲目出击。"

威王曰："以一毁十，有道乎？"

孙子曰："有。攻其无备，出其不意。"

威王曰："地平卒齐，合而北者^①，何也？"

孙子曰："其阵无锋也^②。"

孙膑兵法

威王曰："令民素听，奈何？"

孙子曰："素信。"

威王曰："善哉！言兵势不穷。"

田忌问孙子曰："患兵者何也？困敌者何也？壁延不得者何也？失天者何也？失地者何也？失人者何也？请问此六者有道乎？"

孙子曰："有。患兵者，地也。困敌者，险也。故曰，三里灊㳡将患军……涉将留大甲。故曰：患兵者地也，困敌者险也，壁延不得者蜑寒也……"

"……奈何？"

孙子曰："鼓而坐之③，十而揄之④。"

注 释

①**合**：交战。**北**：败北。②**无锋**：没有前锋部队。③**鼓**：击鼓。④**揄**：引。

译 文

威王问："如果我军和敌军兵力为一比十时，有攻击敌军的办法吗？"

孙膑回答道："有！可以采用'攻其不备，出其不意'的战术，对敌军发动突然袭击。"

威王问："在地利和兵力都相当的情况下，却吃了败仗，又是什么原因呢？"

孙膑回答："这是由于自己的军阵没有锋锐。"

威王问："怎样才能使得军兵听命？"

孙膑答道："靠平时的威信。"

威王说："你说得太好了！你讲的用兵的奥妙真让人受用无穷啊！"

田忌问孙膑："用兵的忧虑是什么？使敌军陷入困境的办法是什么？不能攻占壁垒壕沟的原因是什么？失去天时的原因是什么？失去地利的原因是什么？失去人和的原因是什么？请问，这六项有没有规律可循？"

孙膑回答道："有。用兵最大的忧虑是不得地利。让敌军落入困境的办法是据险。所以说，几里沼泽地带就能妨碍军队行动……由此可见，用兵的忧虑是不得地利，困敌的办法是据险。不能攻克壁垒壕沟的原因则在于没有障碍物……"

"……怎么办？"

孙膑说："击鼓做出进军的样子而实际上不动，坐待敌军来攻，千方百计引诱敌军。"

原　文

田忌曰："行阵已定，动而令士必听，奈何？"

孙子曰："严而示之利。"

田忌曰："赏罚者，兵之急者耶？"

孙子曰："非。夫赏者，所以喜众[1]，令士忘死也。罚者，所以正乱，令民畏上也。可以益胜，非其急者也。"

田忌曰："权、势、谋、诈，兵之急者耶？"

孙子曰："非也。夫权者，所以聚众也。势者，所以令士必斗也。谋者，所以令敌无备也。诈者，所以困敌也。可以益胜，非其急者也。"

田忌忿然作色："此六者，皆善者所用[2]，而子大夫曰非其急者也。然则其急者何也？"

孙子曰："缭(liáo)敌计险[3]，必察远近，□□……将之道也。必攻不守，兵之急者也……骨也。"

田忌问孙子曰："张军毋战有道[4]？"

孙子曰："有。倅(cuì)险缯(zèng)垒[5]，诤(zhèng)戒毋动[6]，毋可□□毋可怒。"

注　释

①**喜众**：鼓舞士卒，让大家高兴。②**善者**：善于用兵的人。③**缭敌**：分析敌情。

●古代征战

④**张军**：陈兵。⑤**倅**：借为"萃"，止、处的意思。**缯垒**：增高壁垒。⑥**诤**：告诫。

译 文

田忌问："进军部署已经确定，在行动中怎样让军兵完全听从命令呢？"

孙膑回答说："严明军纪，同时又明令悬赏。"

田忌问："赏罚是用兵中最要紧的事项吗？"

孙膑说："不是。赏赐是提高士气，使得军兵舍生忘死作战的办法；处罚是严明军纪，让军兵对上畏服的手段。赏赐有助于取得胜利，但不是用兵最要紧的事项。"

田忌又问："那么，权力、威势、智谋、诡诈是用兵最紧要的事项吗？"

孙膑回答："也不是。权力是保证军队整体指挥的必需，威势是保证军兵用命的条件，智谋可以使敌军无从防备，诡诈能让敌军落入困境。这些都有助于取得胜利，但又都不是用兵最要紧的事项。"

田忌气得变了脸色地说："这六项都是善于用兵的人常用的，而您却说这些都不是最要紧的事项，那什么才是最要紧的呢？"

孙膑说："充分了解敌情，根据当时形势和战局将会出现的变化，利用好地形……这就是领兵打仗的规律。善于进攻而不消极防守，这才是用兵最要紧的。……"

田忌再问孙膑："敌军摆开阵势却不进攻，有办法对付吗？"

孙膑说："有办法。利用险要地形增加堡垒，约束士兵，不许轻举妄动，不要被敌军的挑衅所激怒。"

原 文

田忌曰："敌众且武，必战，有道乎？"

孙子曰："有。埤垒广志①，严正辑众，避而骄之，引而劳之，

六韬三略

二四四

攻其无备，出其不意，必以为久。"

田忌问孙子曰："锥行者何也②？雁行者何也③？篡^{cuàn}卒力士者何也④？劲弩趋发者何也？飘^{piāo}风之阵者何也⑤？众卒者何也？"

孙子曰："锥行者，所以冲坚毁兑也⑥。雁行者，所以触侧应□［也］。篡卒力士者，所以绝阵取将也。劲弩趋发者，所以甘战持久也。飘风之阵者，所以回□□□［也］。众卒者，所以分功有胜也。"

孙子曰："明主、知道之将，不以众卒几功⑦。"

孙子出而弟子问曰："威王、田忌臣主之问何如？"

孙子曰："威王问九，田忌问七，几知兵矣，而未达于道也。吾闻'素信者昌，立义用兵，无备者伤，穷兵者亡'，齐三枼^{yè}其忧矣。"

***

……善则敌为之备矣。孙子曰……

……孙子曰："八阵已陈……

……孙子……

……险成，险成敌将为正，出为三阵，……

……倍人也，按而止之，盈而待之，然而不□……

……无备者困于地，不□者……

……士死□而傅……

注释

①埤垒广志：增筑壁垒，激励斗志。②锥行：阵名，指前尖如锥的战斗队形。
③雁行：阵名，指横向展开，左右梯次配备的战斗队形。④篡：借为"选"。⑤飘风之阵：

阵名。⑥兑：借为"锐"，精锐。⑦几：希望、指望、依靠。

田忌问："敌军兵多而且勇猛，有战胜敌军的办法吗？"

孙膑说："有。要增加堡垒，广设旗帜，用以迷惑敌军，并且严申军令，约束士兵，避敌锐气，使敌军骄傲，并设法牵引敌军，使敌军疲劳，然后出其不意，攻其无备，消灭敌军力量，同时还要做好打持久战的准备。"

田忌问孙膑："采用锥形队形有什么作用？用雁形队形有什么作用？选拔强壮士兵有什么作用？使用发射强弩硬弓的士兵起什么作用？用飙风一般快速机动的队形起什么作用？普通士兵又起什么作用？"

孙膑说："采用锥形队形，是为了冲破敌军坚固的阵地，摧毁敌军的精锐部队。运用雁形队形是对敌时便于本方相互策应。选拔强壮士兵是为了决战时擒拿敌军将领。使用发射强弓硬弩的士兵是为了在双方相持不下时能够持久作战。使用飙风式机动快速队形……普通士兵则是配合作战，保障战斗胜利。"

孙膑又补充说："明智的君王和精通兵法的将领，都不会用普通士兵去完成关键任务。"

问答完毕，孙膑走出来。他的弟子问他："威王和田忌问策的情况怎么样？"

孙膑说："威王问了九个问题，田忌问了七个问题，可以算懂得用兵之道，但还没有完全掌握战争规律。我听说，一贯讲信用的君王，其国家必然昌盛……没有做好准备而用兵的人必定失败，穷兵黩武的人必定灭亡。齐国已传了三代，应该有忧患意识啊！"

（原文残缺严重，译文从略）

陈忌问垒

田忌问孙子曰："吾卒……不禁，为之奈何？"

孙子曰："明将之问也。此者人之所过而不急也。此□之所以疾……志也。"

田忌曰："可得闻乎？"

曰："可。用此者，所以应猝窘处隘塞死地之中也①。是吾所以取庞□而擒太子申也。"

田忌曰："善。事已往而形不见。"

孙子曰："蒺藜者②，所以当沟池也。车者，所以当垒［也］。□□［者］，所以当堞也③。发者，所以当埤堄也④。长兵次之，所以救其隋也。从次之者，所以为长兵□也。短兵次之者，所以难其归而徼其衰也⑤。弩次之者，所以当投机也⑥。中央无人，故盈之以……卒已定，乃具其法。制曰：以弩次蒺藜，然后以其法射之。垒上弩戟分。法曰：见使楪来言而动⑦……去守五里置候，令相见也。高则方之，下则圆之。夜则举鼓，昼则举旗。"

***

……田忌问孙子曰："子言晋邦之将荀息、孙轸之于兵也，未……"

"……无以军恐不守。"忌子曰："善。"田忌问孙子曰："子言晋邦之将荀息、孙……"

"……也，劲将之阵也。"孙子曰："士卒……"

……田忌曰："善。独行之将也……

……言而后中。"田忌请问……

……人。"田忌请问："兵情奈何？……"

……见弗取。"田忌服，问孙……

……囊□□□焉。"孙子曰："兵之……

……应之。孙子曰："伍……

……孙子曰：……

……见之。孙子……

……以也。孙……

……将战书枷，所以衰正也。诛□规旗，所以严后也。善为阵者，必□□贤……

……明之吴越，言之于齐。曰知孙氏之道者，必合于天地。孙氏者……

……求其道，国故长久。孙子……

……问："智道奈何？"孙子……

……而先智胜不胜之谓智道。□战而知其所……

……所以智，所以曰智，故兵无……

注 释

①猝：突然。②蒺藜：古代用木或金属制成的带刺的障碍物。③堞：城墙上的矮墙。④埤堄：泛指城墙、围墙。⑤徼：截击。⑥投机：抛石机。⑦葉：借为"谍"，间谍。

译 文

田忌问孙膑："我们的部队（突遇敌人，难以制其进攻）该怎么处理呢？"

孙膑回答说："这是聪明的将领提的问题。这是一个人们常常忽略而不看重的问题……"

田忌说："您能讲给我听吗？"

孙膑说："可以。这个办法可以在突然陷入困境，或者进入地形不利的地境时使用。也是我用以战胜庞涓并活捉魏太子申的战法。"

田忌说："太好了！但可惜事情已经过去，当时的情景已看不见了。"

孙膑说："当时，我用蒺藜布阵，起壕沟的作用。用战车布阵，当作壁垒……当作矮墙。用盾牌当作城头带洞的矮墙，既可防御，又可往外射箭。后面部署用长兵器的部队，作为紧急救援部队。长兵器部队后面部署使用小矛的部队，用以支持用长兵器的部队。而使用短兵器的部队，则用来断敌军后路，截击疲困的敌军。弓弩兵发挥抛石机的作用。阵地中央没有军兵，因此布满……一切就这样部署完成，完全符合兵法要求。兵法上说：'把弓弩兵部署在蒺藜后面，然后按要求射击敌军。堡垒中，弓弩兵和用戟的兵各占一半。'兵法又说：'要等派出去的侦察人员回来报告敌情后方可出击……要在离守卫阵地五里远的地方设置瞭望哨所，要让瞭望哨所和守卫阵地相互看得见。如果是在高处，就设置方形瞭望台；如在低处，则设置圆形瞭望台。夜间用鼓声联络，白天举旗联络。'"

（原文残缺严重，译文从略）

篡　卒

孙子曰：兵之胜在于篡卒①，其勇在于制，其巧在于势，其利在于信，其德在于道，其富在于亟归，其强在于休民②，其伤在于数战。

孙子曰：德行者，兵之厚积也③。信者，兵［之］明赏也。恶战者，兵之王器也。取众者，胜□□□也。

孙子曰：恒胜有五：得主专制，胜。知道④，胜。得众，胜。左右和，胜。量敌计险⑤，胜。

孙子曰：恒不胜有五：御将⑥，不胜。不知道，不胜。乖将⑦，不胜。不用间，不胜。不得众，不胜。

孙子曰：胜在尽□，明赏，选卒，乘敌之□。是谓泰武之葆(bǎo)。

孙子曰：不得主弗将也……

***

孙膑兵法

……令，一曰信，二曰忠，三曰敢。安忠^⑧？忠王。安信？信赏。安敢？敢去不善^⑨。不忠于王，不敢用其兵。不信于赏，百姓弗德^⑩。不敢去不善，百姓弗畏。

译文

孙膑说："用兵取胜的关键在于选拔士兵。士兵的勇敢在于军纪严明，士兵的作战技巧在于指挥得当，士兵的战斗力强在于将领的信用，士兵的品德在于教导。军需充足在于速战速决，军队的强大在于百姓休养生息，军队受损伤在于作战过多。"

孙膑说："品德高尚是用兵的深厚基础。讲信用，就是要对士兵明确颁示奖赏。能够进行殊死战斗的士兵是用兵的王牌……"

孙膑说："常胜办法有五条：将领得到君王充分信任，得以全权指挥军队时，可以取胜；将领懂得用兵规律，可以取胜；将领得到广大士兵的拥护，可以取胜；军队上下左右同心同德，可以取胜；将领能够充分了解敌情，并能利用地形，可以取胜！"

孙膑说："常败的原因也有五条：将领受君王控制而不能独立指挥，不能取胜；将领不懂用兵规律，不能取胜；将领不和，不能取胜；不用间谍去了解敌情，不能取胜；将领不能得到广大士兵拥护，不能取胜。"

孙膑说："取胜在于……明确赏罚，选拔士兵，趁敌军……这是用兵取胜建立奇功的法宝。"

孙膑说："得不到君王的信任是无法统兵作战的……"

***

……一是信，二是忠，三是敢。什么是忠？就是忠于君王。什么是信？就是对悬赏讲信用。什么是敢？就是敢于抛弃不正确的东西。如果不忠于君王，就不敢领君王的兵打仗。如果对奖赏不讲信用，就不能得到士兵的拥护。如果不能抛弃错误的东西，士兵就不会敬服。

月 战

原 文

孙子曰：间于天地之间，莫贵于人。战□□□□不单[1]。天时、地利、人和，三者不得，虽胜有殃[2]。是以必付与而□战，不得已而后战。故抚时而战[3]，不复使其众[4]。无方而战者小胜以付厤者也[5]。

孙子曰：十战而六胜，以星也。十战而七胜，以日者也。十战而八胜，以月者也。十战而九胜，月有……〔十战〕而十胜，将善而生过者也。一单……

***

……所不胜者也五，五者有所壹，不胜。故战之道，有多杀人而不得将卒者，有得将卒而不得舍者[6]，有得舍而不得将军者，有覆军杀将者[7]。故得其道，则虽欲生不可得也。

注 释

①单：借为"战"。②殃：灾祸。③抚时：犹按时、循时。④不复使其众：不要反复用兵。⑤无方：借为"无傍"，没有依靠。厤：借为"历"，历数。⑥舍：营舍。⑦覆：覆灭。

译 文

孙膑说："世上没有比人更宝贵的了……天时、地利、人和三项条件缺了任何一项，即使能暂时取得胜利，也必定留下后患。所以，必须三项条件齐备才能作战。如果不能三

●众虎同心归水泊

项条件齐备，除非万不得已，绝不可作战。能够把握时机出战，可以一战而胜，不必让士兵打第二仗。没有计划就去作战，却又能取得小胜利，那是由于天时符合。"

孙膑说："打十仗能取得六次胜利，那是掌握了星辰变化的规律。打十仗能取胜七次，那是掌握了太阳运行的规律。打十仗能取胜八次，那是掌握了月亮运行的规律。……打十仗能取胜九次，那是……打十仗而能取胜十次，那则是将领善于用兵，而士兵的素质又胜过敌军的缘故了……

***

"……不能取胜的情况有五种，而且这五种之中有任何一种，都不能取胜。所以说，用兵作战是有一定规律的，有的人用兵能杀死许多敌军，却不能俘获敌军将领和士兵；有的人用兵能俘获敌军将领，却不能占据敌军营房；有的人用兵能占据敌军营房，却不能捉住敌军统帅；有的人用兵致使全军覆没的失败，却能杀死敌军将领。所以说，只要掌握了用兵的规律，敌军想要生存也就不可能了。"

八 阵

原 文

孙子曰：智不足，将兵，自恃也。勇不足，将兵，自广也[1]。不知道，数战不足，将兵，幸也[2]。夫安万乘国[3]，广万乘王，全万乘之民命者，唯知道。知道者，上知天之道，下知地之理，内得其民之心，外知敌之情，阵则知八阵之经，见胜而战[4]，弗见而诤[5]，此王者之将也[6]。

孙子曰：用八阵战者，因地之利，用八阵之宜。用阵三分，诲阵有锋[7]，诲锋有后，皆待令而动。斗一，守二。以一侵敌，以二收。敌弱以乱，先其选卒以乘之。敌强以治，先其下卒以诱之。车骑与战者，分以为三，一在于右，一在于左，一在于后。易则多其车[8]，险则多其骑，厄则多其弩[9]。险易必知生地[10]、死地，居生殼死⑪。

注释

①**自广**：自以为胆大，自己壮胆。②**幸**：侥幸，碰运气。③**万乘国**：指可以出兵车万乘的大国。④**见**：预见。⑤**诤**：借为"静"，停止。⑥**王者之将**：能帮助君主创立霸主之业的将领。⑦**诲**：借为"每"，指每个。⑧**易**：地形平坦。⑨**厄**：指两边高峻、狭窄的地形。⑩**生地**：有利的地形。⑪**殼**：借为"击"。

译文

孙膑说："智谋不足的人统兵，只不过是自傲。勇气不足的人统兵，只能自己为自己宽心。不懂兵法，又没有一定实战经验的人统兵，那就只能靠侥幸了。若要保证一个万乘大国的安宁，扩大万乘大国的统辖范围，保全万乘大国百姓的生命安全，那就只能依靠懂得用兵规律的人了。所谓懂得用兵规律的人，那就是上知天文，下知地理，在国内深得民心。对外要熟知敌情，布阵要懂得八种兵阵的要领，预见到必胜而出战，没有胜利的把握则避免出战。只有这样的人才是足够担当重任的将领。"

孙膑说："用八种兵阵作战的将领，要善于利用地形条件，选用合适的阵势。布阵时要把兵分为三部分，每阵要有先锋，先锋之后要有后续兵力，所有军兵都要等待将令才能行动。用三分之一的兵力出击，用三分之二的兵力守卫。用三分之一的兵力攻破敌阵，用三分之二的兵力完成歼敌任务。敌军兵力弱而且阵势混乱时，就先派精兵去攻击敌军。敌军强大而且阵势严谨时，就先用一些弱兵去诱敌。用战车和骑兵出战时，把兵力分为三部分，一部分在右侧，一部分在左侧，一部分断后。地势平坦的地方用战车，地势险阻的地方则多用骑兵，地势狭窄险要的地方多用弓弩手。但无论在险阻还是平坦的地方，都必须先弄清楚，哪里是平地，哪里是险地，要占据平地，把敌军置之

●八阵图石伏陆逊

死地而后消灭。"

地葆

孙子曰：凡地之道，阳为表，阴为里，直者为纲[1]，术者为纪[2]。纪纲则得，阵乃不惑。直者毛产，术者半死。

凡战地也，日其精也[3]，八风将来，必勿忘也。绝水[4]、迎陵、逆流、居杀地、迎众树者，钧举也[5]，五者皆不胜。

南阵之山，生山也。东阵之山，死山也。东注之水，生水也。北注之水，死水。不流，死水也。

五地之胜曰[6]：山胜陵，陵胜阜，阜胜陈丘[7]，陈丘胜林平地。

五草之胜曰：藩[8]、棘、椐、茅、莎。

五壤之胜：青胜黄，黄胜黑，黑胜赤，赤胜白，白胜青。

五地之败曰：谿[9]（xī）、川、泽、斥、□。

五地之杀曰：天井、天宛、天离、天隙、天招（shóo）。五墓杀地也，勿居也[10]，勿□也。春毋降，秋毋登。军与阵皆毋政前右[11]，右周毋左周。

注　释

①纲：本意为"大绳"，这里引申为平坦大道或平坦的地形。②术：道路。③日其精也：日照条件很重要。精，重要。④绝水：渡水。⑤钧举：全被击败。钧，借为"均"。⑥五地之胜：五种取胜的地形。⑦陈丘：既高于平地，又平易便行的地方。⑧藩：篱笆。⑨谿：指山涧河沟。⑩居：处。这里指停留。⑪政：正面。

孙膑说："就地形的一般状况而言，向阳的地方是表，背阴的地方是里，大路为纲，小路为纪，掌握了大小道路的分布状况，布阵用兵就可以自如了。大路畅通的地区有利于运动作战，而小路难行的地区就不便于运动作战了。

"凡是用于作战的地方，日照的条件都很重要，对于四面八方风向的变化，千万不能忘记观察了解。渡河涉水，向山陵进发，处在河流下游，在死地扎营驻守，靠近树林，在这五种情况下，都容易招致失败，用兵时要特别注意。

"适于南面布阵的山是生山。适于东面布阵的山是死山。向东流的水是生水，向北流的水是死水，不流动的水也是死水。

"就五种地形对用兵的优劣比较而言，山地胜过丘陵，丘陵胜过土山，土山胜过小土丘，小土丘又胜过有树林的平地。

"五种草的优劣依次是：知母草、荆棘、灵寿木、茅草、莎草。

"五种土壤的优劣比较是：青土胜过黄土，黄土胜过黑土，黑土胜过红土，红土胜过白土，白土又胜过青土。

"五种可能导致作战失败的地形是：山溪、河流、沼泽、盐碱地……

"五种可能导致全军覆没的地形是：似天井般四周封闭的洼地，四周是高山、易进难出的地方，草木丛生有罗网的地方，两面高山夹峙的狭窄山沟，沼泽地区。这五种地形犹如军队的坟墓一般，都是凶多吉少的'杀地'，不能在这里驻扎、停留……春天不能在低洼地扎营，秋天不能在高处扎营。驻军和布阵时，都不要改变右前方的有利地形，要选择右翼有丘陵或高地作屏障，而不要左翼有屏障。"

势 备

孙子曰：夫陷齿戴角①，前爪后距，喜而合，怒而斗，天之道也，不可止也。故无天兵者自为备②，圣人之事也。黄帝作剑，以阵象之③。羿作弓弩④，以势象之。禹作舟车⑤，以变象之。汤、武作长兵，以权象之。凡此四者，兵之用也。

何以知剑之为阵也？且暮服之⑥，未必用也。故曰，阵而不战，剑之为阵也。剑无锋，虽孟贲bēn〔之勇〕不敢□□□⑦。阵无锋，非孟贲之勇也敢将而进者，不知兵之至也⑧。剑无首铤dìng⑨，虽巧士不能进□□⑩。阵无后，非巧士敢将而进者，不知兵之情者。故有锋有后，相信不动⑪，敌人必走⑫。无锋无后……□券不道。

何以知弓弩之为势也？发于肩膺yàn之间⑬，杀人百步之外，不识其所道至⑭。故曰：弓弩势也。

何以〔知舟车〕之为变也？高则……

何以知长兵之〔为〕权也？击非高下非……卢毁肩，故曰，长兵权也。

凡此四……中之近……也，视之近，中之远。权者，昼多旗，夜多鼓，所以送战也。凡此四者，兵之用也。□皆以为用，而莫彻其道……功。

凡兵之道四：曰阵，曰势，曰变，曰权。察此四者，所以破强敌，取猛将也。

***

……之有锋者，选阵□也。爵……

……得四者生，失四者死……

注释

①**陷齿戴角**：指有齿、有角的动物。陷，借为"含"。②**无天兵者**：指人。意思是说人没有天生的武器。天兵，指自然赋予动物的武器，如齿、角、爪、趾等。③**以阵象之**：可以用它来象征军阵。象，象征。④**羿**：后羿。传说是夏代有穷氏部落的首领，善于射箭。⑤**禹**：夏禹，传说中的古代部落联盟首领。因治水有功，被舜选为继承人。

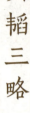

⑥旦暮：早晚。服：佩带。⑦孟贲：战国武士，以力大无穷著称。后被杀，皆因逞勇所致。⑧至：极，最。⑨剑无首铤：剑没有把柄。首，剑首，剑把的末端。铤，剑把的茎，手所握持之处。首铤联称，指剑的把柄。⑩巧士：指武艺高强的人。⑪相信不动：信赖稳定。信，信赖、配合的意思。⑫走：败走。⑬发：发射。肩膺之间：肩胸之间。膺，《说文解字》云，"膺，胸也。"⑭道：由，从。

［译 文］

孙膑说："所有有齿、有角、前爪、后趾的禽兽，都是高兴时聚集成群，发怒时就相互角斗，这是自然现象，是无法制止的。而人虽然没有齿、角、爪、趾那样天生的武器，却可以制造，古代的圣人们就是这样做的。黄帝制造剑，而兵阵的作用就像剑一样。后羿制作弓弩，而兵势就要像弓弩发射一样，一往无前，夏禹制作舟车，而用兵的机变也正像舟车灵活多变一般。商汤、周武王制作长兵器，兵权就要像用长兵器一般紧握在手。以上四个方面，都是用兵的根本。

"怎么知道军阵像剑一样呢？剑是无论早晚都佩带在身上的，但不一定使用。所以说，军队要随时保持阵形，但不一定就作战，在这个意义上说，军阵像剑一样。剑如没有把柄，那么，即使技巧高超的人也不能用它去杀敌。军阵如果没有后卫，就像没有用剑技巧的人却用没把的剑去杀敌一样，那是完全不懂用兵的情理。所以说，军阵有前锋又有后卫，而且协调一致，保持阵势稳定，敌军就必定会败走。如果军阵既无前锋又无后卫……

"怎么知道兵势和弓弩一样呢？弓弩是从肩和胸部之间发射出去的，在一百步以外杀伤敌人，敌人还不知弓弩是从哪里射来的。所以说，兵势要像弓弩一样，在敌军尚不知道时已经给予打击了。

"怎么说用兵的机变像舟车一样的灵活呢？……

"怎么知道兵权像长兵器一样呢？……所以说兵权像长兵器一样。

"……指挥作战，白天多用旗帜，晚上多用金鼓，借以传达作战命令。这四项都是运用的根本。人们常常以为会运用了，其实并没有完全懂得其中奥妙……

"用兵的根本有四项：第一叫兵阵，第二叫兵势，第三叫机变，第四叫兵权。懂得这四项，才能用来打败强敌，捉拿猛将。"

（原文残缺严重，译文从略）

兵　情

孙子曰：若欲知兵之情①，弩矢其法也②。矢，卒也。弩，将也。发者③，主也④。

矢，金在前，羽在后，故犀而善走⑤。前……今治卒则后重而前轻，阵之则辨⑥，趣之敌则不听⑦，人治卒不法矢也⑧。

弩者，将也。弩张柄不正，偏强偏弱而不和⑨，其两洋之送矢也不壹，矢虽轻重得，前后适，犹不中[招也]……将之用心不和……得，犹不胜敌也。

矢轻重得，前[后]适，而弩张正，其送矢壹，发者非也，犹不中招也⑩。卒轻重得，前……兵……犹不胜敌也。

故曰，弩之中彀^{gòu}合于四⑪，兵有功……将也，卒也，□也。故曰，兵胜敌也，不异于弩之中招也。此兵之道也。

***

……所循以成道也。知其道者，兵有功，主有名。

①知兵之情：指用兵的道理。②法：式样，这里引申指例子。③发者：指射手。④主：君主。⑤犀：锐利。走：疾行，这里指箭的飞行。⑥阵之则辨：意谓使之列阵，则能办到。辨，借为"办"，办成，完成。⑦趣：促。⑧法：效法。⑨不和：不均，不协调。⑩招：箭靶。⑪彀：箭靶。

孙膑说："如果想要明白用兵之道，去体会弩弓发射的道理就行了。箭就好比士兵，弩弓就如将领，用弩弓射箭的人就是君王。

"箭的结构是金属箭头在前，羽毛箭翎在后，所以箭能锐利、迅速并且射得远……

六韬三略

二五八

现今用兵却是后重而前轻，这样用兵布阵，只能造成混乱，而去攻打敌军则会调动不灵，问题就在用兵的人不去效法射箭的道理。

"弩弓就好比是将领。开弓射箭时，弓把没有摆正，用力过强或过弱不能及时察觉，弓两端发箭的力量就不一致，即使箭头和箭尾的轻重是合适的，前后顺序也没有颠倒，还是不能射中目标。这个道理在用兵中也是一样，尽管士兵配置得当，但将领不和，仍然不能战胜敌军。

"如果箭头和箭尾的轻重得宜，前后顺序也正确，同时开弓时也把得很正，整张弓的发射力量也协调一致，但是射箭的人不得要领，不能正确发射，也还是不能射中目标。这就好比用兵时，士兵编配得当，将领也协力同心，而君王却不能正确使用这支军队，那也照样不能战胜敌军。

"所以说，箭射中目标的条件是箭、弩弓、射箭人和目标四项全都符合要求，而军队要战胜敌军，也必须士兵编配得当，将领之间同心协力，君王能正确使用军队。由此可见，用兵战胜敌军，和用箭射中目标没有任何不同。这正是用兵的规律。

***

"……如能从弩弓发射之中悟出道理，就会领会用兵的规律，按这个规律去用兵，就能建立功勋，君王也能威名远扬。"

行 篡

原 文

孙子曰：用兵移民之道①，权衡也②。权衡，所以篡贤取良也③。阴阳，所以聚众合敌也。正衡再累④……暨忠⑤，是谓不穷。称乡县衡⑥，虽其宜也。

私公之财壹也。夫民有不足于寿而有余于货者，有不足于货而有余于寿者，唯明王、圣人智之，故能留之。死者不毒⑦，夺者不愠⑧。此无穷……民皆尽力，近者弗则远者无能。货多则辨，辨则民不德其上⑨。货少则□，□则天下以为尊。

然则为民赇^{qiú}也，吾所以为赇也，此兵之久也。用兵之……

译 文

孙膑说："动用民力去作战的问题，必须仔细斟酌。斟酌的目的是为了真正选拔出有德有才的人。运用阴阳变化配合的规律，是为了聚集民众的力量去对敌。要充分考虑一个地方的实际情况，才能恰当地使用那里的民力。

"私人和公有的财物要统一安排使用。民众之中，有的人财物很多却贪生怕死，有的财物少却不怕死。只有明智的君王和贤明的人，才能正确处理，适当动用民力，使得牺牲生命的人不怨恨，被征用财物的人也不生气……百姓都会尽自己的力量，如果亲近的人不肯尽力，那就不可能让别人尽力了。如果征用财物过多，就会伤害民众，从而导致民众对君王不满。征用财物少……君主就会得到全国的拥护。

"应该让百姓积累财物。我主张让百姓积累财物，是因为只有这样才能保证长时间用兵作战。这是必须牢记的真理啊。"

杀 士①

原 文

孙子曰：明爵禄而……

……

……杀士则士……

……知之。知士可信，毋令人离之。必胜乃战，毋令人知之。

当战毋忘旁毋……

　　……必审而行之，士死……

注释

　　①此是篇题，原写在本篇第一简简背。

译文

　　（原文残缺严重，译文从略）

延 气

原文

　　孙子曰：合军聚众，［务在激气］①。复徙合军②，务在治兵利气③。临境近敌，务在厉气。战日有期，务在断气④。今日将战，务在延气⑤。

　　……以威三军之士，所以激气也。

　　将军令……其令，所以利气也。将军乃……短衣絜袭（jié），以劝士志，所以厉气也。将军令，令军人，人为三日粮⑥，国人，家为……［所以］断气也。

　　将军召将卫人者而告之曰：饮食毋……［所］以延气……也。

　　……营也。以易营之，众而贵武，敌必败。气不利则拙，拙则不及，不及则失利，失利……

　　……气不厉则懾，懾则众□，众……

　　……而弗救，身死家残。将军召使而勉之，击……

注释

　　①激气：激发士气。②复徙：多次迁徙转移。③治兵：整治士卒。利气：提高士

孙膑兵法

二六一

卒的战斗士气。④**断气**：使士卒有断然不回之气。断，断绝。⑤**延气**：延续旺盛士气。⑥**三日粮**：指所带粮食仅够三日之用，以示决一死战的决心。

●项羽

译 文

孙膑说："集结军兵准备打仗时，务必要注意激发将士的士气。经过行军再次集合军队时，务必注意军队的训练和提高士气。当军队临近敌军阵地时，务必要注意激励士气。决战日期确定之后，务必让全军将士激发出决一死战的士气。在交战当天，务必要让将士保持高昂的士气。

"……用来为三军将士壮威，从而激发士气。

"……是借以提高士气。将领……穿短衣并系紧皮衣，用以鼓舞将士们的斗志。将领下令，命令全军将士每人只带三天口粮……为了坚定将士们决一死战的决心。

"将领召见将担任后卫的将士们告诫说：……为了保持高昂的士气。

"……士兵多而又善战，敌军就必定失败。将士们士气不高，行动就会迟缓，行动迟缓就会贻误战机，那就必然导致失利……

"……不能救治，出现将士捐躯，家庭残破的情况。将领要派使者去慰问……"

（原文残缺严重，译文从略）

官 一

原 文

孙子曰：凡处卒①，利阵②，体甲兵者，立官则以身宜③，贱令以采章④，乘削以伦物⑤，序行以□□，制卒以州闾⑥，授正以乡曲⑦，辨疑以旌舆⑧，申令以金鼓⑨，齐兵以从迹，庵结以人雄⑩，邋军以索阵^⑪，茭肄以囚逆^⑫，陈师以危□，射战以云阵，圉裹以赢渭^⑬，取喙以阖燧^⑭，即败以包□，奔救以皮傅，燥战以错行。

注　释

①**处卒**：部署军队。②**利阵**：部署有利的阵势。③**立官则以身宜**：指设官分职要选择称职的人。身宜，指本身适宜任职的人。④**贱**：疑借为"践"，实行。**采章**：指各种颜色的旗帜、徽章等物。⑤**乘削**：疑读为"乘旓"，"旓"本指旗帜下垂的装饰物，这里指兵车上插的旗子。**伦物**：分辨事物，这里指分辨等级。⑥**制卒以州闾**：意谓按地方行政组织编制士卒。⑦**授正以乡曲**：按乡曲任命官吏。正，乡正。乡曲，古代地方基层行政单位。⑧**辨疑以旌舆**：用兵车上插载的旌旗来区别不同的兵种和指挥官。⑨**申令以金鼓**：用金鼓传达命令。金鼓，古代指挥军事行动的信号。⑩**庵结以人雄**：用特别勇猛的士卒担任掩护任务。⑪**索阵**：疑为阵名。⑫**茭**：疑为"交"，交替、反复。**肄**：疲劳。⑬**圉裹以赢渭**：抵御敌人的包围要用赢渭阵。圉，借为"御"，抵御。裹，包围。赢渭，疑为阵名。⑭**取喙以阖燧**：消灭敌人前锋用阖燧阵。阖燧，是指能把敌人封闭在道路狭窄处的阵形。

译　文

孙膑说："一切部署队伍，变换更有利的阵形，配备好打仗兵器等作战设施的将领，在设立军队各项职能、调度军队的运作机制时，都要给他们绶章或配备设施。士兵执行命令，需要识别不同意义的彩旗徽章；战车运载将士，要插上不同标识的旗帜来区别队伍的类别和等级；排列队伍的次序，要按照（大小一定的编制）；编组队伍的作战单位，要考虑士卒们的邻里关系；任命分队长官，要照顾乡土地域情绪。指示行军及作战方位，要使用有特殊标识的战旗；发布作战号令，要分清擂鼓鸣金的进退。手持武器并进，必先步调一致；组织严整队形，须要摆臂整齐。大举进攻敌军，要运用有力的阵势；骚扰使敌劳顿，可运用围追堵截，困而不打的阵势；严阵以待应敌，要以弓弩对付敌军，要使用变幻如云的阵形；围歼敌兵，可部署流动困敌之阵；阻击敌军精锐的前行，要封锁敌人进攻的道路；追杀溃败的敌人，要……；援救被困的友军，要强行猛攻敌阵；呐喊助威，鼓噪而行，要注意交错行列，（使敌人不明虚实）。

用□以正□，用轻以正散，攻兼用行城①，□地□□用方，迎陵而阵用刲②(kuī)，险□□□用圜(huán)，交易武，退用兵。□□阵临用方翼，泛战接厝用喙逢③(cuò)，囚险解谷以□远④，草驵沙荼以阳削⑤(zǎng tú)，战胜而阵以奋国。

而……为畏以山胅⑥(qū fú)，秦恑以透迤，便罢以雁行，险厄以杂管，还退以蓬错⑦，绕山林以曲次⑧，袭国邑以水则，辩夜退以明简，夜警以传节，厝入内寇以棺士⑨，遇短兵以必舆。

火，输积以车，阵刃以锥行，阵少卒以合杂⑩。合杂，所以围裹也。修行连削，所以结阵也。

①**行城**：攻城用的一种云梯类设备。②**刲**：疑当读为"珪"，指珪形之阵。③**厝**：交错。**喙**：鸟兽的嘴，这里指军阵的前锋。**逢**：借为"锋"，指前锋部队。④**解谷**：指打开峡谷通道，使敌出而击之。⑤**草驵沙荼**：整理小组注云："草驵沙荼，疑当读为'草苴沙荼'。"一说，当读为"草苴沙荼"，指杂草丛生之地。⑥**山胅**：疑为阵名。⑦**蓬错**：指撤退时各部交错掩护的一种阵形。⑧**曲次**：按部曲依次进行。⑨**厝入内寇以棺士**：突入敌阵要依靠武艺高强的勇士。厝入，打入。⑩**合杂**：指集中兵力混合编队。

"要采用……办法米补救……；要速战速决来'医治'兵士们在自己领土上作战的怀乡病；攻打高地上的敌军，要使用'行城'这种专门器械；……要运用方形阵；敌军面山而战，我军就布置刲形阵击破他们；……要运用圆形阵；与敌在平旷之地交战，或追击后退的敌军，要运用……兵；敌人居高临下，我军就调动兵力从侧翼进攻。一般的战斗和正面的交锋，都要运用精锐强劲的先锋。包围了负隅顽抗的敌人，要留生路把他们引出来再歼灭；在杂草丛生芦苇繁密的地带可以布置伪装的战旗，取得一场战斗的胜利，仍然要保持严整的阵容来激发将士的志气。

"隐蔽军队的行踪，要选择在半环形的山地；在荆棘蔓延通行困难的地方行军，要把军队散布为逶迤曲折的阵形；在便于摆开阵势的地方，可以布置出人字形的雁行阵对敌；军队陷入困境，就要集中兵力，会聚各地将士抗敌；收兵后撤，要布置好有力的截后之军；军队在山林绕行，一定要让队伍曲折相从前后有序；袭取敌国的城邑，能借助于水攻那就大功告成。夜晚撤军要使用书简来传达命令，夜晚的警戒防备要凭信物符节检查通行。攻入敌国城邑要使用敢死的将士，和敌人短兵相接要密排战车防御敌军。

"用火攻毁灭敌军辎重粮草要有战车接应，前锋坚锐才能运用锥行之阵，布阵兵力不足就要打乱原有秩序混合编队。混合的编队，集中了兵力，就可以增强声威围困敌人。修治队伍行列并密布战旗，可以编排出威严整肃的阵容。

原 文

云折重杂，所权躁也。猋凡振陈，所以乘疑也。隐匿谋诈①，所以钓战也。龙隋陈伏②，所以山斗也。□□乖举③，所以厌津也。□□□卒，所以□□也。不意侍卒，所以昧战也。遏沟□陈，所以合少也。疏削明旗④，所以疑敌也。

剽阵辖车，所以从遗也。椎下移师，所以备强也。浮沮而翼，所以燧斗也。禅括繁避，所以莠蒉也。简练剽便，所以逆喙也。坚阵敦□，所以攻槐也。揆断藩簿⑤，所以眩疑也。伪遗小亡，所以聩敌也。重害，所以茭□也。顺明到声，所以夜军也。佰奉离积⑥，所以利胜也。刚者，所以围劫也。更者，所以过□也。□者，所以围□也。……者，

●船隐芦苇荡

所以厌□也。胡退□入，所以解围也。

……令以金……

……云阵，围裹……

……胠，秦怫以逶迤，便罢……
（qū　fú）

……夜退以明简，夜警……

……舆，火输积以车，阵……

……龙隋阵……

……也。简练□便，所以逆……

……断藩簿，所以眩……

……所以魌敌也。重害，所……
（kuì）

……奉离积，所以利……

注 释

①**隐匿谋诈**：隐瞒企图，施用计谋。②**龙隋**：强龙将伏，这里引申指强兵示弱。③**乖举**：疑指不合常理的举动。乖，乖异。④**疏削明旗**：一说指疏散兵器，展示旌旗。⑤**摞断藩簿**：拆毁藩篱屏障。⑥**佰奉离积**：一说指控制敌境内物资储备。

译 文

　　"乌云压城令人压抑的天气，可以主动袭击敌军。狂风大作震撼军阵，可趁敌军的惑乱之时发动攻势。埋下伏兵诈败逃跑，可以诱敌歼灭。故作萎靡不振，军心涣散之态而暗藏伏兵，也可以诱惑敌军不避忌讳攻上山陵与我决战……乖谬荒唐的举动，可以引诱敌军渡河从而能打击半渡无备的敌人。卒，所以……（出乎敌军意料），猝然发起进攻，这应当不宣而战。依靠沟堑凭借有利地形（布置）阵势，这就可以用少量兵力抵抗强敌。广布战旗并使其鲜明夺目，这可以用来迷惑敌军。

　　"轻兵快车，行动迅捷，可以用来追剿溃败的逃敌。消灭一队敌军就立即转移部队，这可以防备其他强敌的乘虚攻击。轻装突进，千里跃行，可以在敌人意想不到的夹道地形伏击敌军。士兵们衣冠不整，自由散漫的样子，可以诱惑敌军前来追杀。技艺熟练，骁勇善战的士兵组成精锐部队，可以迎头痛击敌军的前锋。巩固军阵，加强后续部队，可以打击……的敌人。勘明地形起伏，借助丛草荆棘作为障篱，可以迷惑扰乱敌军。有意丢弃些军用物资，也可以诱敌上钩。不断地骚扰敌人，可以使敌军疲于应付，丧失战斗力。（安营扎寨）要安排巡逻打更通宵达旦，这样才可以夜间安顿军营。（每攻占一地）要就地充实粮草供给，这才有助于获取进一步的胜利。英勇顽强的队伍，才能够抵御敌军的强力攻袭。轮流替换队伍，这可以……（缺）者，正可以围困……者，可以迫击（敌人）的（军阵）。故意后撤退入……，这样就可以缓解我军的困难处境。"

（原文残缺严重，译文从略）

强 兵

原文

威王问孙子曰："……齐士教寡人强兵者，皆不同道①。……[有]教寡人以政教者②，有教寡人以……[有教]寡人以散粮者③，有教寡人以静者……之教□□行之教奚……"

[孙子曰]："……皆非强兵之急者也。"

威[王]……

孙子曰："富国。"威王曰："富国……厚，威王、宣王以胜诸侯④，至于……

***

……将胜之，此齐之所以大败燕⑤……

……众乃知之，此齐之所以大败楚人反⑥……

……大败赵……

……人于豗桑而擒氾皋也⑦。

……擒唐□也。

注 释

①道：道理，主张。②政教：政治教化。③散粮：分散粮食。④威王、宣王以胜诸侯：《史记·孟子荀卿列传》云："齐威王、宣王用孙子（膑）、田忌之徒，而诸侯东面朝齐。"⑤齐之所以大败燕：当指齐宣王伐燕事，见《战国策·燕策一》《孟子·梁惠王下》及《史记》等书。齐宣王伐燕事在公元前 314 年。⑥此齐之所以大败楚人反：疑指齐与韩、魏等国伐楚取重丘（或曰攻方城）之战，见《史记》的《楚世家》《秦本纪》《战国策·秦策》及《吕氏春秋·处方》等书。⑦督桑：在今江苏沛县西南，战国时属宋地。

译 文

齐威王问孙膑："……齐国的许多谋士对我讲强兵的策略，各有各的主张……有的人提出施行仁政……有的人让我把粮食发放给百姓，有的人主张保持安定……"

孙膑说："……这些都不是强兵的最紧要的策略。"

威王问："……"

孙膑说："富国！"

威王说："富国……积蓄起比我以前更雄厚的国力，比宣王更雄厚的国力，借以战胜诸侯。"

（原文残缺严重，译文从略）

五教法

原 文

〔孙〕子曰：善教者于本①，不临军而变，故曰五教：处国之教一，行行之教一②，处军之③……不相见利战之教一。

处国之教奚如④？曰……孝弟良五德者⑤，士无壹乎？虽能射不登车。是故善射者为左，善御者为御，毕毋为右⑥。然则三人安车，五人安伍，十人为列，百人为卒，千人有鼓，万人为戎，而众大可用也。处国之教如此。

行行之教奚如？废车罢马^{pí}⑦，将军之人必任焉，所以率……险幼，将自立焉，所以敬□……足矣。行行之教如此。

处军之教［奚如］？……也。处军之教如（此）。

……之教奚如？兵革车甲，●桴鼓助战陈之器也……以兴善，然而陈暨利而陈实繁^{fán}⑧。处阵之教如此。

阵而不相见，利战之教……

***

……垒□道，使三军之士，皆见死而不见生，所……

……□所以教耳也。□□……

……以教足也。五教暨^{jì}明，至目益明……

注 释

①**善教者**：善于管理、教育的人。②**行行**：行动。这里指在行军中。③**处军**：在军阵中。④**奚如**：何如，如何。⑤**孝弟**：即"孝悌"。⑥**毕毋为右**：都不能居于战车的右边。⑦**废车罢马**：战车破损，军马疲惫。⑧**暨**：借为"既"，已经，这里指已经造成有利的战阵。**繁**：借为"繁"，繁杂，这里指变化多端。

译 文

孙膑说："善于训练军队的人，注重平时训练，而不会临到用兵作战时才仓促应变。一般来说有五种训练的情况：一是在国内驻守时的训练，一是行军的训练（一是安营扎寨的训练，一是布阵的训练），还有一种就是隐蔽用兵、奇袭胜敌的训练。

"在国内驻守时的训练情况是怎样的呢？大致说……孝敬父母、顺从兄长、待人良善这些基本的道德品质，作为一个士兵连这些基本品质都不具备，那么即便他是射箭的能手也不能让他留在军营中。这样，箭法高超的士兵安置在战车的左位，驾车技术高明的士兵就命其驾车，没有这两样技艺的士兵可做辅战的车右。这样，就可以组成三人一组的车战单位，五名士兵组成一伍，十名士兵组成一列，百名士兵组成一卒，千名士兵就可以配备一面战鼓，万名士兵就可以征伐敌人，这样，普通民众集合起来编制成军就可以投入战争去使用了。这就是驻守国内时的训练。

"行军的训练是怎样的呢？残破的战车和衰老的战马，带兵打仗的人必然把它们视为负担，（决然抛弃）……险峻要塞之地，将军可以借助它来成就功业……足够了。行军的训练就是如此。

"安营扎寨的训练（又是怎样的呢？）……安营扎寨的训练即是如此。

"（布阵作战的训练）是怎样的呢？武器装备，盾牌铠甲，战车甲士，都是布阵不可或缺的组成部分……这样，我们的布阵就既有强大的攻击力，又严实不可攻破了。阵法训练就是如此。

"隐蔽地用兵，神不知鬼不觉地突袭作战的训练（是怎样的呢？）。"

（原文残缺严重，译文从略）

十　阵

　　凡阵有十：有方阵，有圆阵，有疏阵①，有数阵②，有锥行之阵，有雁行之阵，有钩行之阵，有玄襄之阵，有火阵，有水阵。此皆有所利。方阵者，所以刌也。圆阵者，所以槫也③。疏阵者，所以吠也。数阵者，为不可掇④。锥行之阵者，所以决绝也。雁行之阵者，所以接射也⑤。钩行之阵者，所以变质易虑也。玄之阵者，所以疑众难故也。火阵者，所以拔也。水阵者，所以伥固也。

六韬三略

二七〇

方阵之法，必薄中厚方^⑥，居阵在后。中之薄也，将以吠也。重□其□，将以刲(tuán)也。居阵在后，所以……

［原阵之法］……

……其甲寡而人之少也，是故坚之。武者在旌旗，是人者在兵。故必疏钜(jù)间^⑦，多其旌旗羽旄(máo dǐ)，砥刃以为旁。疏而不可蹙(cù)^⑧，数而不可军者，在于慎。车毋驰，徒人毋趋。凡疏阵之法，在为数丑，或进或退，或击或颁，或与之征，或要其衰^⑨。然则疏可以取锐矣。

注 释

①疏：稀疏。②数：密集。③榑：借为"团"，结聚。④掇：疑借为"剟"，割取。⑤接射：疑指用弓矢交战。⑥薄中厚方：意谓方阵中心人少，周围人多。方，疑借为旁。⑦疏钜间：加大阵列的间隔距离。钜，借为"距"。⑧蹙：急促。⑨要：通"邀"。

译 文

兵阵的阵式共有十种：有方阵、圆阵、疏阵、数阵、锥形阵、雁形阵、钩形阵、玄襄阵、火阵和水阵。这些兵阵各有各的长处，各有各的用处。方阵用来截击敌军。圆阵用以集中兵力防守。疏阵用以制造声势。数阵的作用是使敌军不能分割消灭本方军队。锥形阵用来突破敌军阵地并切断其相互联系。雁形阵用来进行弓弩战。钩形阵在情况发生变化而改变作战计划时使用。玄襄阵用来迷惑敌军，使其难以实现既定意图。火阵用来攻拔敌军营寨。水阵用来加强防守。

方阵布列的方法是：中心的兵力少，而四周的兵力则必须多而强，将领的指挥位置靠后。中间布兵少是为了便于发号施令。四周兵力多而强，是为了便于截击敌军。指挥位置靠后。是为了……

原阵之法……

……疏阵的布列方法是在士兵铠甲不足而兵力又少时用来加强阵势的。要多设旗帜显示威武，多置兵器显示兵多。因此，布阵时必须加大军兵的行距间隔，在其间多设旗帜羽旄，要把锋利的兵器布置在外侧。要注意疏密适当，既不至于受敌军的威逼，更不至于被敌军包围，做好这一点的关键在于深思熟虑，谨慎施行。战车不能疾驶，

●皇帝大驾卤簿八旗骁骑

步兵不要急行。疏阵使用的要旨在于，把士兵分编为若干个战斗群，既可前进也可后退，既可进攻也可防守，可以和敌军对战，也可以截击疲弱的敌军。疏阵用得好，可以战胜精锐的敌军。

原 文

数阵之法，毋疏钜间，戚而行首，积刃而信之（shēn），前后相保，变□□□，甲恐则坐，以声坐□，往者弗送，来者弗止，或击其迁，或辱其锐①，笲之（fán）而无间，矾山而退。然则数不可掇也。

锥行之阵，卑之若剑②，末不锐则不入，刃不薄则不剥，本不厚则不可以列阵。是故末必锐，刃必薄，本必鸿。然则锥行之阵，可以决绝矣。

［雁行之阵］，……中，此谓雁阵之任。前列若锨，后列若狸（lǐ），三……阙罗而自存（què），此之谓雁阵之任。

钩行之阵，前列必方，左右之和必钩③。三声既全④，五彩必具，辨吾号声，知五旗。无前无后，无……

玄襄之阵，必多旌旗羽旄（máo），鼓㷀㷀庄，甲乱则坐，车乱则行，已治者□，榼榼啐啐（kē cuì）⑤，若从天下，若从地出，徒来而不屈，终日不拙。此之谓玄襄之阵。

火战之法，沟垒已成，重为沟堑，五步积薪，必均疏数，从役有数，令之为属枇（pí），必轻必利，风辟……火既自覆，与之战弗

六韬三略

克，坐行而北。火战之法，下面衍以荪，三军之士无所出泄。若此，则可火也。陵焱蒋荪，薪荛既积⑥，营窟未谨。如此者，可火也。以火乱之，以矢雨之，鼓噪敦兵⑦，以势助之。火战之法。

　　水战之法，必众其徒而寡其车，令之为钩、楷、苁、柤、贰、辑、□、绛，皆具。进则必遂，退则不蹙，方蹙从流，以敌之人为招⑧。水战之法，便舟以为旗，驰舟以为使，敌往则遂，敌来则蹙，推攘因慎而饬之，移而革之，阵而□之，规而离之⑨。故兵有误，车有御徒，必察其众少，击舟豩津，示民徒来。水战之法也。

注 释

　　①辱：借为"衄"，挫折。②卑：借为"譬"。③左右之和：指军阵的左右两翼。④三声：指军中金鼓笳铎的声音。⑤楂楂哜哜：疑指士卒鼓噪之声。⑥薪荛：柴草。⑦敦：劝勉。意谓鸣鼓喧噪，以激励士卒的斗志。⑧招：箭靶。⑨规：疑借为"窥"。

译 文

　　数阵的布列方法是：不必加大行距间隔，行列要相互靠近，排列有序，兵器要密集而又便于施展，前后要互相保护……当本方士兵有恐慌情绪时，要停止行动，保持稳定……当敌军退走时，不要追击；敌军来犯时，不要堵截，可以选择敌军的弱点加以攻击，或挫敌军锋锐，要计算周详，不给敌军任何可乘之机，让敌军在阵前如遇大山一般，只好退走。这样，数阵就坚不可破了。

　　锥形阵的布列，要使它像利剑一般。其前锋如不锐利，就不能攻入敌阵；其两翼如不锋利，就不能截断敌军；其主体如不雄厚，就不能布成锥形阵。因此，锥形阵的前锋必须锐利，两翼必须轻灵锋利，主体必须兵力雄厚。这样的锥形阵就可以突破敌阵，截断敌军了。

　　雁形阵的布列……这就是雁形阵的作用。雁形阵前面排列要像形似猿的兽类一样，而后面排列则要像叫狸的野猫一样……这就是雁形阵的作用。

　　钩形阵的布列，前面必须排成方形，左右两翼相对应必须布成钩形。指挥用的金、鼓、角三种发声器要齐全，五种颜色的旗帜必须齐备，要让自己的士兵能辨别本军指

孙膑兵法

挥的声响号令和指挥旗帜。

……布列玄襄阵，必须多设各种旗帜，鼓声要密集而雄壮，士兵要表面散乱而实际稳定，战车表面杂乱而实际上排列有序……让士兵像在茶楼酒馆一样，喧闹杂乱，如同从天而降，从地里冒出来一样，走来走去，络绎不绝，整日不断。这就是玄襄阵的摆法。

用火阵的战法是，在沟垒之外，再修筑堑壕，每隔五步堆积柴草，要疏密均匀，分派好点火的士兵，让他们准备好点火用的火把，点火时动作要轻灵利落……如果火烧向本方，那和敌军交战是不能取胜的，必须立即停止行动，向后撤退。用火战的条件是，敌军的位置在下风头，敌军的阵地地势低平，野草丛生，敌军在被烧时无处可逃。具备这些条件时才可用火攻，遇上大风天气，敌军阵地又是野草丛生，柴草堆积，营地戒备又不严密时，也可以用火攻。这时，用火攻造成敌军混乱，再用如雨一样密集的箭射杀敌军，并擂鼓呐喊，督促士兵攻击，以兵势辅助火攻。这就是火战的方法。

用水战的方法是，多用步兵而少用战车，要让部下准备好捞钩、缆绳等器具和船只用具。前进时要前后相随，后退时不可拥挤，要适时收缩队形顺流而下，以敌军为射杀目标。水战的要旨在于，用轻便船只作指挥船，用快船作联络船，敌军后退时就追击，敌军进攻时就收缩队形迎战，要根据形势变化而谨慎指挥进退应敌，敌军移动就加以钳制，敌军结阵就……敌军密集就分割。敌军中常有隐蔽的战车和步兵，一定要查清有多少，在攻击敌军船只，控制渡口时，还要调动步兵在陆路配合作战。这就是水战的作战方法。

十　问

原　文

　　兵问曰：交和而舍^①，粮食钧(jūn)足，人兵敌衡，客主两惧。敌人圆阵以胥(xū)^②，因以为固，击之奈何？

　　曰：击此者，三军之众，分而为四五，或傅而佯(yáng)北^③，而示之惧。彼见我惧，则遂分而不顾^④。因以乱毁其固。驷(sì)鼓同举，五遂俱傅。

五遂俱至，三军同利。**此击圆之道也。**

问：交和而舍，敌富我贫，敌众我少，敌强我弱，其来有方，击之奈何？

曰：击此者，□阵而□之，规而离之，合而佯北，杀将其后，勿令知之。**此击方之道也。**

问：交和而舍，敌人既众以强，劲捷以刚，锐阵以胥，击之奈何？

曰：击此者，必三而离之，一者延而衡，二者□□□□□恐而下惑，下上既乱，三军大北。**此击锐之道也。**

问：交和而舍，敌既众以强，延阵以衡，我阵而待之，人少不能，击之奈何？

曰：击此者，必将三分我兵，练我死士，二者延阵张翼，一者材士练兵，期其中极。**此杀将击衡之道也。**

问：交和而舍，我人兵则众，车骑则少，敌人十倍，击之奈何？

曰：击此者，当保险带隘⑤，慎避广易。故易则利车，险则利徒。**此击车之道也。**

问：交和而舍，我车骑则众，人兵则少，敌人十倍，击之奈何？

曰：击此者，慎避险阻，决而导之，抵诸易。敌虽十倍，便我车骑，三军可击。**此击徒人之道也**⑥。

问：交和而舍，粮食不属⑦，人兵不足恃⑧，绝根而攻，敌人十倍，击之奈何？

曰：击此者，敌人既□而守阻，我……反而害其虚。**此击争□之道也。**

孙膑兵法

二七五

问：交和而舍，敌将勇而难惧，兵强人众自固，三军之士皆勇而无虑，其将则威，其兵则武，而理强梁偼^⑨，诸侯，莫之或待^⑩。击之奈何？

曰：击此者，告之不敢，示之不能，坐拙而待之，以骄其意，以惰其志，使敌弗识，因击其不□，攻其不御，压其骀^⑪，攻其疑。彼既贵既武，三军徙舍，前后不相睹，故中而击之，若有徒与。此击强众之道也。

问：交和而舍，敌人保山而带阻，我远则不接，近则无所，击之奈何？

曰：击此者，彼敛阻移□□□□□则危之，攻其所必救，使离其固，以揆其虑^⑫，施伏设援，击其移庶^⑬。此击保固之道也。

问：交和而舍，客主两阵，敌人形箕^⑭，计敌所愿，欲我陷覆，击之奈何？

曰：击此者，渴者不饮，饥者不食，三分用其二，期于中极，彼既□□，材士练兵，击其两翼，□彼□喜□□三军大北。此击箕之道也。

①和：军队左右垒门。舍：扎营。意谓两军相对，准备交战。②胥：等待。③傅：借为薄，迫近，接触。④遂：借为"队"。⑤带阨：意谓凭据险阻隘塞之地，恃以为固。⑥徒人：步卒。⑦属：连续。意谓粮食接济不上。⑧恃：疑借为"恃"。⑨理强梁偼：疑当读为"吏强粮接"。吏，指军吏。⑩待：抵御。意谓其他诸侯国都不能抵御。⑪骀：疑借为"怠"。⑫揆：揣度。意谓揣度敌人的行动意图。⑬移庶：移动中的敌众。⑭敌人形箕：意谓敌人把军队布置成簸箕形的阵势。

　　兵家问道："两军对垒，双方粮食都很充足，兵员人数和武器也相当，双方彼此都畏惧对方。这时，敌军布下圆阵固守待战，怎么攻击敌军呢？"

　　孙膑道："攻击这样的敌军，可以把本方军兵分成四五路，有的军兵与敌军稍一接触就假装败逃，装出十分畏惧敌军的样子。敌军见我军畏惧，就会毫无顾忌地分兵追击我军。我军就可以乘敌军乱而毁掉其坚固的阵地，随即驱动战车，擂响战鼓，五路军兵齐发，全军协同攻击敌军了。这就是击破敌军圆阵的办法。"

　　问："两军对垒时，敌方很富，我方很穷，敌军兵多，我军兵少，敌强我弱，敌军用方阵向我方进攻，我军该如何抗击敌军呢？"

　　孙膑说："抗击这样的敌军……使集中的敌军分散，一接触就假装败逃，然后伺机从后面攻击敌军，但要注意不让敌军事先察觉。这就是攻破敌军方阵的办法。"

　　问："两军对垒时，敌军人数既多又强，勇猛、敏捷，并且列成锐阵准备与我军交战，该如何抗击这样的敌军？"

　　孙膑说："抗击这样的敌军，要把本方的军队分成三部分，以便调动、分散敌军。用本方一部分军兵与敌军周旋抗衡，阻滞敌军；第二部分军兵……从而造成敌军将领恐惧，士兵惶惑，上下混乱，敌军必将全军大败。这就是击破敌军锐阵的办法。"

　　问："两军对垒时，敌军人数多而且强大，布成阵势与我军交战，我军也列阵等待，但我军兵力太少，无法抗击敌军，该怎么办呢？"

　　孙膑说："抗击这样的敌军，要把本方军队分成三部分，并且要特别选出一部分精兵组成敢死队。用三部分中的两路军兵列成阵势，张开两翼，再用精兵组成的敢死队攻击敌军中枢，务求一击必中。这就是击杀敌军统兵将领，击破敌军攻击阵势的办法。"

●汉兵劫寨破曹营

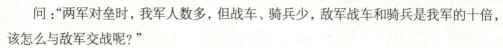

问："两军对垒时，我军人数多，但战车、骑兵少，敌军战车和骑兵是我军的十倍，该怎么与敌军交战呢？"

孙膑说："和这样的敌军交战，要占据险要地形，利用狭长的隘口，千万要避开开阔平坦的地带，因为开阔平坦地带有利于战车冲击，而险要隘口有利于步兵作战。这就是打败战车敌军的办法。"

问："两军对垒时，我军战车和骑兵多，但步兵少，而敌军步兵多，是我军的十倍，该如何与敌军作战呢？"

孙膑说："和这样的敌军交战，千万要避开险阻地带，想方设法把敌军引到平坦开阔地带去决战。敌军步兵虽是我军十倍，但开阔平坦地区便于我军战车和骑兵冲击，这样就可将敌军全部击败了。这就是打败敌军步兵的办法。"

问："两军对垒时，我军粮食不足，人员和兵器又补给不上，而且是远离自己的根据地去攻击敌军，而敌军兵力又是我军的十倍，该怎样对敌作战呢？"

孙膑说："对这样的敌军作战……"

问："两军对垒时，敌军将领勇猛无畏，敌军兵多而强，阵地十分坚固，全军将士都很勇敢，没有后顾之忧。敌军将领威武，士兵勇敢善战，后方人员强干，粮食供应充足，诸侯中无人敢与之争锋。该怎么与这样的敌军抗争呢？"

孙膑说："和这样的敌军抗争，可以公开宣布不敢与其抗争，明显表现出没有能力与其抗争，装出完全对其屈服的样子，从而使敌军产生骄傲情绪，松懈斗志，要让敌军看不出我方的真实意图。然后出其不意，攻其无备，趁敌军懈怠和疑虑之际，对敌军发动攻击。敌军虽然供给充足又强劲勇敢，但全军离开营地，行军迁移，前后不能相互照应，这时，我军可以趁机拦腰截击敌军，很容易将其打败。这就是打败强敌的办法。"

问："两军对垒时，敌军凭借山地险要地形据守，阻止我军前进，我军如离敌军远就无法接触敌军，离敌军近了又没有依托之地，该怎样与这样的敌军交战呢？"

孙膑说："与这样的敌军交战……要攻击敌军必定要救援的地方，从而牵制敌军离开其坚固的阵地，并预先算计好敌军的计划，部署好伏兵和援军，在敌军移动时对其发动攻击。这就是攻击据险固守的敌军的办法。"

问："两军对垒时，敌军和我军列阵相对，敌人摆出箕形阵势。估计敌军的意图，是想让我军落入其包围而使我全军覆没。该怎样与敌军对抗呢？"

孙膑说："对抗这样的敌军，要像口渴的人不喝水，饥饿的人不吃饭一样，不受敌军引诱，不中敌军圈套。用本方三分之二的兵力，去攻击敌军的中枢要害，待敌军……之时，派出精兵去攻击敌阵两翼……敌军必然全军大败。这就是攻破敌军簸箕阵的办法。"

略 甲

原 文

略甲之法，敌之人方阵□□无……

……欲击之，其势不可，夫若此者，下之……

……以国章，欲战若狂，夫若此者，少阵……

……反，夫若此者，以众卒从之，篡卒因之①，必将……

***

cuàn
……篡卒因之，必……

……左右旁伐以相趋，此谓镘钩击。

……之气不藏于心，三军之众□循之知不……

……将分□军以修□□□□寡而民……

……威□□其难将之□也。分其众，乱其……

……阵不厉，故列不……

……远揄之，敌倦以远……

……治，孤其将，荡其心，击……

……其将勇，其卒众……

……彼大众将之……

……卒之道……

①篡：借为选。

译 文

（原文残缺严重，译文从略）

客主人分

原 文

　　兵有客之分，有主人之分。客之分众，主人之分少。客倍主人半，然可敌也①。

　　负……定者也。客者，后定者也，主人安地抚势以胥②。夫客犯隘逾险而至，夫犯隘……退敢刎颈（wěn），进不敢拒敌，其故何也？势不便，地不利也。势便地利，则民自……自退。所谓善战者，便势利地者也。

　　带甲数十万，民有余粮弗得食也，有余……居兵多而用兵少也，居者有余而用者不足。带甲数十万，千千而出，千千而□之……万万以遗我。所谓善战者，善翦断之（jiǎn），如□会挩者也（tuō）。能分人之兵，能按人之兵，则锱［铢］而有余（zī）（zhū）。不能分人之兵，不能按人之兵，则数倍而不足。

　　众者胜乎？则投算而战耳③。富者胜乎？则量粟而战耳④。兵利甲坚者胜乎？则胜易知矣⑤。故富未居安也，贫未居危也；众未居胜也，少［未居败也］。是以决胜败安危者，道也。敌人众，能使之分离而不相救也，受敌者不得相……以为固，甲坚兵利不得以为强，士有勇力不得以卫其将，则胜有道矣。故明主、知道之将必先□，可有功于未战之前，故不失；可有之功于已战之后，故兵出而有功，入而不伤，则明于兵者也。

……焉。为人客则先人作……

……兵曰：主人逆客于境……

……客好争则……

……使劳，三军之士可使毕失其志，则胜可得而据也。是以按左抶右[6]，右败而左弗能救；按右抶左，左败而右弗能救。是以兵坐而不起，避而不用，近者少而不足用，远者疏而不能……

注 释

①**敌**：匹敌。意谓主人兵力只有客方的一半，然而可以与之匹敌。②**安地抚势以胥**：意谓凭据良好地形，利用有利形势，严阵以待。③**算**：古代计数用的算筹。意谓如果人多既能取得胜利，那只要数数算筹就可以决定胜负了。④**则量粟而战耳**：意谓如果财富雄厚就能取得胜利，那只要量一量粮食的多少就可以决定胜负了。⑤**则胜易知矣**：意谓如果武器装备精良就能取得胜利，那么胜负也就太容易知道了。⑥**按左抶右**：意谓牵制敌人之左翼，而攻击其右翼。

译 文

用兵作战有客军和主军的分别。处于进攻地位的客军兵力必须比对方多，而处于守势的主军兵力较少。当客军兵力是主军兵力的一倍，主军兵力只有客军一半时，可以交战。

……客军当然是在主军之后进入阵地的。主军则已占据有利地形，严阵以待客军了。而客军要攻破关隘，越过险阻，才能到达交战地点。进攻关隘……后退就等于自杀，不敢前进抗拒敌军，是什么原因呢？这是因为形势不利，地形不好。当形势有利，地形有利时，士兵自然会……通常所说的善于用兵的人，就是会利用形势和地利的人。

带领数十万大军，哪怕百姓有余粮也不可能保证供给……养兵时觉得多，而用兵时却觉得少，养兵有余而用兵时兵力又不足。有军兵数十万，成千上万地出征……善于用兵作战的将领，必定善于分割截断敌军，就像……而会解脱的人一样。能分散敌

孙膑兵法

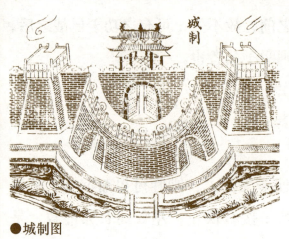

●城制图

军兵力，善于抑制敌军兵力的将领，哪怕自己的兵力非常少，他用起来也会觉得有富余；而不会分散敌军兵力，不能抑制敌军兵力的将领，即使自己的兵力数倍于敌军，他仍然觉得不够用。

兵多就能取胜吗？如果真是这样，那么用筹签算算双方的兵力就可知战争的结果了。富足就能取胜吗？那么估量双方的粮食就可以知道战争的结果了。兵器锐利、铠甲坚固就能取胜吗？那么胜负就很容易预先知道了。所以说，国家富足，不一定就安全，国家贫穷，不一定就有危险；兵多不一定就能取胜，兵少也不一定就会失败。决定胜败与安危的关键在于掌握用兵的规律。敌军兵多，可以使敌军分散而不能相互救援，使敌军……虽然铠甲坚固，兵器锐利，却不能发挥威力，军兵勇敢却不能保卫他们的将领，这就是掌握了制胜的途径了。所以说，英明的君王和懂得用兵规律的将领必定事先……交战之前就有把握取胜，这样的君王和将领就能万无一失；而在交战之中能取胜，出兵之后能建功立业，退兵之时不受损伤的将领，那就只能算是明白用兵的人而已。

（原文三行，译文从略）

……使敌军疲劳，就可以使敌军全军将士完全丧失斗志，那么，就有战胜敌军的把握了。所以钳制敌军左翼而攻击敌军右翼，就是要使其右翼失败时，左翼不能救援；钳制敌军右翼而攻击其左翼的战法，也是要使得敌军左翼失败时右翼不能相救。这样作战，就是要使得敌军只能坐而待毙，不敢主动出击，只敢远避而不敢交锋，造成敌军近处兵力少，不够用，远处的兵力分散，不能支援……

善 者

善者，敌人军□人众，能使分离而不相救也，受敌而不相知也[1]。故沟深垒高不得以为固，车坚兵利不得以为威，士有勇力而不得以为强。故善者制险量阻[2]，敦三军。利屈伸，敌人众，能使寡；积粮盈军，能使饥；安处不动，能使劳；得天下，能使离；三军和，能使柴[3]。

故兵有四路、五动：进，路也；退，路也；左，路也；右，路也。进，动也；退，动也；左，动也；右，动也；默然而处，亦动也。善者四路必彻[4]，五动必工[5]。故进不可迎于前[6]，退不可绝于后[7]，左右不可陷于阻，默［然而处］，□□于敌之人。

故使敌四路必穷，五动必忧。进则傅于前[8]，退则绝于后，左右则陷于阻，默然而处，军不免于患。

善者能使敌卷甲趋远[9]，倍道兼行，倦病而不得息，饥渴而不得食。以此薄敌，战必不胜矣。我饱食而待其饥也，安处以待其劳也，正静以待其动也。故民见进而不见退，蹈白刃而不还踵[10]。

孙膑兵法

①**受敌**：受攻击。②**故善者制险量阻**：意谓善战者能审察地形，利用险阻。③**柴**：陋俗为訾，怨恨。④**彻**：通达。⑤**工**：巧，善。⑥**进不可迎于前**：意谓进军时敌人不能阻挡前进。⑦**退不可绝于后**：意谓退军时敌人不能切断退路。⑧**傅**：借为"薄"。薄，迫。⑨**卷甲**：卷起铠甲。**趋远**：向远方急进。⑩**不还踵**：犹言"不旋踵"。意谓冒锋刃而不后退。

善于用兵的将领，面对兵力多而强的敌军时，能使得敌军兵力分散而不能相互支援，遭到攻击时仍不能互通消息，彼此不知情况。所以说，壕沟很深、壁垒很高的阵地算不得坚固，战车坚固、兵器锐利算不上势不可当，士兵勇猛善战也算不上强大。因此，善于用兵的将领善于审视地形险阻而加以利用，能够指挥全军将士进退自如，敌军兵多时能使其变少，敌军军粮充足时能让其挨饿受饥，敌军稳守不动时能使敌军疲劳，能让得全国民心的敌军离心离德，能使全军同心协力的敌军不和。

所以说，用兵有四路五动，前进是一条路，后退是一条路，向左是一条路，向右也是一条路；前进是动，后退是动，向左是动，向右是动，按兵不动同样也是动。善于用兵的将领做到四路通达，五动巧妙。因此，当自己的军队前进时会让敌军不能阻挡，后退时不会让敌军切断后路，向左向右不会受敌军阻拦，按兵不动时……

反过来要使敌军四路全都受困，五动必定有忧虑，前进时必有我军阻挡于前，后退时必定被切断后路，向左向右一定受到阻拦，即使按兵不动，也必定免不了灾祸。

善于用兵的将领能让敌军偃旗息鼓绕远路，也能使敌军抄近路急行军，能使敌军疲病而得不到休息，又饥又渴而不能吃饭喝水。敌方用这样的军队交战，那肯定是不能取胜了。而我军则是吃饱了等待饥饿的敌军，安逸地在一旁等待疲惫的敌军，按兵不动而等敌军动。这样交战，我军士兵当然会勇往直前，绝不会后退，即使踩上敌军锋利的刀刃，也绝不会转身退缩。

五名五恭

 原 文

兵有五名：一曰威强，二曰轩骄[①]，三曰刚至，四曰肋忌，五曰重柔[②]。夫威强之兵，则屈软而待之[③]；轩骄之兵，则恭敬而久之；刚至之兵，则诱而取之；肋忌之兵，则薄其前，噪其旁，深沟高垒而难其粮；重柔之兵，则噪而恐之，振而捅之，出则击之，不出则回之[④]。

兵有五恭、五暴。

何谓五恭？入境而恭，军失其常。再举而恭，军无所粮⑤。三举而恭，军失其事⑥。四举而恭，军无食。五举而恭，军不及事。

入境而暴，谓之客。再举而暴，谓之华。三举而暴，主人惧。四举而暴，卒士见诈⑦。五举而暴，兵必大耗。故五恭、五暴，必使相错也。

注　释

①**轩骄**：疑是高傲或骄悍之意。②**重柔**：极其软弱。③**屈软而待之**：意谓用示弱的办法对付强敌。④**回**：围。⑤**军无所粮**：军队征集不到粮草。⑥**失其事**：误事。⑦**见诈**：受骗。

译　文

军队有五种类型：第一种是威武强大，第二种是高傲骄横，第三种叫刚愎自用，第四种叫胆小疑忌，第五种是优柔寡断。面对威风强悍的敌军，就要采取示弱的姿态对付他。面对高傲骄横的敌军，就要采取谨慎的策略进行持久战。面对刚愎自用的敌军，要诱其深入从而歼灭它。面对胆小疑忌的敌军，就可以正面威慑他们，又从侧翼骚扰他们。如果他们据守深沟高垒，就断绝他们的粮草补给，对付优柔寡断的敌军，就用虚张声势的方式恐吓他，用我军的威风去惊吓他，敌军出兵就打击它，不敢出兵就围困它。

在用兵打仗时，有五度的谦恭怀柔和五度的强取豪夺。

五度的谦恭怀柔是指什么呢？刚刚攻入敌国领土就显示谦恭怀柔，我军就得不到正常的粮草供给。再度向敌境推进也显示谦恭怀柔，我军就得不到应有的细粮。第三度推进敌境却显示谦恭怀柔，我军就开始缺乏军用物资了。第四度的推进也显示谦恭，我军就会断绝粮草。第五度的推进还显示什么怀柔，那我们就军中空虚，什么事也干不成了。

而五度的强取豪夺呢？刚刚攻入敌国就强取豪夺，这倒还叫作入侵者正常行为。再度推进继续强取豪夺，就要被叫作邪恶的军队。第三度的推进依旧只顾强取豪夺，敌国的普通老百姓就开始害怕。第四度的推进还继续暴掠强夺，就失去老百姓的信任，开始以欺诈应付我军了。第五度的进攻仍然暴掠强夺，我军的兵力就要分散去应付各种反抗，一定会耗尽战斗力了。

因此，五度的谦恭怀柔手段和五度的强夺掠取，一定要交替地使用。

兵　失

欲以敌国之民之所不安，正俗所……难敌国兵之所长，耗兵也。欲强多国之所寡[1]，以应敌国之所多，速屈之兵也[2]。备固，不能难敌之器用，陵兵也[3]。器用不利，敌之备固，挫兵也。

兵不……明者也。善阵，知背向[4]，知地形，而兵数困，不明于国胜、兵胜者也。民……兵不能昌大功，不知会者也[5]。兵失民，不知过者也。兵用力多功少，不知时者也。兵不能胜大患，不能合民心者也。兵多悔，信疑者也。兵不能见福祸于未形，不知备者也。

兵见善而怠[6]，时至而疑[7]，去非而弗能居[8]，止道也。贪而廉，龙而敬，弱而强，柔而〔刚〕，起道也。

行止道者，天地弗能兴也。行起道者，天地……

……之兵也。欲以国……

……内疲之兵也。多费不固……

……见敌难服，兵尚淫天地……

……而兵强国……

……兵不能……

六韬三略

二八六

●隋炀帝游幸江都

注 释

①**强多**：勉强增加。②**屈**：竭尽。③**陵兵**：被欺凌的军队。④**背向**：指行军布阵时的所向或所背。⑤**会**：时机。⑥**见善而怠**：见到有利条件而怠惰不前。⑦**时至而疑**：面临良好战机而犹豫不决。⑧**去非而弗能居**：抛弃错误，但又不能照正确的去做。

译 文

想利用敌国百姓所不能接受的东西，纠正该国的习俗……（勉强用自己的短处）去对付敌国军队的长处，只能是耗费兵力。想勉强用许多本国缺少的东西，去对付敌国所富有的东西，那只会使本国军队很快失败。即使防御坚固，也抵挡不住敌军使用利器，敌军使用利器便使己方军队衰颓。用不锋利的兵器去攻击敌军，一定不能攻破敌军坚固的防御，而只会使本国军队受挫。

……将领善于布阵，了解地势的背向，也懂得利用地形，但用兵却屡陷困境，这是因为不明白只有国家昌盛，用兵才能取胜的道理……用兵不能立大功，是由于不懂得集中兵力作战。用兵的人失去民心，是由于不能认识自己的错误。用兵的人使用很多兵力，而建的战功却很少，这是由于不会把握时机。用兵的人不能避免大灾祸，是因为他的行动不合民心。用兵的人常常后悔，这是由于他轻信而多疑。用兵的人在胜利和灾祸尚未出现之时不能预见，是由于不懂得要做好战前准备。

用兵的人见到有利条件就松懈，在有利时机到来时又迟疑不决，离开了不利境地仍然不能保持部队稳定，那只能走向灭亡了。虽有贪心但能保持廉洁，虽得宠但能保持恭谨，虽然弱小但能图强，虽然性格软弱但能表现刚强，这是走向兴盛的途径。

走灭亡道路的人，天和地都不能让他兴盛。走兴盛道路的人，天地……

（原文残缺严重，译文从略）

将 义

将者，不可以不义，不义则不严，不严则不威，不威则卒弗死[1]。故义者，兵之首也。

将者，不可以不仁，不仁则军不克，军不克，则军无功。故仁者，兵之腹也。

将者，不可无德，无德则无力，无力则三军之利不得。故德者，兵之手也。

将者，不可以不信，不信则令不行，令不行则军不抟，军不抟则无名[2]。故信者，兵之足也。

将者，不可以不智胜，不智胜则军无□。故□者，兵之尾也。

注 释

①**卒弗死**：士卒不肯效死。②**名**：功绩。

译 文

军队的将领绝不能不公正，如不公正就不可能严格治军，治军不严就没有威信，将领没有威信，那士兵就不会拼死效命。所以说，公正是统兵的首要条件，就像人必须有头一样。

军队的将领不能不仁爱，将领不仁爱军队就不会有制胜的能力，军队没有制胜的能力就不能使用。所以说，仁爱是统兵的中心事项，就像人必须有腹心一样。

军队的将领不能不施恩德，将领不施恩德就没有威力，没有威力的将领就无法发挥全军的威力。所以说，恩德是统兵的手段，就像人必须有手一样。

军队的将领不能不讲信用，将领不讲信用，他的命令就无法贯彻执行，军令不能贯彻执行，军队就不能集中统一，那军队就不会有声名了。所以说，信用是统兵的支点，就如同人必须有足一样。

将 德

原　文

……赤子，爱之若狡^{jiǎo}童①，敬之若严师，用之若土芥^{gài}②，将军……

……不失，将军之智也。不轻寡③，不劫于敌④，慎终若始，将军……

……而不御，君令不入军门，将军之恒也。入军……

……将不两生，军不两存，将军之……

……将军之惠也。赏不逾日，罚不还面⑤，不维其人，不何……

……外辰，此将军之德也。

注　释

①**狡**：年少而美好。②**土芥**：比喻轻微无价值的东西。此数句意谓将帅之于士卒，平时须爱护，敬重，该用的时候又要舍得用。③**不轻寡**：不因敌人数量少而轻视它。④**劫**：迫。意谓不为强大的敌人所吓倒。⑤**还面**：转脸。

译　文

……对士兵要像对可爱的孩童一样爱护，要像对严师一样尊敬，而使用士兵又要像使用泥土草芥一样，不惜牺牲，将军……

……是将军的智慧。不轻视兵力少的敌军，也不怕敌军的威逼，做事要坚持到底，直至最后也要像刚开始一样慎重对待，将军……

……君王的命令不能在军队中直接传达贯彻，军队中只以统兵将帅的命令为准，这是将军固定不变的准则……

……将军不能和敌军将领共生，自己的军队也不能与交战的敌军共存，这是将军的……

……这是将军赏赐的恩惠。奖赏不能超过当日，惩罚也须当面就兑现，赏罚不因人而异，必须一视同仁……

……这是将军应有的品德。

将　败

原　文

　　将败：一曰不能而自能。二曰骄。三曰贪于位。四曰贪于财……六曰轻。七曰迟。八曰寡勇。九曰勇而弱。十曰寡信。[十一曰]……十四曰寡决。十五曰缓。十六曰怠。十七曰□。十八曰贼[①]。十九曰自私。廿曰自乱。多败者多失。

注　释

　　[①]贼：残暴。

译　文

　　统兵将领致使失败的原因有以下几种：第一种是自己本来没有能力却自认能力高强；第二种是骄傲自大；第三种是贪图权位；第四是贪图钱财；第五种是……第六种是轻敌；第七种是反应迟钝；第八种是缺乏勇气；第九种是表面勇敢，实际懦弱；第十种是缺乏信誉；第十一种是……第十四种是优柔寡断；第十五种是行动迟缓；第十六种是懈怠懒惰；第十七种是……第十八种是暴虐；第十九种是自私；第二十种是自己把事情搞乱。将领的毛病越多，失败就越多。

将　失

原　文

　　将失：一曰，失所以往来[①]，可败也。二曰，收乱民而还用之，止北卒而还斗之，无资而有资，可败也。三曰，是非争，谋事辩讼[②]，可败也。四曰，令不行，众不壹，可败也。五曰，下不服，众不为用，可败也。六曰，民苦其师，可败也。七曰，师老，可败也。八曰，师怀，可败也。九曰，兵遁，可败也。十曰，兵□不□，可败也。十一曰，军数惊，可败也。十二曰，兵道足陷，众苦，可败也。十三曰，军事险固，众劳，可败也。十四〔曰〕，□□□备，可败也。十五曰，日暮路远，众有至气③，可败也。十六曰……可败也。十七〔曰〕……众恐，可败也。十八曰，令数变，众偷④，可败也。十九曰，军淮⑤，众不能其将吏，可败也。廿曰，多幸⑥，众怠，可败也。廿一曰，多疑，众疑，可败也。廿二曰，恶闻其过，可败也。廿三曰，与不能⑦，可败也。廿四曰，暴露伤志，可败也。廿五曰，期战心分，可败也。廿六曰，恃人之伤气⑧，可败也。廿七曰，事伤人，恃^{shì}伏诈⑨，可败也。廿八曰，军舆无□，可败也。廿九曰，□下卒，众之心恶，可败也。卅曰，不能以成阵，出于夹道⑩，可败也。卅一曰，兵之前行后行之兵，不参齐于阵前，可败也。卅二曰，战而忧前者后虚，忧后者前虚，忧左者右虚，忧右者左虚。战而有忧，可败也。

孙膑兵法

〔注 释〕

　①**失所以往来**：意谓军队行动茫无目的。②**是非争，谋事辩讼**：在是非问题上总是争执；在谋划大事时，总是辩论争吵，不能做出决定。③**至**：疑借为恎，怨恨。④**偷**：苟且敷衍。⑤**淮**：疑借为乖，不和。⑥**幸**：偏爱。⑦**与**：亲近，交往。⑧**恃**：凭借。⑨**恃伏诈**：做的是伤害人的事，靠的是阴谋诡诈的手段。⑩**夹**：疑借为狭。

〔译 文〕

　统兵的将领可能出现的过失有以下各种：第一种是军队调动失当，可能导致失败。第二种是收容散乱的百姓，不加训练就用去作战，或是收集刚打败仗退下来的士兵，

二九一

●惊弓雁落

马上又让他们去打仗，或是没有供给保障仍然一意孤行，这些都可能导致失败。第三种是爱争论是非，制订计划时争论不休，可能导致失败。第四种是命令不能执行，士兵不能一致行动，可能导致失败。第五种是部下不服从、士兵不听指挥，不肯效命，可能导致失败。第六种是他的军队使百姓遭受痛苦，可能导致失败。第七种是军队疲惫，可能导致失败。第八种是军队思乡想家，可能导致失败。第九种是士兵逃跑，可能导致失败。第十种是士兵……可能导致失败。第十一种是军队多次受惊吓，可能导致失败。第十二种是行军的道路难以行走，使士兵常常陷脚，士兵困苦不堪，可能导致失败。第十三种是修筑险要坚固的军事设施，使士兵过度疲劳，可能导致失败。第十四种是……可能导致失败。第十五种是天快黑了，行军路程还很远，士兵极其气愤，可能导致失败。第十六种……可能导致失败。第十七种是……士兵恐惧，可能导致失败。第十八种是军令屡屡改变，士兵偷安应付，可能导致失败。第十九种是军队军心涣散，士兵不信任他们的将领和长官，可能导致失败。第二十种是统兵将领多数存在侥幸心理，士兵懈怠懒惰，可能导致失败。第二十一种是将领和士兵都多疑，犹豫不决，可能导致失败。第二十二种是将领厌恶听别人指出其过错，可能导致失败。第二十三种是任用的下级官吏无能，可能导致失败。第二十四种是长期露宿，挫伤士气，可能导致失败。第二十五种是将领临战分心，可能导致失败。第二十六种是只想凭借敌军士气低落，可能导致失败。第二十七种是单纯依靠埋伏和施行欺骗去打败敌军，可能导致失败。第二十八种是……可能导致失败。第二十九种是……士兵产生厌恶心理，可能导致失败。第三十种是不能用合适的阵势通过狭窄通道，可能导致失败。第三十一种是军队先出发和后出发的士兵，不能在阵前会齐集结，可能导致失败。第三十二种是作战时由于担心前锋致使后卫空虚，或者由于担心后卫致使前锋空虚，或者由于担心左翼致使右翼空虚，又或是由于担心右翼致使左翼空虚，作战时总是有种种担心，可能导致失败。

雄牝城

原 文

城在潣泽之中①，无亢山名谷②，而有付丘于其四方者③，雄城也，不可攻也。军食溜水，□□□□□□也。城前名谷，背亢山，雄城也，不可攻也。城中高外下者，雄城也，不可攻也。城中有付丘者，雄城也，不可攻也。

营军取舍④，毋回名水⑤，伤气弱志⑥，可击也。城背名谷，无亢山其左右，虚城也，可击也。□尽烧者⑦，死壤也，可击也。军食泛水者⑧，死水也，可击也。城在发泽中⑨，无名谷付丘者，牝城也，可击也。城在亢山间，无名谷付丘者，牝城也，可击也。城前亢山，背名谷，前高后下者，牝城也⑩，可击也。

注 释

①潣泽：小泽。②亢：高。名：大。③付丘：疑为"负丘"，两层的丘。④营军：安营。取舍：行军。⑤名水：指大江大河。⑥伤气：损伤士气。⑦烧：疑借为"硗"，坚硬贫瘠的土地。⑧泛水：积水，与流水相对。⑨发：疑借为沛。发泽：大泽。⑩牝：雌。牝城与雄城相对。

译 文

城池建在小片沼泽地带，虽然城周围没有高山深谷，但是有连绵不断的丘陵环绕于城池四周，这种城池叫作雄城，很难攻克，不要攻打。敌军饮用流水，（水源充足，不要攻打）。城池前临深谷，背靠高山，是雄城，不要攻打。城内地势高，城外地势低的城池是雄城，不要攻打。城内有连绵不断的丘陵的城池是雄城，不要攻打。

军队驻扎的营地四周，没有大河环绕作为屏障，军队士气受挫，斗志低落，对这样的军队可以攻击。城池背临深谷，其左右两面又没有高山，这是虚弱的城池，可以攻击……烧光了的，这是死亡了的地区，可以攻击。军队饮用的是不流通的小沟渠的水，是死水，可以攻击。城池建在大片的沼泽地带，又没有深谷和连绵不断的丘陵作屏障，这种城池叫作牝城，容易攻打，可以攻击。城池前有高山，背临深谷，前高后低，是牝城，可以攻击。

五度九夺

……矣。救者至，有重败之。故兵之大数[1]，五十里不相救也。况近……数百里，此程兵之极也[2]。

故《兵》曰：积弗如[3]，勿与持久；众弗如，勿与接和[4]……与攘长；习弗如[5]，毋当其所长。五度暨明，兵乃衡行。

故兵……趋敌数：一曰取粮，二曰取水，三曰取津[6]，四曰取涂，五曰取险，六曰取易，七曰……曰取其所读贵[7]。凡九夺，所以趋敌也。

注释

①**大数**：大要。②**程**：衡量。③**积**：委积，指粮草。④**接和**：与交和同意，两军对垒。⑤**习**：训练。⑥**津**，渡口。⑦**读**：借为"独"。

译文

……救兵到达，又再度打败敌军。所以，用兵的一项重要原则是，相距五十里就不能相互救援了……有几百里的距离，这样的距离已超过行军救援的极限了。

因此《兵法》说：当储备不如敌军时，不要和敌军打持久战；兵力不如敌军时，不要和敌军周旋；……不如敌军时，不要与敌军……士兵训练不如敌军时，不要用这样的士兵去与敌军的长处抗争。统军将领如能懂得衡量这五项，并能恰当地把握分寸，那他带的军队就可以纵横驰骋了。

所以《兵法》说：……各种逼迫敌军的办法。第一是夺取敌军粮草，第二是夺取敌军水源，第三是夺取敌军必经的渡口。第四是夺取敌军必经的道路。第五是夺占敌军必经的险要关隘。第六是夺取平坦开阔地带。第七是……第八是……第九是夺取敌军最珍视的东西。以上九项夺取，都可以逼迫敌军。

积　疏

原　文

……（积）胜疏，盈胜虚，径胜行①，疾胜徐，众胜寡，佚胜劳。

积故积之②，疏故疏之，盈故盈之，虚（故虚之，径故径）之，行故行之，疾故疾之，［徐故徐之，众故众］之，寡故寡之，佚故佚之，劳故劳之。

积疏相为变③，盈虚［相为变，径行相为变］，疾徐相为变，众寡相［为变，佚劳相］为变。

毋以积当积④，毋以疏当疏，毋以盈当盈，毋以虚当虚，毋以疾当疾，毋以徐当徐，毋以众当众，毋以寡当寡，毋以佚当佚，毋以劳当劳。

积疏相当⑤，盈虚相［当，径行相当，疾徐相当，众寡］相当，佚劳相当。

敌积故可疏，盈故可虚，径故可行，疾［故可徐，众故可寡，佚故可劳］……

注　释

①**径**：小路，指捷径。**行**：大道。②**积故积之**：集聚的就使它集聚。③**积疏相为变**：集聚与分散互相变化。④**毋以积当积**：不要用集聚对集聚。⑤**积疏相当**：集聚和分散相对。

译　文

……兵力集中胜过兵力分散，实力雄厚胜过实力薄弱，走捷径胜过走大路，行动迅速胜过行动迟缓，兵力多胜过兵力少，部队安逸胜过部队疲劳。

能集中兵力就集中兵力，该分散兵力就分散兵力，能充实军力就充实军力，该削减军力（就削减兵力，能轻兵奇袭就轻兵奇袭），该循规蹈矩就循规蹈矩，能行动快速就行动快速（该行动迟缓就行动迟缓，能人多势众就人多势众），该兵弱将寡就兵弱将寡，能轻松自在就轻松自在，该疲于奔命就疲于奔命。

集中与分散可以互相转化，充实与薄弱（可以互相转换，轻兵奇袭和循规蹈矩可以互相转换），迅捷与迟缓可以互相转换，强大与弱小可以（互相转换，轻松和疲累可以）互相转换。

不要用集中的兵力去对付敌人的集中兵力，不要用分散的兵力去对付分散的兵力，不要用充实的军力去对付充实的军力，不要用薄弱的力量去对付薄弱的力量，不要用迅捷的快速去对付快速的行动，不要用迟缓的行动去对付迟缓的行动，不要用强大的兵力去对付强大的兵力，不要用弱小的兵力去对付弱小的敌人，不要用轻松的部队对付轻松的部队，不要用疲惫的部队去对付疲惫的部队。

集中与分散交相对应，充实与空虚交相对应，（出奇兵与行常道交相对应，快速与迟重交相对应，人多和势微交相对应），轻松和疲累交相对应。

敌方集中就要使其分散，敌方充实强大就要使它空虚，敌方出奇兵就要把它变成常规行动，敌方迅捷（就要阻碍使它延缓，敌军强大就要使它削弱，敌方轻松自在就要使它疲劳）……

奇　正

原　文

　　天地之理，至则反，盈则败，□□是也。代兴代废[1]，四时是也。有胜有不胜，五行是也。有生有死，万物是也。有能有不能，万生是也[2]。有所有余，有所不足，形势是也。故有形之徒，莫不可名。有名之徒，莫不可胜。故圣人以万物之胜胜万物，故其胜不屈[3]。

　　战者，以形相胜者也。形莫不可以胜，而莫知其所以胜之形。

形胜之变，与天地相敝而不穷④。形胜，以楚越之竹书之而不足。形者，皆以其胜胜者也，以一形之胜胜万形，不可。所以制形壹也，所以胜不可壹也。

注 释

①**代**：更替。②**万生**：各种生物。③**屈**：穷尽。④**敝**：尽。意谓万事万物相生相克的现象和天地共始终而无穷无尽。

译 文

天地间万事万物变化演进的道理是：物极必反，盛极必衰……朝代的兴衰替代，就如同一年四季的变化交替一般，是正常而必然的现象。一个国家、一支军队，有胜过别人、能取胜的一面，也有不如别人，不能取胜的一面，就如同金、木、水、火、土五行相生相克一样，有生就有死，世间万物都是一样。有能做到的，也有不能做到的，所有的人都是这样。有条件具备而有余的，也有条件不足的情形，形势发展变化就是如此。因此，只要是有阵形显露的军队，就没有不能识别的；而只要是能识别的军队，就没有不可战胜的。所以，圣人会运用万物的长处去制胜万物，而且能不断取胜。

用兵作战的人，是靠阵形相互取胜的。阵形没有不能战胜的，只是有人不知道用以战胜的阵形而已。以阵形取胜的变化，就如同天和地相互遮蔽一样是永无穷尽的。以阵形取胜的办法，用尽楚、越两地的竹子也是写不完的。阵形是用其长处去取胜的。用一种阵形的长处去胜过万种阵形，这是不可能的。所以说，可以给阵形规定一定的式样，但是取胜的阵形却不可能是一成不变的。

原 文

故善战者，见敌之所长，则知其所短；见敌之所不足，则知其所有余。见胜如见日月，其错胜也①，如以水胜火。

形以应形，正也；无形而制形，奇也。奇正无穷，分也。分之以奇数，制之以五行，斗之以□□。分定则有形矣，形定则有名□□□□则□□。同不足以相胜也，故以异为奇。是以静为动奇，

孙膑兵法

二九七

佚为劳奇，饱为饥奇，治为乱奇，众为寡奇。发而为正，其未发者，奇也。奇发而不报，则胜矣。有余奇者，过胜者也。

译 文

因此，善于用兵作战的人，了解敌军的长处，就能知道敌军的短处；了解敌军不足的方面，就能知道敌军优胜的方面，这种人预见胜利，就如同预见日月升降一样准确容易，这种人取胜的措施，就如同用水灭火一样有效。

用阵形对阵形，是常规战法叫作"正"；不用固定的阵形去对付固定的阵形，是非常规战法，叫作"奇"。"奇"和"正"的变化是无穷无尽的，关键在于酌情运用，掌握分寸。要按照出奇制胜的原理，运用五行相生相克的规律去制约敌军……分析掌握敌情清楚准确，就会有相应的取胜阵形，阵形确定自然就会有阵名了……用和敌军相同的阵形是不能取胜的，所以必须以变异的阵形出奇制胜，由于这个原因，以静制动是出奇，以逸待劳是出奇，以饱对饥是出奇，以安定对动乱是出奇，以多对少是出奇，暴露的行动是正，隐蔽的行动是奇。出其不意而又不被敌军发觉，就能取胜。所以说，奇招层出不穷的人，就能超出常人不断取胜。

原 文

故一节痛①，百节不用，同体也。前败而后不用，同形也。

故战势，大陈□断，小陈□解。后不得乘前，前不得然后，进者有道出，退者有道入。

赏未行，罚未用，而民听令者，其令、民之所能行也。赏高罚下，而民不听其令者，其令民之所不能行也。使民虽不利，进死而不旋踵（zhǒng），孟贲（bēn）之所难也。而责之民，是使水逆留也。

故战势，胜者益之②，败者代之，劳者息之，饥者食之。故民见□人而未见死，蹈白刃而不旋踵。故行水得其理，漂石折舟。

六韬三略

二九八

用民得其性，则令行如流。

【注　释】

　　① "节痛" 二句：意谓身上一处有病痛，全身就都不听使唤。节，骨节。②益：增，指增加兵力。

【译　文】

　　人的一个关节痛，其他所有关节便都不能正常发挥作用，因为所有的关节都属于同一个身体。前锋失败了，后队也就不能发挥作用，因为是同一阵形。

　　所以说，作战的态势，要大阵……小阵……后卫不追逐超越前锋，前锋不能阻挡后卫部队。前进要有道路可以出去，后退要有道路可以进入。

　　赏和罚都没有实行，而众军却肯听令，这是由于这些命令是众军能够执行的。赏高低罚，而众军却不听令，这是由于命令是众军无法执行的。要让众军处在不利的形势下，仍然拼死前进而毫不后退，这是像孟贲那样的勇士也难以做到的；如果因众军不能做到而责怪他们，那就犹如要让河水倒流一样了。

　　所以说，用兵作战的人，要按情势处理：军兵得胜，要让他们得到好处；军兵打了败仗，领兵将领要承担责任，代兵受过；军兵疲劳时，要让他们休息；军兵饥饿时，要让他们能吃上饭。这样就能使军兵遇上强敌也不怕死，踩上锋利的刀刃也不会转身后退。所以说，懂得流水的规律后，就可以做到用流水冲石头去毁掉船只；使用军兵时懂得他们的心理，贯彻军令就如同流水一样畅通无阻了。

孙膑兵法

将
苑

《将苑》又称《心书》，是我国古代军事史上第一部专论为将之道的书，是一本古代的将才学。《将苑》取《孙子兵法》《吴子》《司马法》《六韬》等军事名著之精华，共设置五十个主题，它一事一议，论证全面、具体、言简意赅，阐述了将领所应具备的各种品质、修养、能力和素质，以及应该防止的弊端和应该杜绝的恶习，堪称古代为将之道的集大成。其中，凝结了诸葛亮的领导艺术和识别、选拔、任用将领的奥秘。该书受到了历代军事家的重视和推崇，被认为是统军带兵的必读之书。

兵　权

原　文

　　夫兵权者，是三军之司命，主将之威势。将能执兵之权，操兵之要势，而临群下，譬如猛虎，加之羽翼而翱翔四海，随所遇而施之。若将失权，不操其势，亦如鱼龙脱于江湖，欲求游洋之势，奔涛戏浪，何可得也。

 áo xiáng

译　文

　　什么是兵权呢？就是率领军队的权力，它是将领建立自己威严的重点。将领执掌兵权，就控制了统领军队的要点，一人之下，万人之上。好像一只猛虎，插上了双翼一般，不仅有威势而且能翱翔四海，灵活机动，随机应变。如果将领没抓住权力，不能控制住军队，就好像鱼、龙离开了江河湖泊，想要求得在海洋中自由遨游，在波浪中奔腾嬉戏，怎么可能实现呢？

逐　恶

原　文

　　夫军国之弊，有五害焉：一曰，结党相连，毁谮贤良；二曰，侈其衣服，异其冠带；三曰，虚夸妖术，诡言神道；四曰，专察是非，私以动众；五曰，伺候得失，阴结敌人。此所谓奸伪悖德之人，可远而不可亲也。

zèn

译　文

　　对治理军队和管理国家有害处的五种人是：私结朋党，搞小团体，专爱讥毁、打击有才德的人；在衣服上奢侈、浪费，穿戴与众不同的帽子、服饰，虚荣心重、哗众取宠的人；不切实际地夸大、蛊惑众人，制造谣言欺诈视听的人；专门搬弄是非，为了自己的私利而兴师动众的人；非常在意自己的个人得失，暗中与敌人勾结在一起的人。对于这五种虚伪奸诈、悖逆道德的人，我们要远离他们，不可与其亲密。

知人性

原　文

夫知人之性，莫难察焉。美恶既殊，情貌不一，有温良而为诈者，有外恭而内欺者，有外勇而内怯者，有尽力而不忠者。然知人之道有七焉：一曰，间之以是非而观其志；二曰，穷之以辞辩而观其变；三曰，咨之以计谋而观其识；四曰，告之以祸难而观其勇；五曰，醉之以酒而观其性；六曰，临之以利而观其廉；七曰，期之以事而观其信。

译　文

想了解、摸清一个人的品行和道德，是最难的事情。每个人的善恶程度不同，内心和外表表现也是不同的。有的外表温顺善良，但行为却奸诈狡猾；有的人表面谦虚恭敬，内心却说谎欺骗；有的人外表勇敢，但实际上却很怯懦；有的人表现出竭尽全力，但实际上却图谋不轨。然而，了解一个人有七个办法：用离间的办法询问他对某事的看法，暗中观察他的志向、立场；用激烈的言语使之词穷而不可辩论，以考察他的气度、应变的能力；向他咨询某个计谋，考察他的学识是否渊博；告知他的处境已大祸临头，考察他的胆识、勇气；和他喝酒使他大醉，观察他的本性和人品；用物质诱惑他，在如此多的利益面前，考察他是否清正廉洁；托付他一些事情，考察他是否有信用。

将 材

　　夫将材有九：道之以德，齐之以礼，而知其饥寒，察其劳苦，此之谓仁将。事无苟免，不为利挠，有死之荣，无生之辱，此之谓义将。贵而不骄，胜而不恃，贤而能下，刚而能忍，此之谓礼将。奇变莫测，动应多端，转祸为福，临危制胜，此之谓智将。进有厚赏，退有严刑，赏不逾时，刑不择贵，此之谓信将。足轻戎马，气盖千夫，善固疆场，长于剑戟，此之谓步将。登高履险，驰射如飞，进则先行，退则后殿，此之谓骑将。气凌三军，志轻强虏，怯于小战，勇于大敌，此之谓猛将。见贤若不及，从谏如顺流，宽而能刚，勇而多计，此之谓大将。

译 文

　　把不同特点的将领分成九种类型：用道义教育部下，用礼法规范部下，对部下关怀备至，问寒问暖，体察部下的劳苦，这种将领是仁将。做事一丝不苟，不委曲求全，不被利益所诱惑，宁可光荣地战死，也不委曲求全地生存，这样的将领是义将。身居高位，尊贵而不骄躁，胜利而不骄傲，礼贤下士，个性刚直又能包容他人，这样的将领是礼将。变化战术高深莫测，行动时变化多端，能转祸为福，化险为夷，这样的将领是智将。身先士卒有重赏，临阵逃脱有惩罚，赏罚分明，奖赏不拖延，惩罚不论身居贵贱，这样的将领是信将。步伐轻盈，快如战马，斗志昂扬能胜千夫，善于作战，擅长操持剑器，这样

●戚继光

的将领是步将。能登高走险，驰马如风，进攻时打在前列，撤退时掩护部队，这样的将领是骑将。气盖三军，对待战役不分轻重，面对弱者不马虎，面对强者愈战愈勇，这样的将领是猛将。求贤若渴，从谏如流，待人宽厚，刚正不阿，智勇双全，这样的将领是大将。

将 器

原 文

将之器，其用大小不同。若乃察其奸，伺其祸，为众所服，此十夫之将。夙兴夜寝，言词密察，此百夫之将。直而有虑，勇而能斗，此千夫之将。外貌桓桓，中情烈烈，知人勤劳，悉人饥寒，此万夫之将。进贤进能，日慎一日，诚信宽大，闲于理乱，此十万人之将。仁爱治于下，信义服邻国，上知天文，中察人事，下识地理，四海之内，视如室家，此天下之将。

译 文

　　将领的气质、气度是不同的，每个人的本领、作用有大小之分。如果能洞察出奸诈，看到事物的祸端，被众所信服，这种将领为十夫之将，可以统领十人。日夜为公事操劳，言辞谨慎小心，体察部下，这种将领为百夫之将，可以统领百人。为人正直又深谋远虑，勇猛善战，这样的将领是千夫之将，可以统领千人。外表威猛粗犷，内心丰富细腻，能了解他人的辛劳，关心他人的饥寒，这种将领为万夫之将，可以统领万人。能推举贤人、进荐能人，日复一日充实自己，为人忠诚守信，善于治理乱世，这样的将领为十万人之将，可以统领十万人。用仁爱之心对待部下，用信义使邻国信服，上知天文，善于洞察人事关系，下识地理，把四海之内都当作自己的家，这样的将领是天下之将，可以统率、治理整个天下。

将 弊

夫为将之道，有八弊焉：一曰贪而无厌，二曰妒贤嫉能，三曰信谗好佞，四曰料彼不自料，五曰犹豫不自决，六曰荒淫于酒色，七曰奸诈而自怯，八曰狡言而不以礼。

将领用兵有八个大忌：一是对财、物的需求永远不满足，贪得无厌；二是对贤德有才能的人妒忌强烈；三是听信谗言，亲近能说会道、巧言谄媚的小人；四是只能分析敌情，却不能从客观分析自己；五是遇事犹豫不决，优柔寡断；六是整日荒淫、沉迷酒色；七是虚伪奸诈、胆小怕事；八是狡猾、狂言、缺乏礼数。

将 志

兵者凶器，将者危任。是以器刚则缺，任重则危。故善将者，不恃强，不怙势，宠之而不喜，辱之而不惧，见利不贪，见美不淫，以身殉国，壹意而已。

兵器是一种凶器，所以将领率领军队有危险和责任。兵器的质地坚硬，在战争中很容易受创伤而缺损，可见将领任务重大，有风险。因此，善于征战的将领不能炫耀其强大，不招摇其势力。受到宠爱时不得意忘形，受到污辱时也不退缩惧怕，看到利益时不起贪念，见到美色时不心生邪念。一心一意，以身殉国。

将苑

三〇七

将 善

将有五善四欲。五善者，所谓善知敌之形势，善知进退之道，善知国之虚实，善知天时人事，善知山川险阻。四欲者，所谓战欲奇，谋欲密，众欲静，心欲一。

译 文

作为将领，要有"五善四欲"的才能和本领。五善指的是：一是善于了解敌方的情况；二是善于知晓进攻和撤退的情况；三是善于了解敌国的虚实；四是通晓天时人和的道理；五是善于勘察地形的艰难险阻。四欲指的是：一是出奇制胜；二是谋划周密；三是人多事繁，追求沉静稳重；四是保持全军上下团结一心，合力抗战。

将 刚

原 文

善将者，其刚不可折，其柔不可卷，故以弱制强，以柔制刚。纯柔纯弱，其势必削，纯刚纯强，其势必亡，不柔不刚，合道之常。

译 文

作为一名优秀的将领，应做到刚强但不固执，温和但不软弱，也就是以刚制柔、以柔制刚。单纯地柔和、软弱，士气必然被削弱；单纯刚烈、刚强终会刚愎自用、注定灭亡。所以，刚柔并济的性格特点是最好的。

六韬三略

三〇八

将骄吝

将不可骄，骄则失礼，失礼则人离，人离则众叛。将不可吝，吝则赏不行，赏不行则士不致命，士不致命则军无功，无功则国虚，国虚则寇实矣。孔子曰："如有周公之才之美，使骄且吝，其余不足观也已。"

译 文

将领不可骄傲自大，骄傲就会有失礼，失礼就会失去人心，失去人心就会遭到背叛。身为将领，不能对下属吝啬，吝啬则奖赏不施行，奖赏不施行则士兵不卖命，士兵不卖命则没有战功，没有战功则国家实力虚弱，国家实力下降，那么敌国的实力就会强大起来。孔子说："一个人即使具备周公那样的德才，但是骄傲吝啬，也不值得人们去称道赞美。"

将 强

原 文

将有五强八恶。高节可以厉俗，孝弟可以扬名，信义可以交友，沉虑可以容众，力行可以建功，此将之五强也。谋不能料是非，礼不能任贤良，政不能正刑法，富不能济穷厄，智不能备未形，虑不能防微密，达不能举所知，败不能无怨谤，此谓之八恶也。

译 文

作为将领，有"五强八恶"的修养是值得注意的。五强是指五种应具有的德行：高风亮节可以勉励世俗，友爱孝悌可以名扬内外，仁义守信可以交朋好友，三思后行可以容纳众生，身体力行可以建功立业，这些就是"五强"。八恶是八种在德性上的缺点：

足智多谋但不能辨别是非；不能礼贤下士和任用贤良之人；理政治国不能公正地运用刑法；富有却不能慷慨济贫，不肯救济穷困；有智慧却不能防患于未然；思虑却不能防微杜渐；在显达时不能推荐了解的贤士；战败时不能承担责任，经受不住指责的声音，以上就是所说的"八恶"。

出 师

原 文

古者国有危难，君简贤能而任之。斋三日，入太庙，南面而立；将北面，太师进钺于君。君持钺柄以授将，曰："从此至军，将军其裁之。"复命曰："见其虚则进，见其实则退。勿以身贵而贱人，勿以独见而违众，勿恃功能而失忠信。士未坐，勿坐。士未食，勿食。同寒暑，等劳逸，齐甘苦，均危患。如此，则士必尽死，敌必可亡。"将受词，凿凶门，引军而出。君送之，跪而推毂，曰："进退惟时，军中事，不由君命，皆由将出。"若此，则无天于上，无地于下，无敌于前，无主于后，是以智者为之虑，勇者为之斗。故能战胜于外，功成于内，扬名于后世，福流于子孙矣。

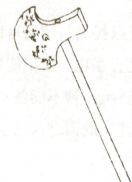

斧

●战斧

译 文

古代的时候，国家遇到危难之时，国君就会选拔贤德之人加以任用。出征前，斋戒三日，到太庙里拜祭，君主向南而立，将领向北而立，太师向国君奉上大斧。国君把大斧授给将领说："从现在开始，把部队交由您指挥。"又嘱咐说："作战时，见敌人弱时进攻，强时后退。不要因为自己身居高位而看轻别人，也不要固执己见而忽略下属的忠言，不可因功高气傲而错失忠心的亲信。士兵没有坐下，做将领的不可先坐下；士兵没有吃饭，做将领的不要先进餐。与兵同寒暑，共劳逸，齐甘苦，均危患。做到了这些，手下的将士必会拼死杀敌，敌军必败。"将领听完国君的嘱咐，立下誓言，然后亲自凿开凶门，率军出征。国君一直把军队送到城门，向将领跪拜，推着车轮说："进退的部署，军中的事务，不受君命。一切行动都由您来决策。"这样，将领就可以无畏于天地、前面的对手以及身后的君主，无所牵挂，所向披靡。有智者为之献策，有勇士为之效命沙场。所以能在城外战斗，在城内立功，扬名于后世，福泽恩及子孙。

择 材

将苑

原 文

夫师之行也，有好斗乐战，独取强敌者，聚为一徒，名曰报国之士；有气盖三军，材力勇捷者，聚为一徒，名曰突阵之士；有轻足善步，走如奔马者，聚为一徒，名曰搴（qiān）旗之士；有骑射如飞，发无不中者，聚为一徒，名曰争锋之士；有射必中，中必死者，聚为一徒，名曰飞驰之士；有善发强弩，远而必中者，聚为一徒，名曰摧锋之士。此六军之善士，名因其能而用之也。

译 文

军队的运行管理要注意：有的士兵喜欢战斗，以此为乐，专门选择强劲对手较量，应把他们编在一个行列里，叫作报国之士；有的士兵气盖全军，勇猛无比、身材魁梧，应把他们编在一个行列里，叫作突阵之士；有的士兵行动敏捷，善于行走，像飞驰的马一样快而轻盈，应把他们编在一起，叫作搴旗之士；有善于骑射的士兵，骑马飞驰，百发百中，应把他们编在一起，叫作争锋之士；有善于射箭的士兵，射箭必中，中箭的人必死，把他们编在一起，叫作飞驰之士；有善于发射强弓的士兵，射箭又远又准，把他们编成一组，叫作摧锋之士。可见，这六个兵种的士兵，具有不同的战斗特点，应合理搭配，各尽其才。

智　用

　　夫为将之道，必顺天、因时、依人以立胜也。故天作时不作而人作，是谓逆时；时作天不作而人作，是谓逆天；天作时作而人不作，是谓逆人。智者不逆天，亦不逆时，亦不逆人也。

译　文

　　作为将领要懂得的是，顺应天候、战机、人的条件这几方面，才能取胜。所以说，在顺应了自然条件和人的条件，但时机却不成熟的情况下出兵是逆时；出兵时机和人的条件成熟，但自然条件不允许的情况下出兵是逆天；自然条件允许和战机也成熟，但人的条件却不成熟的条件下出兵是逆人。聪明的将领，在领兵作战的时候是绝对不会不考虑自然条件、战机和人的条件的。

不　陈

原　文

　　古之善理者不师，善师者不陈（zhèn），善陈（zhèn）者不战，善战者不败，善败者不亡。昔者，圣人之治理也，安其居，乐其业，至老不相攻伐，可谓善理者不师也。若舜修典刑，咎繇（gāo yáo）作士师，人不干令，刑无可施，可谓善师者不陈（zhèn）。若禹伐有苗，舜舞干羽而苗民格，可谓善陈（zhèn）者不战。若齐桓南服强楚，北服山戎，可谓善战者不败。若楚昭遭祸，奔秦求救，卒能返国，可谓善败者不亡矣。

译　文

　　古代善于治理国家的人是不用出兵的，善于领兵的人是可以不摆阵的，善于布阵的人可以不战而胜，善于指挥战斗的人则能百战百胜，善于总结失败教训的人则不会被敌方所消灭。过去，被称作圣人的君主治理天下的办法，主要是让老百姓安居乐业，到老也不发生任何互相讨伐之战，这就是所谓"善理者不师也"。像上古时代的舜修刑典，还让大臣皋陶作了掌理刑法的官员，老百姓安分守己、无人冒犯法令，所以也就无刑法可实施，这就是所谓"善师者不陈"。像大禹征伐苗族那样，舜只用干盾、羽扇就征服了苗族人，这就是所谓的"善陈者不战"。齐桓公南讨楚国，北伐山戎，这就是所谓的"善战者不败"的意思。楚昭王受到敌国征讨，立刻逃到秦国求救，后来又返回了秦国，这就是所谓的"善败者不亡"。

将 诚

原 文

书曰："狎侮君子，罔以尽人心，狎侮小人，罔以尽人力。"
故行兵之要，务揽英雄之心，严赏罚之科，总文武之道，操刚柔
之术，说《礼》《乐》而敦《诗》《书》，先仁义而后智勇；静如潜鱼，
动若奔獭，丧其所连，折其所强，耀以旌旗，戒以金鼓，退若山移，
进如风雨，击崩若摧，合战如虎；迫而容之，利而诱之，乱而取之，
卑而骄之，亲而离之，强而弱之；有危者安之，有惧者悦之，有
叛者怀之，有冤者申之，有强者抑之，有弱者扶之，有谋者亲之，
有谗者覆之，获财者与之；不倍兵以攻弱，不恃众以轻敌，不傲
才以骄人，不以宠而作威；先计而后动，知胜而始战，得其财帛
不自宝，得其子女不自使。将能如此，严号申令，而人愿斗，则
兵合刃接而人乐死矣。

译 文

《尚书》上说："侮辱君子，就无法得到人们的真心；调戏小人，也无法得到人们的真心。"所以说，领兵的首要原则是收揽天下英雄之心，赏罚制度严明，文武之道共行，

刚柔并济，精通礼、乐，加强诗、书的学习，从而是自己先具有仁义的品质再培养智慧和勇猛；使部队隐蔽时像游鱼潜水一样安静，行动时像奔跑中的獭一样快速，切断敌人的联系，削弱敌人的强势，挥动旌旗指挥，敲击金鼓告诫，撤兵时像大山移动一样整齐，进攻时疾如风雨，摧毁对方要彻底，对攻时要猛如虎；遇到急迫的情况要从容，用物质去诱惑敌人，先打乱敌军的阵势再攻取，装作卑微而使对方产生骄傲的情绪，先亲近对方后离间敌军的内部，削弱敌军强大的环节；要使处境危险的敌人感到安宁，让忧惧的敌人感到喜悦，对战俘要宽大为怀，让让有冤屈的人有地方申诉，抑制强者，扶持弱者，亲近有智谋的人，打击进谗言的小人，获得财物要分给部下；对方弱小，不能以多胜少，也不能因为自己强大就骄傲，也不能忽视了敌人，更不能因为自己能力高强就骄傲炫耀，不能因为自己受宠就在部下面前作威作福；战斗之前，要先计划而后行动，要有胜算才能领兵出征，不独吞财物、布帛，俘虏而来的子民不可以自己差使。身为将领做到了这些，即使再严格的号令，将士也一定会积极作战，在战斗中拼死效命。

戒 备

夫国之大务，莫先于戒备。若夫失之毫厘，则差若千里，覆军杀将，势不逾息，可不惧哉！故有患难，君臣旰(gàn)食而谋之，择贤而任之。若乃居安而不思危，寇至不知惧，此谓燕巢于幕，鱼游于鼎，亡不俟(sì)夕矣！《传》曰："不备不虞，不可以师。"又曰："豫备无虞，古之善政。"又曰："蜂虿(chái)尚有毒，而况国乎？"无备，虽众不可恃(shì)也。故曰：有备无患。故三军之行，不可无备也。

国家最重要的任务，莫过于国防警戒。稍有毫厘之差，就会错失千里之远，导致国家的灭亡，使全国覆没，形势不可逆转，太可怕了啊！所以，一旦国家出现了危难，君臣应上下一心，共同谋策，挑选贤人并任用他。如果身居安全而不思虑危险的话，就是敌人已打到了家里也不知道害怕，如同燕子的窝巢搭筑在门帘上，鱼儿游戏在鼎里，离灭亡的日子不远了。《左传》上说："没有准备、没有计划不能出兵！"又说："有备无患，这是古代推崇的善政。"又说："蜜蜂和蝎子这样的小虫都有毒呢，更何况面对的是一个国家呢？"忽视了戒备，即使有百万之众也是不可靠的。所以说，做事情一定要有备无患。全军将士出征之前，不可不预先做好准备。

习　练

原　文

　　夫军无习练，百不当一；习而用之，一可当百。故仲尼曰："不教而战，是谓弃之。"又曰："善人教民七年，亦可以即戎矣。"然则即戎之不可不教，教之以礼义，诲之以忠信，诫之以典刑，威之以赏罚，故人知劝。然后习之，或陈而分之，坐而起之，行而止之，走而却之，别而合之，散而聚之。一人可教十人，十人可教百人，百人可教千人，千人可教万人，可教三军，然后教练而敌可胜矣。

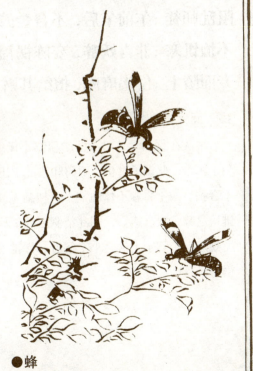

译　文

　　如果军队平时不练兵，那么一百名士兵也抵不上敌人的一个士兵；平时加以训练，

●蜂

一名士兵就可抵挡百名敌人的进攻。所以孔子说："不练兵就去参加战斗，这是让他们去送死。"又说："让贤德的人用七年的时间来训练百姓，他们马上可以投入战斗，并且个个都勇猛善战！"这就是说想让百姓投入战斗，在出征之前不能不对他们进行教育和训练，要使百姓明白什么是礼，什么是义，要训练、教诲他们有忠信的思想，要讲明赏罚的界限，用赏罚来制约督促他们的行为，使他们自觉上进。然后进行基本技能训练：列队与解散，坐下起立，行进立定，前进后退，解散与集合，使他们能整齐划一、井然有序。像这样一传十，十传百，百传千，千传万，就可以使全军上下受到训练，最后再训练战略战术，就可以参加战斗了。

军 蠹

　　夫三军之行，有探候不审，烽火失度；后期犯令，不应时机，阻乱师徒；乍前乍后，不合金鼓；上不恤下，削敛无度；营私徇己，不恤饥寒；非言妖辞，妄陈祸福；无事喧杂，惊惑将吏；勇不受制，专而陵上；侵竭府库，擅给其财。此九者，三军之蠹，有之必败也。

　　军队在行动时，对敌情的侦察不仔细、不准确，在消息的传递和揣度上有差池；犯了军令，耽误了时机，阻碍和错乱了出师；一会儿前进、一会儿后退，不服从指挥，不合拍金鼓；将领不体恤部下，搜刮无度；营私舞弊，不关心下属的冷暖；听信迷信诽谤之辞、妖言惑众，胡乱猜测吉凶；无端制造言论，扰乱上下军心；士兵不守秩序，没规矩，凌驾于上级之上；侵占、挥霍国库，擅自占用财物。这九种情况，是全军的祸患，有则必败。

腹　心

夫为将者，必有腹心、耳目、爪牙。无腹心者，如人夜行，无所措手足；无耳目者，如冥然而居，不知运动；无爪牙者，如饥人食毒物，无不死矣。故善将者，必有博闻多智者为腹心，沉审谨密者为耳目，勇悍善敌者为爪牙。

译文

作为将领，必须得有自己的亲信：可商量大事的心腹，有通风报信的耳目，有辅佐自己的羽翼。没有心腹之人，就好比人在黑夜中走路，没有方向；没有耳目之人，就好比生活在黑暗中，不知道该怎么做；没有爪牙之人，就好似饥不择食，吃了有毒的食物，没有不死的。所以，善于作战的将领，一定要收揽学识渊博、足智多谋的人做心腹，要选用审时度势、谨慎小心的人做耳目，要选用勇敢彪悍的人做爪牙。

谨　候

原　文

夫败军丧师，未有不因轻敌而致祸者，故师出以律，失律则凶。律有十五焉：一曰虑，间谍明也。二曰诘，谍候谨也。三曰勇，敌众不挠也。四曰廉，见利思义也。五曰平，赏罚均也。六曰忍，善含耻也。七曰宽，能容众也。八曰信，重然诺也。九曰敬，礼贤能也。十曰明，不纳谗也。十一曰谨，不违礼也。十二曰仁，善养士卒也。十三曰忠，以身徇国也。十四曰分，知止足也。十五曰谋，自料知他也。

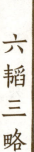

●赤壁之战

出师不利，没有不是因为轻视敌军产生的后果，所以军队在出师时要严格法律、法令，否则的话仍然会招致灭亡。有十五项律法军令：一是虑，考虑、探明敌方；二是问，判断情报的真假；三是勇，百折不挠；四是廉，不可见到利益就失去义气；五是平，赏罚公平合理；六是忍，能做到忍辱负重；七是宽，用豁达之心海纳百川；八是信，信守承诺；九是敬，敬重贤人；十是明，明辨是非；十一是谨，严谨、慎重，不违礼不悖法；十二是仁，体贴下级官兵；十三是忠，忠诚报国，在所不惜；十四是分，把握分寸；十五是谋，料事如神。

机 形

夫以愚克智，逆也；以智克愚，顺也；以智克智，机也。其道有三，一曰事，二曰势，三曰情。事机作而不能应，非智也；势机动而不能制，非贤也；情机发而不能行，非勇也。善将者，必因机而立胜。

愚笨的人战胜聪明的人，是违反常理的；聪明的人胜愚笨的人，是合乎常理的；而聪明的人交战，在于谁能把握时机。有三种方法：一是事，二是势，三是情。当事情已经发生，但不能拿出方法，这说明没有智慧；当形势发生变化，却不能随机应变，这说明没有贤能；情况进一步发展，却不能断然采取行动，这说明不勇敢。所以，善

于领兵将领，一定要审时度势，乘胜追击。

重　刑

吴起曰："鼓鼙金铎，所以威耳；旌帜，所以威目；禁令刑罚，所以威心。耳威以声，不可不清；目威以容，不可不明；心威以刑，不可不严。三者不立，士可怠也。故曰，将之所麾，莫不心移；将之所指，莫不前死矣。"

译　文

吴起说："敲击鼙鼓、金铎的目的，在于从听觉上引起士卒的注意力；挥舞旗帜，在于从视觉上集中士卒的注意力；立法规、禁令及刑罚的目的，在于管理士卒，节制士卒的行动。如果做不到上述三点，军容就会紊乱，士卒就会涣散、懈怠。所以说，在指挥时做到，旗帜挥舞摇动，部下就会英勇前进；命令一下，所有的士卒就会同仇敌忾，奋勇杀敌。"

善　将

原　文

古之善将者有四，示之以进退，故人知禁；诱之以仁义，故人知礼；重之以是非，故人知劝；决之以赏罚，故人知信。禁、礼、劝、信，师之大经也，未有纲直而目不舒也。故能战必胜，攻必取。庸将不然，退则不能止，进则不能禁，故与军同亡。无劝戒则赏罚失度，人不知信，而贤良退伏，谄顽登用，是以战必败散也。

译文

古代，善于领兵打仗的将领，有四个治军的法宝：向部下示范进退的情况，应被禁止的行为；用仁义之心去对待部下，使他们知书达理；强调重点，告知明辨是非，使下属备受勉励；严格赏罚，绝不拖欠，使士卒知道信用的重要。禁、礼、劝、信是治军的经络，主要提纲列好了，其他的细枝末节也就自然地舒展了。这样做就能战必胜，攻必取。无能的将领做不到这四点，则部队在后退时不能控制，进攻时则没有停止的时候，全军覆没。没有劝诫，赏罚不公平，失信于士卒，贤德之人被弃用，谄媚狡猾的小人得势，这是军队出战必败、军心涣散的原因。

审　因

原文

夫因人之势以伐恶，则黄帝不能与争威矣。因人之力以决胜，则汤、武不能与争功矣。若能审因而加之威胜，则万夫之雄将可图，四海之英豪受制矣。

译文

如果能依仗百姓的强大阵势讨伐邪恶势力，这种阵势是黄帝的军队也不能比拟的；如果能借助百姓的力量，群策群力获得胜利，那么就是商汤、周武工也不能与这样的功劳相比。如果能审时度势，利用优势，以德威服人，则天下所有的雄壮力量都会为之所用，四海之内，各方豪杰则也会甘心臣服。

兵　势

原文

夫行兵之势有三焉，一曰天，二曰地，三曰人。天势者，日月清明，五星合度，彗孛不殃，风气调和。地势者，城峻重崖，洪波千里，石门幽洞，羊肠曲沃。人势者，主圣将贤，三军由礼，士卒用命，粮甲坚备。善将者，因天之时，就地之势，依人之利，则所向者无敌，所击者万全矣。

译文

领兵出征要依托三种有利情况：一是天时、二是地利、三是人和。天时，就是指太阳和月亮清澈和明朗、星象符合规律，寒暑不烈，风调雨顺。地利，就是指城墙高垒于险峻的地势之上，有深沟、大河做天然屏障，地形复杂，羊肠小路，曲折的河流。人和，就是君主圣明，将领贤德，三军守礼，士卒效命，粮食充足，武器完备。善战的将领，凭借得天独厚的天、地、人三个条件，就能所向披靡，战无不胜。

胜 败

原文

贤才居上，不肖居下，三军悦乐，士卒畏服，相议以勇斗，相望以威武，相劝以刑赏，此必胜之征也。士卒惰慢，三军数惊，下无礼信，人不畏法，相恐以敌，相语以利，相嘱以祸福，相惑以妖言，此必败之征也。

译文

贤才之人身居要职，无能的人身居下位，三军上下一心，士兵服从命令，骁勇善战，军容威武，军纪严明，这是胜利的征兆。士兵懒惰，军心涣散，三军惧怕，上下无礼，无视军法，害怕敌人，在意个人的得失，猜测事情的吉凶祸福，妖言惑众，这是军队出兵失败的征兆。

假 权

夫将者，人命之所悬也，成败之所系也，祸福之所倚也。而上不假之以赏罚，是犹束猿猱^{náo}之手，而责之以腾捷，胶离娄之目，而使之辨青黄，不可得也。若赏移在权臣，罚不由主将，人苟自利，谁怀斗心？虽伊、吕之谋，韩、白之功，而不能自卫也。故孙武曰："将之出，君命有所不受。"亚夫曰："军中闻将军之命，不闻有天子之诏。"

译 文

将领的地位非常关键，悬系着士卒的性命，关系着全军的胜败，左右着国家的命运。如果君主不把指挥权交给将领，就好像束缚着猿猴的手足，却让它攀爬树木，跳跃飞奔，又好像遮住人的双眼，却要求他辨别青黄之色，这都是行不通的。如果赏罚任由权臣操纵，那么刑罚也由不得主将了，那么人人自保，谁还会能有昂扬的斗志呢？是有伊尹、吕不韦那样出谋划策之人，有韩信、白起那样的功臣，也不能自保。所以，孙武说："将领一旦领兵作战，君主的命令无法服从。"亚夫也讲："在军中，只能听到将领的命令，听不见君主的诏令。"

哀 死

原 文

古之善将者，养人如养己子。有难则以身先之，有功则以身后之；伤者，泣而抚之；死者，哀而葬之；饥者，舍食而食之；寒者，解衣而衣之；智者，礼而禄之；勇者，赏而劝之。将能如此，所向必捷矣。

　　古代优秀的将领，对待自己的部下就好像对待自己的儿女一样。大难来临，身先士卒，首当其冲；立了功，把功劳、荣誉让给部下；对待受伤的士卒，百般安慰和抚恤；当部下为国捐躯时，又能厚葬他们，并妥善地安排好后事；在粮食不够吃时，主动地把自己的食物让给下级；在天气寒冷的时候，把自己的衣服让给士卒穿用；对待有才智的人，以礼相待，并委以高官；对待英勇善战的部下，给予恰当、及时的奖赏并勉励他再立新功。身为将领，做到了以上几点，就会所向披靡，出战必捷。

●卫青

三　宾

原　文

　　夫三军之行也，必有宾客，群议得失，以资将用。有词若悬流，奇谋不测，博闻广见，多艺多才，此万夫之望，可引为上宾。有猛若熊虎，捷若腾猿，刚如铁石，利若龙泉，此一时之雄，可以为中宾。有多言或中，薄技小才，常人之能，此可引为下宾。

译　文

　　全军出战之前，必须要有宾客为之策划，群策群力，衡量得失，以供将领随时差遣和咨询。有些人口若悬河，奇思妙想，见闻广博，多才多艺，这是万里挑一的人才，可尊为上宾。有的人像熊虎一样勇猛，像猿猴一样敏捷，像铁石一样刚强，如龙泉宝剑般锐利无比，这些人是一代豪杰，尊为中宾。有的人喜欢发表言论，但能力一般，泛泛之辈，尊为下宾。

后 应

　　若乃图难于易，为大于细，先动后用，刑于无刑，此用兵之智也。师徒已列，戎马交驰，强弩才临，短兵又接，乘威布信，敌人告急，此用兵之能也。身冲矢石，争胜一时，成败未分，我伤彼死，此用兵之下也。

　　如果能把形势转危为安，大事化小，动脑在起兵之前，订立刑罚却不用刑罚，这是用兵的上策，这样的首领是智者。与敌人交战，将士已布列阵形，双方兵马交错，短兵相接，这时将领如果能乘机以种种威势扩大自己的影响，使敌军混乱出现危急，这算得上是用兵的能者。在战场上，将领冒着枪林弹雨冲锋陷阵，逞一时之能，最终双方损失极大，不分胜负，这是用兵的下策。

便 利

　　夫草木丛集，利以游逸；重塞山林，利以不意；前林无隐，利以潜伏；以少击众，利以口暮；以众击寡，利以清晨；强弩长兵，利以捷次；逾渊隔水，风大暗昧，利以搏前击后。

　　在草木茂密的地区作战，可以采用游击战略，利于转移；在有浓密的山林地带作战，可以用突击的办法，利于掩护；在平原作战，可以采用壕堑战术，利于潜伏；在敌众我寡的情况下，我方应在黄昏时候攻击敌人；在我众敌寡的时候，则应在清晨向敌人进攻；如果有精良的装备，强盛的兵力，则应速战速决；如果隔岸对峙，风沙眯

眼，就应采取前后夹击的战术。

应 机

原 文

　　夫必胜之术，合变之形，在于机也。非智者孰能见机而作乎？见机之道，莫先于不意。故猛兽失险，童子持戟以追之；蜂虿发毒，壮夫彷徨而失色。以其祸出不图，变速非虑也。

译 文

　　必胜的要领，是看情势之变，掌握时机。不是智者又怎能把握时机当机立断呢？掌握时机的秘诀，在于出其不意。所以猛兽离开了险峻的境地，孩子就可以手持长戟追赶它；毒蜂只凭借自己一根毒刺，可使壮汉仓皇失措。灾祸出现，对敌人来说，防不胜防，出其不意。

揣 能

原 文

　　古之善用兵者，揣其能而料其胜负。主孰圣也？将孰贤也？吏孰能也？粮饷孰丰也？士卒孰练也？军容孰整也？戎马孰逸也？形势孰险也？宾客孰智也？邻国孰惧也？财货孰多也？百姓孰安也？由此观之，强弱之形，可以决矣。

译 文

　　古代善于领兵的将领，通过揣测对方的能力，就能料想到最后的胜败情况。谁的君主更圣明？谁的将领更贤能？谁的官吏更有能力？谁的粮草更为充足？谁的士兵训练有素？谁的军容更整齐？谁的战马跑得更快？谁占据的地势更为险要？谁的幕僚更有计谋？谁更畏惧邻国？谁的国力更富有？谁的百姓生活更安定？以上可以看出，双方谁强谁弱，可以决定是否出兵了。

轻　战

原　文

螫虫之触，负其毒也；战士能勇，恃其备也。是以锋锐甲坚，则人轻战。故甲不坚密，与肉袒（tǎn）同；射不能中，与无矢同；中不能入，与无镞（zú）同；探候不谨，与无目同；将帅不勇，与无将同。

译　文

蜜蜂靠毒刺来保护自己，士兵靠武器奋勇杀敌。有了锋利的武器，坚实的铠甲，将士都可以勇猛善战。所以铠甲不够坚实严密，就好像与敌人赤膊而战；射不中敌人，就好像没有弓箭一样；射中了目标但没有射进去，就好像弓箭没有箭头一样；侦察工作做得不谨慎，就好像没有眼睛一样；将领不英勇，就好像没有将领率领一样。

地　势

原　文

夫地势者，兵之助也。不知战地而求胜者，未之有也。山林土陵，丘阜（fù）大川，此步兵之地。土高山狭，蔓衍相属，此车骑之地。依山附涧，高林深谷，此弓弩之地。草浅土平，可前可后，此长戟之地。芦苇相参，竹树交映，此枪矛之地也。

译　文

占据有利地势，是作为战争的助力。不能准确地把握地势地形特点就想取得战争的胜利是不可能的。山林土丘、山川大河，适合步兵作战。山势陡峭、蔓草杂生，适

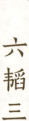
六韬三略

三二六

合用战车、骑兵作战。依山傍水、狭涧谷深，适合弓箭手作战。草浅土平、行动自如之地，适合长戟交战。草木交错，竹林交映之地，适合长枪、长矛的作战。

情 势

原文

夫将有勇而轻死者，有急而心速者，有贪而喜利者，有仁而不忍者，有智而心怯者，有谋而情缓者。是故，勇而轻死者，可

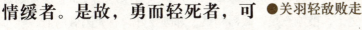
●关羽轻敌败走

暴也；急而心速者，可久也；贪而喜利者，可遗也；仁而不忍者，可劳也；智而心怯者，可窘也；谋而情缓者，可袭也。

译文

将领中有的勇猛顽强不惧死亡，有的性情急躁急于求成，有的贪功贪利，有的过于仁慈失去威严，有的虽有计谋但优柔寡断，有的谋略有余却行动缓慢。所以，对待勇敢不怕死的人，可让他暴躁再将其消灭；对待急于求胜，想速战速决的，要用持久战拖延，将其消灭；对待贪图功利的，要用物质去诱惑他；对待心慈面软的，要慢慢耗尽他；对待有智谋但胆小的，可以制造声势吓唬他；对待有计谋但行动慢的，要用突击的办法将其歼灭。

击 势

古之善斗者，必先探敌情而后图之。凡师老粮绝，百姓愁怨，军令不习，器械不修，计不先设，外救不至，将吏刻剥，赏罚轻懈，营伍失次，战胜而骄，可以攻之。若用贤授能，粮食羡余，甲兵坚利，四邻和睦，大国应援，敌有此者，引而计之。

译 文

古代善于作战的将领，一定会首先打探敌情然后制定相应的战略。凡是敌国军队久战，弹尽粮绝，百姓怨声载道，军令不实施，装备不充足，不预先计划，战时孤立无援，将、官对部下搜刮刻薄，赏罚不清，队伍无序，骄傲自大，这时就可以发起进攻。如果敌国选派贤良之士，粮饷充足，兵器精良，邻国友好，有大国做后盾，我军应从长计议再出兵。

整 师

原 文

夫出师行军，以整为胜。若赏罚不明，法令不信，金之不止，鼓之不进，虽有百万之师，无益于用。所谓整师者，居则有礼，动则有威，进不可当，退不可逼，前后应接，左右应旄，而不与之危，其众可合而不可离，可用而不可疲矣。

译 文

出兵作战，以保持军队整体的战斗力作为胜利的关键。如果将领对部下赏罚不公，法令不能让部下信服，士兵不服从指挥，该进时不进，该止时不止，就是有百万大军，也起不到任何实际的作用。所谓部队的整齐，就是指军队上下驻军时有礼，行动时威

六韬三略

三二八

武，进攻时锐不可当，后退时井然有序，前后呼应，左右一致，这样的部队内部团结，密不可分，可以任用，战斗力旺盛。

厉 士

原文

　　夫用兵之道：尊之以爵，赡之以财，则士无不至矣；接之以礼，厉之以信，则士无不死矣；畜恩不倦，法若画一，则士无不服矣；先之以身，后之以人，则士无不勇矣；小善必录，小功必赏，则士无不劝矣。

译文

　　用兵的策略：分封高位，封赏钱财，做到这些没有人不尽心尽力的；要以礼相待，用信义勉励，做到这些没有不拼死效命的；施与恩惠，赏罚公平严明，一视同仁，做到这些部下没有不信服的；身先士卒，冲锋陷阵，在撤退时主动掩护他人，做到这些部下没有不勇敢的；做的好事一一铭记，立的小功一一打赏，做到这些部下没有不互相劝勉的。

自 勉

原文

　　圣人则天，贤者法地，智者师古，骄者招毁，妄者稔^{rěn}祸，多语者寡信，自奉者少恩，赏于无功者离，罚加无罪者怨，喜怒不当者灭。

　　凡圣人都崇尚天道，贤士推崇律法，聪明的人效法古人，骄傲自大的人招致灭顶之灾，狂妄荒谬的人招惹祸患，夸夸其谈的人不可信，自私的人不施恩情，无功之人领赏必遭离弃，惩罚无罪的人招致怨恨，喜怒无常的人最终会被消灭。

战 道

　　夫林战之道，昼广旌旗，夜多金鼓，利用短兵，巧在设伏，或攻于前，或发于后。丛战之道，利用剑楯(dùn)，将欲图之，先度其路，十里一场，五里一应，偃戢(jí)旌旗，特严金鼓，令贼无措手足。谷战之道，巧于设伏，利于勇斗，轻足之士凌其高，必死之士殿其后，列强弩而冲之，持短兵而继之，彼不得前，我不得往。水战之道，利在舟楫，练习士卒以乘之，多张旗帜以惑之，严弓弩以中之，持短兵以捍之，设坚栅以卫之，顺其流而击之。夜战之道，利在机密，或潜师以冲之，以出其不意，或多火鼓，以乱其耳目，驰而攻之，可以胜矣。

　　森林中作战，在白天用旌旗指挥，在夜间用铜钲、擂鼓指挥，利用短兵，巧设埋伏，或从正面进攻，或从背面进攻。在草丛中作战，利用剑、盾等短型武器，在交锋之前，应先研究好路线，做好埋伏，十里一大哨，五里一小哨，藏好旗帜，掩好金鼓，到交战时，出其不意，攻其不备。在山谷里作战，要巧设埋伏，摆成适合战斗的阵势，身手矫健的士兵站在高处，不畏惧死亡的殿后，弓箭手打前列，手持短兵器随后，敌人不敢上前，我方不打算后退。在水上作战，好处是可以用船只，训练士兵在船上作战，在船上多插战旗以迷惑敌人，后面用弓箭手严阵以待，持短兵器的士兵与敌人战斗，在船上增设栅栏拦截敌人入侵，在船顺流的情况下展开战斗。在夜晚作战，好处是隐蔽、秘密，可以秘密地潜入地方，也可以用火把、战鼓扰乱对方的军心，快速出击，一定能取得胜利。

和 人

原 文

夫用兵之道，在于人和，人和则不劝而自战矣。若将吏相猜，士卒不服，忠谋不用，群下谤议，谗慝互生，虽有汤、武之智，而不能取胜于匹夫，况众人乎？

译 文

领兵作战，应使部队内部人与人之间和谐团结，部下则不用将领劝勉，大家就会主动竭力拼杀。如果官兵之间互相猜忌，下不服上，有谋之士得不到重用，士卒私下议论，谗言与恶念互相滋生，那么就是有商汤、周武王那样的智慧，也不能打败一个人，更何况是很多人呢？

察 情

原 文

夫兵起而静者，恃其险也；迫而挑战者，欲人之进也；众树动者，车来也；尘土卑而广者，徒来也；辞强而进驱者，退也；半进而半退者，诱也；杖而行者，饥也；见利而不进者，劳也；鸟集者，虚也；夜呼者，恐也；军扰者，将不重也；旌旗动者，乱也；吏怒者，倦也；数赏者，窘也；数罚者，困也；来委谢者，欲休息也；币重而言甘者，诱也。

如果敌人起兵，却按兵不动，一定是依靠到险要的地势；如果敌人不断地向我军挑战，一定是想出兵了；树木无风而动，一定是敌人的战车在行走；尘土大面积低飞，一定是敌人的步兵正在行动；当敌人的言语强硬像进攻的样子时，一定是要准备撤退；当敌人一会儿进攻一会儿后退时，就是在引诱我方；敌军扶杖行走时，一定是敌人饥饿难忍；敌人遇到有利战机而不进攻时，一定是敌人非常疲惫；飞鸟在敌军的阵地群集栖飞，一定是敌军军营空虚了；夜间听到敌军大声尖叫，一定是敌人内部产生了恐惧；敌人内部混乱，一定是敌军失去了主将的威势；敌军的军旗骚动，一定是敌军内部混乱；敌军的将领发怒，一定是敌军厌倦了战争；敌军多次奖赏，一定是害怕了对手，所以要振兴士气；敌军刑罚过繁，一定是敌军在治军时产生了困扰；当敌人派遣来谢罪的使者时，一定是敌军想停战；敌人送钱送物，则表示敌军想私下求和。

●解裘赐将

将 情

夫为将之道，军井未汲，将不言渴；军食未熟，将不言饥；军火未燃，将不言寒；军幕未施，将不言困；夏不操扇，雨不张盖，与众同也。

将领领兵之道：水井还没有打上水来时，做将领的不能先说口渴；饭没有煮好时，做将领的不能先说饿了；火堆还没有点燃时，做将领的不能先说冷；帐篷还没有搭好时，做将领的不能说困乏；夏天炎热时不扇扇子，下雨时不能先避雨，与众兵同甘苦共患难。

威　令

原　文

　　夫一人之身，百万之众，束肩敛息，重足俯听，莫敢仰视者，法制使然也。若乃上无刑罚，下无礼义，虽贵有天下，富有四海，而不能自免者，桀、纣之类也。夫以匹夫之刑，令以赏罚，而人不能逆其命者，孙武、穰苴^{ráng jū}之类也。故令不可轻，势不可逆。

译　文

　　作为将领，统率百万之军，应有一定的威严。挺胸抬头，屏气凝神，俯身倾听，不敢仰头，这是法制军队的结果。如果将领对上级不敢用刑罚，对下级不施礼仪，就是占据了普天下之财富，也难逃灭亡的命运，就像夏桀、商纣之类的暴君。将领对上级也施行对普通人的刑法，赏赐和刑罚都公平对待，下级的人心都会折服而不敢违抗命令，比如孙武、穰苴之类的人。可见，律令是不可轻视的，威势是不可忤逆的。

东　夷

原　文

　　东夷之性，薄礼少义，捍急能斗，依山堑海，凭险自固，上下和睦，百姓安乐，未可图也。若上乱下离，则可以行间，间起则隙生，隙生则修德以来之，固甲兵而击之，其势必克也。

译　文

　　像东夷这个地区人的性情，不守礼义，强悍好斗，他们依山傍海，凭借险要的地形建立了防御体系。他们上下和睦，百姓乐业安居，短时间内是不可能战胜的。如果他们上下混乱、人心背离，就可用离间的办法，使他们之间生嫌隙，有了嫌隙我方就用仁义、道德趁机安抚他们，并起兵发动进攻，一定会取得胜利。

南 蛮

原文

　　南蛮多种，性不能教，连合朋党，失意则相攻，居洞依山，或聚或散，西至昆仑，东至洋海，海产奇货，故人贪而勇战。春夏多疾疫，利在疾战，不可久师也。

译文

　　南部地区有多个民族，他们的性情无法无教，他们常常结合成朋党之群，一遇到利益不均就互相讨伐，他们平时住在山洞里，有的群居有的分散而居，西到昆仑山、东到大海，常常遇到海里的怪物，所以个个贪功好战。春、夏两季经常有疾病滋生，所以对南蛮用兵，对我方有利的是速战速决，不可打持久战。

西 戎

原文

　　西戎之性，勇悍好利，或城居，或野处，米粮少，金贝多，故人勇战斗，难败。自碛石以西，诸戎种繁，地广形险，自负强很，故人多不臣。当候之以外衅，伺之以内乱，则可破矣。

译文

　　西部地区的少数民族，他们的性情勇敢彪悍，贪图利益，有的在城里住，有的在野外住，那里缺少粮食，但钱财充足，

六韬三略

三三四

●投笔从戎

所以他们都勇猛善战，很难打败他们。他们住在沙漠西边，种族繁衍很快，那里有广阔、险峻的地势，他们自大强势，所以大多数的人不臣服于中原。所以只有等待时机，趁着他们遇到外族挑战、内部混乱时，才可发兵攻破。

北 狄

原 文

北狄居无城郭，随逐水草，势利则南侵，势失则北遁。长山广碛，足以自卫，饥则捕兽饮乳，寒则寝皮服裘，奔走射猎，以杀为务，未可以道德怀之，未可以兵戎服之。

汉不与战，其略有三：汉卒且耕且战，故疲而怯，虏但牧猎，故逸而勇；以疲敌逸，以怯敌勇，不相当也，此不可战一也。汉长于步，日驰百里，虏长于骑，日乃倍之；汉逐虏则赍粮负甲而随之，虏逐汉则驱疾骑而运之，运负之势已殊，走逐之形不等，此不可战二也。汉战多步，虏战多骑，争地形之势，则骑疾于步，迟疾势悬，此不可战三也。不得已，则莫若守边。守边之道，拣良将而任之，训锐士而御之，广营田而实之，设烽堠而待之，候其虚而乘之，因其衰而取之。所谓资不费而寇自除矣，人不疾而虏自宽矣。

译 文

北方地区的游猎民族，居无定所，哪里水资源和草场丰富，他们就定居在哪里。形势有利，他们就南下入侵中原，形势不利，他们就退回到北方。那些险要的阴山和沙漠，是他们的天然屏障。饥饿了，就捕食野兽，寒冷了，他们就用兽皮做成衣服，去不同地方，以打猎为生，这样的民族，如果不用道德感化，就不可以起兵收复。

中原地区不和他们交战的原因有三点：一是汉朝的士兵边耕作边战斗，十分疲惫、胆小，北狄只以狩猎为生，游牧生活，所以他们安闲而勇敢；用疲力对抗安闲，用胆怯对抗勇敢，不匹配，所以不可交战。二是汉军以步兵为主，日行只百里，而北狄擅长骑马，每日的行程是汉军的好几倍，汉朝士兵追击北狄要背负粮饷和铠甲，而北狄追击汉军时只用战马就可以运载，运输形式不同，行军的方式也不相同，所以也是不能交战的。三是汉朝士兵徒步作战，北狄以轻骑作战，双方争夺有利地形时，总是骑兵快于步兵，行动晚的只剩下险要的地势，所以这是不能交战的第三点。所以，没办法，不能交战，只能守卫边疆。要选择贤能的将领去守卫戍边，训练精锐的士兵进行防御，大规模开垦种粮，保证粮仓充实，设置烽火台观望敌情，趁其内部虚弱时进攻，乘其势力衰竭时一举夺取胜利。这就是所谓的不必动用太多的人力、物力就能使北狄自取灭亡。